V&R

*Für Irmela und Jürgen,
Kirsten, Laura und Anna*

Christoph Möller (Hg.)

Sucht im Jugendalter

Verstehen, vorbeugen, heilen

Mit 6 Abbildungen und 6 Tabellen

Vandenhoeck & Ruprecht

Bibliografische Information der Deutschen Nationalbibliothek

Die Deutsche Nationalbibliothek verzeichnet diese Publikation in der
Deutschen Nationalbibliografie; detaillierte bibliografische Daten sind
im Internet über <http://dnb.d-nb.de> abrufbar.

ISBN 978-3-525-49119-5

© 2007, Vandenhoeck & Ruprecht GmbH & Co. KG, Göttingen.
Internet: www.v-r.de
Alle Rechte vorbehalten. Das Werk und seine Teile sind urheberrechtlich
geschützt. Jede Verwertung in anderen als den gesetzlich zugelassenen Fällen
bedarf der vorherigen schriftlichen Einwilligung des Verlages. Hinweis zu § 52a
UrhG: Weder das Werk noch seine Teile dürfen ohne vorherige schriftliche
Einwilligung des Verlages öffentlich zugänglich gemacht werden.
Dies gilt auch bei einer entsprechenden Nutzung
für Lehr- und Unterrichtszwecke.
Printed in Germany.
Gesamtherstellung: ⊕ Hubert & Co, Göttingen

Gedruckt auf alterungsbeständigem Papier.

Inhalt

Vorwort des Herausgebers 7

Vorwort von Michael Schulte-Markwort 9

Christoph Möller
»Trotzdem Ja zum Leben sagen«.
Salutogenese und Sucht im Jugendalter 11

Léon Wurmser
Liebe, Macht und Verrat in Sucht und Gesellschaft 26

Wolfgang Poser
Zur Kulturgeschichte der Suchtkrankheiten 42

Christine Morgenroth
»Auf jeden Fall kann ich jetzt sagen, was ich fühle«.
Sprachliche Symbolisierung statt Enactment 59

Nossrat Peseschkian, Nawid Peseschkian, Helmut Röthke
und Arno Remmers
Der positive Umgang mit Sucht am Beispiel von Alkohol ... 77

Christoph Möller
Gruppentherapie im Jugendalter 94

Dirk Baier, Sonja Schulz und Christian Pfeiffer
Drogenkonsum und Gewalt im Jugendalter 112

Wolfgang Bergmann
Computerspiele – im Bann des Phantasmas, erfahrungsarm
und sehr allein 132

Heinz Kaufmann
Die Bedeutung von Erziehung, Pädagogik und Schule
in Bezug auf Prävention und Ursachen des Suchtmittel-
missbrauchs im Jugendalter 149

Markus Backmund
Drogennotfälle im Jugendalter 168

Martin D. Ohlmeier
Aufmerksamkeitsdefizit-/Hyperaktivitätsstörung und
komorbide Suchterkrankungen bei Jugendlichen und
Erwachsenen 187

Eckhard Schiffer
Warum Huckleberry Finn nicht süchtig wurde.
Zum Synergismus präventiver und salutogenetischer
Momente 200

Die Autorinnen und Autoren 216

Vorwort des Herausgebers

Wie kommt es, dass manche Menschen trotz enormer körperlicher und seelischer Strapazen entgegen allen Lehrmeinungen der Medizin nicht erkranken? Der Frage, wie Gesundheit entsteht, was den Menschen gesund erhält und wie dies auch in schwierigen Lebenssituationen gefördert werden kann, sind drei Beiträge dieses Buches gewidmet. Unsere Sozialisation lehrt uns wahrzunehmen, was fehlerhaft ist. Sie lehrt uns Defizite in den Fokus zu nehmen und dabei gesundheitsförderliche Faktoren zu vernachlässigen. Besonders ausgeprägt ist diese Blickrichtung auf Pathologie und Krankheit bei Ärzten und anderen medizinischen Berufsgruppen. In schwierigen Lebenssituationen und bei Krankheit ist es hilfreich, auf die Stärken und Ressourcen und die gesunden Anteile zu blicken, einen Gegenpol zu bilden, um diesen Zustand längerfristig überwinden zu können. Gleiches gilt, wenn Jugendliche versuchen, ihr Leben vorübergehend mit Hilfe von Drogen erträglicher zu machen oder Erlebtes zu vergessen.

Weitere Themen, wie der Umgang mit Drogennotfällen, der Zusammenhang von Gewalt und Drogenmissbrauch oder von ADHS und Sucht, der missbräuchliche Konsum von Computerspielen und Internet, Schule und Drogenmissbrauch und andere Themen, die in dem Buch »Drogenmissbrauch im Jugendalter« (2. Auflage 2006) nicht berücksichtigt werden konnten, sollen hier zur Sprache kommen. Beide Bücher zusammen, ergänzt durch die Berichte der Jugendlichen in dem Band »JUGEND SUCHT«, bieten umfassende Information zu einem wichtigen Thema, das die Gesundheit und Entwicklung unserer Kinder und Jugendlichen betrifft. Zielgruppe dieses Buches sind alle, die mit Kindern und Jugendlichen arbeiten und leben.

Drogenmissbrauch im Kindes- und Jugendalter ist eine so komplexe Thematik, dass es sinnvoll ist, Fachleute der jeweiligen Wissensgebiete zu Wort kommen zu lassen. Den Autoren möchte ich an dieser Stelle herzlich für ihre spontane Bereitschaft danken, sich mit einem Beitrag am Gelingen dieses Buches zu beteiligen. Weiter gilt mein Dank dem Verlag Vandenhoeck & Ruprecht für die Unterstützung und Hilfe bei der Realisierung dieses Buches.

Vorwort
von Michael Schulte-Markwort

Sucht und Suchtstörungen im Jugendalter bleiben ein aktuelles Thema. Dabei hat sich sowohl unser Verständnis der Entwicklung von Sucht als auch unsere Haltung und unser Wissen in Bezug auf eine Behandlung in den letzten Jahren deutlich gewandelt. Wir befinden uns längst nicht mehr zwischen den Polen einer bloß restriktiven Entzugsbehandlung und eines vermeintlich verstehenden Laissez-faire. Vielmehr sind wir heute in der Lage, spezifische und individuelle Differenzialindikationen zu stellen, ohne gesamtgesellschaftliche Aspekte dabei aus dem Auge zu verlieren.

Das vorliegende, von Christoph Möller herausgegebene Buch ist ein hervorragendes Beispiel für diese Ausdifferenzierung im Verständnis und der Behandlung von Suchtstörungen im Jugendalter. Dies wird nicht nur in der Einbeziehung unterschiedlicher Sichtweisen deutlich, sondern auch in der Integration verschiedener Berufsgruppen. So haben an diesem Buch nicht nur Kinder- und Jugendpsychiater und Psychologen, sondern auch Pädagogen, Kriminologen, Psychoanalytiker und Neurobiologen mitgearbeitet. Erst durch eine Synthese dieser Ansätze kann ein umfassendes und differenziertes Verständnis von Sucht entstehen. Dabei reicht das Spektrum der – notwendigen – Betrachtung von eher kulturtheoretischen Ansätzen, wie Léon Wurmser sie anstellt, bis hin zu der Frage der Wirksamkeit gruppentherapeutischer Angebote oder einer Übersicht über Drogennotfälle.

Ein roter Faden, der sich durch die Beiträge zieht, ist der salutogenetische Ansatz. Dieser Blick hat ähnlich wie ressourcenorientierte Ansätze in der Kinder- und Jugendpsychiatrie, Psychosomatik und Psychotherapie unsere häufig zu defizitorientierte Haltung unseren Patienten und Klienten gegenüber deutlich verändert. Ohne aus dem Blick zu verlieren, was an Destruktionen entstanden ist, konzentriert sich der salutogenetische Ansatz auf Mechanismen der Heilung – eine Haltung, die qua Grundannahme positiv verstärkend auf gesundheitsfördernde Mechanismen einwirkt.

Die Zahl der unmittelbaren Drogentoten in Deutschland hat in den letzten Jahren abgenommen. Dies hat vielfach dazu geführt, dass die aktuellen Entwicklungen – zum Beispiel das immer jünger werdende Einstiegsalter beim Cannabismissbrauch oder die dramatischen Zahlen des Nikotinabusus – nicht mehr in der vollen Bandbreite ihrer negativen Folgen für die Jugendgesundheit gesehen werden. Es ist sicher ein Verdienst dieses Buches, sich dieses Themas in der beschriebenen Breite anzunehmen.

Christoph Möller

»Trotzdem Ja zum Leben sagen«

Salutogenese und Sucht im Jugendalter[1]

Es handelt sich um einen 16-jährigen Jugendlichen, der seit dem achten Lebensjahr einen polytoxikomanen Substanzmissbrauch entwickelt hat. Die ersten vier Lebensjahre wächst er bei seinen leiblichen Eltern auf, die beide heroinabhängig sind. Der Vater setzt sich den »goldenen Schuss«; die Mutter wird auf der Szene erschossen. Der Junge kommt zwischenzeitlich bei einer Pflegefamilie unter. Hier fällt er früh durch oppositionelles Verhalten auf und passt nicht in das konservative, religiöse Bild der Pflegefamilie. Er kommt in mehreren Jugendhilfeeinrichtungen unter, wo er wegen Drogenkonsums und Dealens verwiesen wird. Kurz vor Aufnahme rast er mit einem gestohlenen Auto in suizidaler Absicht durch die Gegend, überlebt den Totalschaden jedoch unverletzt. Trotz seiner ungünstigen Vorgeschichte hat der Jugendliche eine gewinnende, menschliche Seite bewahrt. In der therapeutischen Begegnung erlebt er Akzeptanz seiner Selbst und seiner Vorgeschichte. Er lernt die beiden spannungsreichen Seiten (Vorgeschichte mit den leiblichen Eltern und Lebensweise der Pflegeeltern) zu akzeptieren und zu integrieren. Er kann für sich Perspektiven und Pläne entwickeln und in dem geschützten Rahmen der Station erste Schritte gehen, ohne auf Drogen und Selbstdestruktion zurückzugreifen.

Die zweite Geschichte handelt von einer 9-Jährigen, deren Mutter ein Engel und deren Vater König einer kleinen fernen Insel ist. Sie lebt alleine in einem Haus in Schweden mit ihrem Affen Herrn Nilson und ihrem Pferd. Sie hat zwei Freunde, Annika und Thomas. Es ist die Märchenfigur Pipi Langstrumpf. Sie verfügt über enorme Kräfte und macht sich die Welt auf eine ihrem Alter und Kindsein angemessene Weise passend. Sie

---

[1] Zuerst erschienen in: Suchtmedizin in Forschung und Praxis 2000, Band 7, Heft 4, S. 273–278. Mit freundlicher Genehmigung von ecomed Medizin/Verlagsgruppe Hüthig Jehle Rehm, 2005.

ist mit sich zufrieden, weiß von vielen Abenteuern zu berichten und erlebt ihre Welt als handhabbar, verstehbar und sinnvoll. Pipi Langstrumpf ist eine verwundbare, aber nicht besiegbare Gestalt. Das Tun, der Spielprozess zählt, nicht ein vorzeigbares Ergebnis. Eine Figur, die nicht nur Kinderfantasien beflügelt und Kinderherzen erobert. Derartige Fantasiefiguren in der Kindheit als Begleiter zu haben und der dialogische Austausch mit den vorlesenden Eltern können für die Entwicklung der Persönlichkeit und eines starken Kohärenzgefühls bedeutsam sein.

Wie kommt es, dass manche Menschen trotz enormer körperlicher und seelischer Strapazen entgegen allen Lehrmeinungen der Medizin nicht erkranken? Bestimmte Menschen entwickeln auch im Alltag erstaunliche Widerstandskräfte gegen körperliche und seelische Erkrankungen, im Einzelfall trotz ungesunder Lebensweise und dem Vorhandensein vielfältiger Risikofaktoren.

Aaron Antonovsky nahm diese Beobachtung früh in den Fokus. Bei einer in Israel durchgeführten medizinsoziologischen Untersuchung über die gesundheitlichen Auswirkungen der Menopause wird er auf eine Untergruppe von Frauen aufmerksam, die in nationalsozialistischen Konzentrationslagern überlebt hatten. 29 Prozent von diesen Frauen gaben an, bei relativ guter seelischer Gesundheit zu sein. Dass sie es geschafft haben, sich ihr Leben neu aufzubauen, empfand Antonovsky als Wunder. Diesen Wechsel der Perspektive bezeichnete er rückblickend als entscheidenden Wendepunkt in seiner medizinsoziologischen Arbeit.

Er suchte fortan nach Erklärungen für Gesundheit jenseits des Ansatzes von Risikovermeidung. Er entwickelte eine neue Blickrichtung auf den Zusammenhang zwischen Krankheit und Gesundheit. Seine Fragen lauten: Warum bleiben Menschen gesund? Wie gelingt es ihnen, sich von Krankheit zu erholen? Wie kann das Gleichgewicht weg vom Kranksein hin zu mehr Gesundheit erreicht werden?

Mit ihrer Definition von Gesundheit als Zustand des vollkommenen psychischen, physischen und sozialen Wohlbefindens hat die World Health Organisation eine Idealnorm gesetzt (WHO, 1948). Innerhalb des medizinischen Systems ist die Definition von Gesundheit meist negativ bestimmt, das heißt als Abwesenheit von Krankheit und Beschwerden. Gadamer (1993) bezeichnet Gesundheit auch als das Schweigen der Organe. Gesundheit wird im Alltag gewöhnlich nicht als besonderer Zustand empfunden, sondern tritt bei Abwesenheit in Form von Krankheiten schmerzhaft ins Bewusstsein. Ein rein biomedizinischer Ansatz vernachlässigt wichtige Dimensionen des Menschseins, wie Lebenszufriedenheit und Wohlbefinden. Der kranke Mensch als Subjekt und Handelnder wird weitgehend ausgeklammert. Das biomedizinische Modell geht davon aus, dass der Körper mit einer Maschine vergleichbar ist. Dieses Modell wird in den Siebzigerjahren um die psychische und soziale Dimension zum biopsychosozialen Modell erweitert. Die Basis für präventive Maßnahmen ist nach wie vor das Risikofaktorenmodell, in dem Risikofaktoren als beginnende Krankheit aufgefasst werden und sich die Prävention auf die Vermeidung von Risikofaktoren und auf Verhaltensänderung konzentriert (BZgA, 2002).

Dass Menschen ihrem Leben auch angesichts des Todes und schwerster Krankheit einen Sinn verleihen können, beschreibt Viktor Frankl eindrücklich in seinem Buch »Trotzdem Ja zum Leben sagen«: »Die geistige Freiheit des Menschen, die man ihm bis zum letzten Atemzug nicht nehmen kann, läßt ihn auch noch bis zum letzten Atemzug Gelegenheit finden, sein Leben sinnvoll zu gestalten ... Denn uns ging es längst nicht mehr um die Frage nach dem Sinn des Lebens, wie sie oft in Naivität gestellt wird und nichts weiter meint als Verwirklichung irgendeines Zieles dadurch, daß wir schaffend etwas hervorbringen. Uns ging es um den Sinn des Lebens als jener Totalität, die auch noch den Tod mit einbegreift und so nicht nur den Sinn von ›Leben‹ gewährleistet, sondern auch den Sinn von Leiden und Sterben: um diesen Sinn haben wir gerungen!« (Frankl, 1997). Angesichts von Krankheit und Tod wird die Frage nach Gesundheit für den einzelnen Menschen zu etwas hoch Individuellem, über das letztlich nur er entscheidet und nicht eine gesellschaftliche Norm oder eine WHO- Definition. Gesundheit ist ein Zustand, der täglich neu errungen werden muss, in einer aktiven, selbst gesteuerten Auseinandersetzung mit Stressoren, Krankheitstendenzen und der Frage nach dem Sinn. Für Krankheit gibt es viele Experten, für die Gesundheit sind wir selber verantwortlich.

Antonovsky (1997) schreibt, »daß sich zu jedem beliebigen Zeitpunkt wenigstens ein Drittel und mit einer guten Wahrscheinlichkeit die Mehrheit der Bevölkerung einer jeden modernen Industriegesellschaft in einem – nach diversen vernünftigen Definitionen – morbiden, pathologischen Zustand befindet. Krankheit ist somit keine relativ seltene Abweichung«.

Der Informatiker und Zukunftsforscher Nefiodow (2001) sagt über die Zukunft des Gesundheitswesens: »Das herkömmliche Gesundheitswesen ist darauf fokussiert, mit Hilfe von Naturwissenschaften, Mechanik und Technik Krankheiten zu erforschen, zu diagnostizieren, zu behandeln und zu verwalten. Behandelt werden vor allem Symptome, weniger die Krankheitsursachen. Unter wirtschaftlichen Gesichtspunkten ist die einseitige Ausrichtung auf Krankheit für die Gesellschaft insgesamt teuer und schädlich, weil dadurch die meisten Akteure finanziell auf eine ausreichende Zahl von Kranken und Krankheiten angewiesen sind und kein wirkliches Interesse an einer gesunden Bevölkerung haben können. So zynisch es klingt: Wachstum im derzeitigen ›Gesundheitswesen‹ kann praktisch nur stattfinden, wenn es noch mehr Kranke und Krankheiten gibt [...] In der Umstrukturierung des Gesundheitswesens von Krankheits- auf Gesundheitsorientierung schlummern deshalb die größten Produktivitätsreserven. Um diese Ressourcen zu erschließen, werden neue Konzepte, Strategien und Angebote benötigt, die nicht auf die Reparatur von Krankheiten, sondern auf die Herstellung und Erhaltung von Gesundheit und Wohlbefinden ausgerichtet sind und den Menschen ganzheitlich ernst nehmen [...] Was die Unternehmen und Volkswirtschaften im Wettbewerb der Zukunft unterscheiden wird, ist die Gesundheit ihrer Menschen und die Qualität ihres Gesundheitswesens, ganzheitlich gesehen: körperlich, seelisch, geistig, sozial und ökologisch.«

Der salutogenetische, die Gesundheit und Ressourcen in den Blickpunkt nehmende Ansatz wird in Zukunft immer wichtiger werden.

Das salutogenetische Modell der Gesundheit

Antonovsky selbst hat keine Gesundheitsdefinition formuliert, da für ihn absolute, idealistische und normative Ansätze nicht den realen Gegebenheiten entsprächen und Gefahr liefen, Menschen an Werten zu beurteilen, die für sie nicht zutreffen (BZgA, 2002).

Gesundheits-Krankheits-Kontinuum

Gesundheit und Krankheit sind in der wissenschaftlichen Medizin und dem medizinischen Versorgungssystem zwei entgegengesetzte Pole. Der Mensch ist entweder gesund oder krank. Die Zuteilung erfolgt über die Diagnose des Arztes, die Umwelt oder den Patienten. Für Antonovsky sind die beiden Pole völliger Gesundheit und völliger Krankheit für lebende Organismen nicht zu erreichen. Er stellt dieser Zweiteilung die Vorstellung eines Kontinuums gegenüber, auf dem der Mensch als mehr oder weniger krank beziehungsweise gesund eingestuft werden kann. »Wir sind alle sterblich. Ebenso sind wir alle, solange noch ein Hauch von Leben in uns ist, in einem gewissen Ausmaß gesund. Der salutogenetische Ansatz sieht vor, daß wir die Position jeder Person auf diesem Kontinuum zu jedem beliebigen Zeitpunkt untersuchen« (Antonovsky, 1997).

Das Kohärenzgefühl

Der Gesundheitszustand eines Menschen wird nach Antonovsky wesentlich durch eine individuelle, sowohl kognitive als auch affektiv-motivationale Grundhaltung gegenüber der Welt bestimmt. Diese Grundhaltung ist entscheidend für die Frage, wie ein Mensch seine vorhandenen Ressourcen zum Erhalt seiner Gesundheit und seines Wohlbefindens nutzt und wie er mit den allgegenwärtigen Stressoren und Herausforderungen umgeht. Antonovsky bezeichnet diese Grundhaltung als Kohärenzgefühl (sense of coherence, SOC), eine grundlegende Art, sich in der Welt zu orientieren. Je ausgeprägter das Kohärenzgefühl einer Person ist, desto gesünder sollte sie sein, beziehungsweise desto schneller sollte sie gesund werden und bleiben. Das Kohärenzgefühl setzt sich nach Antonovsky aus drei Komponenten zusammen:

- Verstehbarkeit (sense of comprehensibility): Die Erwartung einer Person, dass externe und interne Reize und Entwicklungen zu überschauen und vorhersagbar sind. Menschen mit einem hohen Maß an Verstehbarkeit gehen davon aus, dass Ereignisse vorhersagbar sind und auch unvorhersehbare Ereignisse in einen Zusammenhang einzuordnen und zu erklären sind.
- Handhabbarkeit (sense of manageability): Das optimistische Vertrauen, aus eigener Kraft oder mit fremder Unterstützung künftige Lebensaufgaben meistern zu können und der Überzeugung zu sein, dass Schwierigkeiten lösbar sind.
- Sinnhaftigkeit (sense of meanigfulness): Die individuelle Überzeugung, dass künftige Ereignisse sinnvolle Aufgaben sind, die einem gestellt werden und für die es sich lohnt, sich tatkräftig und emotional zu engagieren. Antonovsky sieht diese Komponente als die wichtigste an, ohne die sich auch bei hoher Ausprägung der anderen beiden Komponenten kein hohes Kohärenzgefühl einstellt. Ein Mensch ohne Erleben von Sinnhaftigkeit wird das Leben nur als Last empfinden und jede Herausforderung als Qual (Antonovsky, 1997).

Ob sich im Lauf der Kindheit und Jugend ein starkes oder schwaches Kohärenzgefühl entwickelt, hängt nach Antonovsky von gesellschaftlichen Faktoren und generalisierten Widerstandsressourcen ab. »Das gemeinsame an allen generalisierten Widerstandsressourcen sei, so schlug ich vor, den unzähligen uns ständig treffenden Stressoren eine Bedeutung zu erteilen.« Erfahrungen, die überwiegend durch Unvorhersehbarkeit, Unkontrollierbarkeit und Unsicherheit geprägt sind, führen zu einem schwachen Kohärenzgefühl. Für die Entwicklung eines starken Kohärenzgefühls ist ein ausgewogenes Verhältnis von verarbeitbaren Herausforderungen und lohnenden und frustrierenden Ereignissen erforderlich. Die Umwelt sollte konsistente Erfahrungen und Belastungsausgleich ermöglichen und die Einflussnahme auf Entscheidungsprozesse zulassen. Sichere Bindung zu den primären Bezugspersonen, aber auch verlässliche Bezüge außerhalb des Elternhauses zu Lehrern, Freunden und anderen sind entscheidend (Sachsse, 2003). Antonovsky geht davon aus, dass das Kohärenzgefühl ab dem Alter von circa 30 Jahren stabil bleibt, wenn der Einzelne seine soziale Rolle in der Familie und dem Arbeitsleben gefunden hat. Heute wissen wir, dass sich das Kohärenzgefühl bis ins hohe Alter zum Beispiel durch Psychotherapie verändern kann. Entscheidend für die Basis eines stabilen, starken Kohärenzgefühls sind aber die Erfahrungen in der Kindheit und Jugend (BZgA, 2002).

Kohärenzgefühl und psychische Gesundheit

Kohärenzgefühl (sense of coherence, SOC) und psychische Gesundheit hängen eng miteinander zusammen. Der SOC-Wert kann mit einem von Antonovsky entwickelten Fragebogen ermittelt werden.

Signifikante Korrelationen finden sich zwischen positiven Aspekten psychischer Gesundheit, wie Wohlbefinden und Lebenszufriedenheit, und dem SOC-Wert. Auch in Bezug auf Ängstlichkeit und Depressivität und SOC-Wert finden sich hohe Zusammenhänge. Das Risiko psychischer Beschwerden ist bei Menschen mit hohem SOC-Wert deutlich niedriger als bei Individuen mit niedrigem SOC-Wert, unabhängig von Alter und Geschlecht (BZgA, 2002). Ein sehr niedriger SOC-Wert kann als Risikoindikator für Suizidalität gewertet werden, wobei der Skala Sinnhaftigkeit eine besondere prognostische Bedeutung zukommt (Sack u. Lamprecht, 1998). Weniger eindeutig erweist sich der Zusammenhang zwischen SOC-Wert und körperlicher Gesundheit. Ein hoher SOC-Wert scheint aber die Anpassung an schwierige Lebenssituationen wie Krankheit und Behinderung zu erleichtern.

Eine Untersuchung verfolgt das Kohärenzgefühl bei Medizinstudenten im Verlauf der ersten beiden Studienjahre (Bernstein u. Carmel, 1991). Es zeigt sich eine Abnahme des Kohärenzgefühls und eine Zunahme von Angstsymptomen. Das Medizinstudium scheint die gesundheitsprotektiven Ressourcen der zukünftigen Ärzte nicht zu fördern, sondern einen verunsichernden und ängstigenden Einfluss zu haben. Ob dadurch die Fokussierung der zukünftigen Ärzte auf Pathologie verschärft wird, bleibt offen.

Kohärenzgefühl und Sucht

Die Dichotomie von Gesundheit und Krankheit ist im Bereich der Suchthilfe besonders ausgeprägt. Suchtkranke Menschen werden entweder als abstinent oder als abhängig bezeichnet. Ebenso wie Gesundheit und Krankheit fließende Übergänge aufweisen, entsteht Abhängigkeit nicht als qualitativer Sprung. Vielmehr ist der Weg in die Abhängigkeit und der Weg aus dieser heraus ein langer, diskontinuierlicher mit vielen Brüchen, Neuanfängen und langsamen Veränderungen.

In mehreren Untersuchungen wurde gefunden, dass das Kohärenzgefühl bei Alkoholabhängigen vermindert ist. In einer anderen Untersuchung erwies sich das Kohärenzgefühl als wesentlicher Prädiktor für einen unangemessenen Umgang mit Alkohol und Medikamenten. Abhängige mit niedrigem SOC-Wert brechen die Behandlung häufiger ab und werden öfter rückfällig. Diese Befunde machen deutlich, wie wichtig die Mobilisierung von Ressourcen und Stärkung des Selbstwertgefühls in der Behandlung von Abhängigkeitserkrankungen und der Rückfallprophylaxe ist (Sack, 2004).

Lebensgeschichte drogenabhängiger Jugendlicher

Drogenabhängigkeit ist kein Ereignis, das einen überkommt wie eine Naturkatastrophe, kein plötzlicher und unerwarteter qualitativer und quantitativer Sprung in der Lebensgeschichte. Drogenabhängigkeit hat einen langen Vorlauf ungünstiger Entwicklungsbedingungen und entwicklungshemmender Lebensumstände in der frühen Kindheit und Jugend. Die jugendlichen Patienten berichten nicht selten von früher psychischer, physischer und sexueller Gewalt, früher und wiederholter Ablehnung sowie Beziehungsbrüchen. Weitere häufig genannte Themen sind: keinen Anschluss an die Gruppe von Gleichaltrigen zu finden, Unsicherheit in Bezug auf die eigene Person und Identität, keine Perspektiven, Ideale und Sinnhaftigkeit, die es einem erleichtern, auch schwierige Lebensaufgaben zu meistern und Durststrecken durchzuhalten. Im Drogenkonsum finden diese Jugendlichen oft Trost und Hilfe, um ihre Schmerzen zu vergessen und nicht mehr so deutlich wahrnehmen zu müssen. Diese ungünstigen Lebensbedingungen begünstigen eine Abhängigkeitsproblematik und können zu vielfältigen psychiatrischen komorbiden Erkrankungen führen. Die Drogen werden von den Jugendlichen oft im Sinne einer Selbstmedikation für die zugrunde liegende Grundstörung eingesetzt (Möller, 2007). Betrachtet man den Lebenslauf, so ist der Drogenkonsum meist ein passageres Phänomen, das nach einer Phase des Probierens und Experimentierens wieder eingestellt wird. Circa 90 Prozent stellen den Konsum im Verlauf der Entwicklung ein oder führen ihn in einen kontrollierten Konsum über, vor allem der so genannten legalen Drogen. Die verbleibenden zehn Prozent drohen einen anhaltenden Substanzmissbrauch oder eine Abhängigkeit zu entwickeln. Bei diesen treffen meist frühe belastende Lebensereignisse und ungünstige Entwicklungsumstände mit früh beginnendem Drogenmissbrauch zusammen (Thomasius, 2005). In der Adverse Childhood Experience Study (ACE-Studie) wurden die Ursachen der zehn häufigsten Todesursachen untersucht, unter anderem die Sucht. Verglichen wurde der Gesundheitszustand bei Erwachsenen mit belastenden Kindheitserfahrungen. Es zeigte sich, dass der Konsum von Nikotin, Alkohol und der intravenöse Drogenkonsum proportional zu dem Ausmaß negativer Kindheitserfahrungen waren (Felitti, 2003).

Nicht jeder Mensch, der unter derart ungünstigen Lebensbedingungen aufwächst, entwickelt im Verlauf seines Lebens eine Abhängigkeitsproblematik oder komorbide psychiatrische Symptomatik. Aus salutogenetischer Sicht ist die Frage von Interesse, wie es kommt, dass trotz dieser ungünstigen Entwicklungsbedingungen einige Individuen einen gesunden, unauffälligen Entwicklungsweg gehen können. In der täglichen Praxis sehen wir diejenigen Jugendlichen, denen es nicht möglich war, die Stressoren zu bewältigen, die nicht über ausreichende Widerstandsressourcen verfügen und deren Kohärenzgefühl schwach entwickelt ist. Diese Jugendlichen haben ihre Umwelt als nicht handhabbar, nicht vorhersagbar, verlässlich und verstehbar erlebt. Sinnhaftigkeit in der eigenen Lebensgeschichte zu erleben ist angesichts wiederholter negativer, die eigenen Grenzen überschreitender Erlebnisse vor allem für Kinder und Jugendliche eine kaum zu bewältigende Aufgabe. Wenn mit Hilfe der Droge seelische und körperliche Schmerzen zumindest vorübergehend gelindert werden, ein kurzfristiges Vergessen von Sinnlosigkeit und Leid möglich ist und man sich zu einer bestimmten Gruppe von Gleichaltrigen zugehörig fühlt, ist anzunehmen, dass sich auch das Kohärenzgefühl kurzfristig verbessert.

Die salutogenetische Blickrichtung ist für den Umgang mit Drogen missbrauchenden Jugendlichen in zweierlei Hinsicht von Bedeutung, für die Therapie und die Prävention. Dem defizit- und pathologieorientierten Blick auf den Patienten – der Reduktion des Menschen auf Krankheit und Diagnose – einen ressourcenorientierten Ansatz, einen den ganzen Menschen und seine Lebensgeschichte einbeziehenden Blick an die Seite zu stellen, kann nur bereichern und für Arzt und Patient neue Möglichkeiten eröffnen. Die Frage nach den Ursachen von Krankheit und Sucht kann ergänzt werden um Fragen, wie es ein Jugendlicher geschafft hat, trotz widriger Umstände zu überleben und menschliche und gesunde Anteile zu bewahren. Schatzsuche statt Fehlerfahndung kann das Motto sein (Schiffer, 2001). Der eingangs vorgestellte 16-Jährige erlebte in der Therapie, dass seine Fähigkeiten und Ressourcen gesehen und gefördert wurden. Vorher war er der Sündenbock, der bei den leiblichen Eltern, den Pflegeeltern und in der Jugendhilfe keinen Platz gefunden hat. In der dialogischen Auseinandersetzung konnte er sein Selbstbild verändern und realistische Perspektiven entwickeln.

Therapie

Antonovsky geht davon aus, dass das Kohärenzgefühl ab dem Alter von etwa 30 Jahren stabil bleibt. Heute wissen wir, dass sich das Kohärenzgefühl bis ins hohe Alter, zum Beispiel durch Psychotherapie, verändern kann. Entscheidend für die Entwicklung eines starken Kohärenzgefühls sind die Erfahrungen in der Kindheit und Jugend. Jugendliche mit einer Abhängigkeitsproblematik haben aufgrund ihrer Lebensgeschichte kein starkes Kohärenzgefühl entwickelt. In der Jugend ist vieles im Umbruch und in Veränderung, die Persönlichkeit ist noch nicht so gefestigt wie im Erwachsenenalter. Umso wichtiger ist es in dieser Lebensphase, durch intensive, das Kohärenzgefühl steigernde Erfahrungen dem Jugendlichen andere Zukunftsperspektiven zu ermöglichen.

Zielsetzung von Therapie ist es, im Leben und dem sozialen Miteinander besser zurechtzukommen. Die zwischenmenschlichen Beziehungen sind von Anfang an dialogisch, spielerisch angelegt. Auch das Bedürfnis wahrgenommen zu werden ist dialogisch, denn es verlangt nach einer Bestätigung und Antwort. In dem dialogischen Wechsel zwischen Erzählen und Zuhören, Wahrnehmen und Wahrgenommenwerden und dem oft nur Sekunden dauernden Zwischenraum des Nachsinnens entwickelt sich ein starkes Selbstgefühl, welches wiederum eine salutogenetische Ressource darstellt. Eine sich in diesem Dialog entwickelnde, sichere Identität meint Unterscheidbarkeit und Zugehörigkeit zugleich. »Spielerisch- handelnd entsteht eine Basisidentität des Ich, dialogisch-sprechend wird der Mensch am Du zum Ich. Lebensgeschichtliche Einheit und Kontinuität der Identität zeigen und verwirklichen sich im Kohärenzgefühl« (Schiffer, 2001).

Eine Therapie, ambulant wie stationär, kann einen Rahmen für Entwicklung und Reifung, Begegnung und Auseinandersetzung zur Verfügung stellen. Entscheidend ist ein klarer Rahmen mit verbindlichen Absprachen und verlässlichen Beziehungsangeboten. Gerade Jugendliche profitieren von einem Gegenüber, mit dem sie sich reiben und auseinandersetzen können, im Sinne des dialogischen Prinzips, des Entwickelns der eigenen Identität in der Begegnung mit dem Du (Omer u. Schlippe, 2004). In der aktuellen Beziehungsdynamik mit den anderen Jugendlichen, den Mitarbeitern und Therapeuten wird konflikthaftes Beziehungserleben aktualisiert und ist durch das Erleben eines anderen Umgangs veränderbar. Ein krankheits- und defizitorientierter Ansatz wird dem Jugendlichen nur wenige Entwicklungsmöglichkeiten eröffnen. Beseitigung von Krankheit und Störung stehen hier im Vordergrund. Begegnet man dem Jugendlichen dagegen mit der Frage, welche Fähigkeiten und Möglichkeiten er in sich trägt, wie es ihm möglich war, trotz aller widrigen Umstände zu überleben, eröffnen sich neue Entwicklungsperspektiven und Horizonte. Gerade Jugendliche, die sich und ihre Mitmenschen grundlegend in Frage stellen, hoffen darauf, als Mensch wertgeschätzt und geliebt zu werden, und haben gleichzeitig Angst, erneut enttäuscht zu werden.

Auf diesem Weg können ganz alltägliche Erlebnisse förderlich und hilfreich sein, wie ein strukturierter Tagesablauf, gemeinsame Mahlzeiten, das Aufeinanderbezogensein und die Klärung von Konflikten, ohne dabei die Beziehung gleich in Frage zu stellen. Auch freizeitpädagogische Aktivitäten wie Hallen- und Felsenklettern sind hilfreich, da ein gesunder Wunsch nach Erlebnissen in der konkreten Realität salutogenetisch wirkt, ähnlich wie bei Pipi Langstrumpf. Hier erlebt man seine eigenen Grenzen, aber auch Glücksmomente, wenn es gelingt, die eigene Angst zu überwinden. Die Frage nach dem Vertrauen in die eigenen Fähigkeiten sowie in die sichernde Person am Boden und das soziale Miteinander sind weitere wichtige Elemente. Nach einem Tag voller Höhen und Tiefen durch die Betreuungsperson gehört und gesehen zu werden, wird von Jugendlichen als bedeutsam erlebt. Die Welt als verstehbar, handhabbar und gestaltbar zu erleben, ist entscheidend für eine selbstbestimmte Zukunftsgestaltung. Im Dialog mit dem Therapeuten der eigenen Lebensgeschichte einen Sinn zu verleihen, sich selbst im Miteinander als selbstwirksam zu erfahren, kann Grundlage für eine neue Lebensperspektive sein. Mit der Therapiestation für drogenabhängige Kinder und Jugendliche Teen Spirit Island in Hannover wurde ein Raum geschaffen, in dem Jugendliche für sich eine Perspektive jenseits des Drogenmissbrauchs entwickeln können (Möller, 2006).

Ein ressourcenorientierter Ansatz hat in der Praxis einen Spagat zu leisten. Gegenüber den Kostenträgern ist in psychiatrischen Diagnosekategorien (ICD-10 und DSM-IV) und die Pathologie betonend zu argumentieren. Gegenüber den Patienten sollte das Spektrum im oben beschriebenen Sinne erweitert werden. Fantasiefiguren wie Pippi Langstrumpf haben bei Kindern und Jugendlichen eine die Ressourcen und die eigene Fantasie und innere Kreativität und Lebendigkeit anregende Wirkung. Sie können Begleiter und Helfer in schwierigen Lebenssituationen sein, einem Mut zusprechen und Vorbild sein. Beim Vorlesen geht es um dialogische Begegnung zwischen Ich und Du, die durch Medien und Computer in keiner Weise ersetzt werden können (Spitzer, 2005). Die Bedeutung lebendiger, innerer Bilder für die Gehirnentwicklung und Gesundheit ist von dem Hirnforscher Hüther (2004) beschrieben worden. Der Psychotherapieforscher Grawe (2004) beschreibt die Bedeutung von Ressourcenmobilisierung als Wirkfaktor in der Psychotherapie. Für die Therapeuten ist es hilfreich, die eigene salutogenetische Haltung in der Selbstreflexion und Supervision zu beleuchten.

Die traditionelle Gesundheitsaufklärung orientiert sich an dem Risikofaktorenmodell, das pathogenetisch ausgerichtet ist. Risikofaktoren werden bereits als beginnende Erkrankung aufgefasst, die Prävention zielt auf deren Vermeidung ab. Die Erfahrungen zeigen, dass Information über Gesundheitsrisiken nicht unbedingt zu Einsicht und Verhaltensänderung führen, noch weniger bei Jugendlichen, die bereit sind, ihre Gesundheit zu riskieren, da die Folgen jenseits ihres Erfahrungshorizontes liegen. Bei der Suchtprävention sind Informationen über Substanzen wichtig. Der Schwerpunkt sollte jedoch in Lebenskompetenz und die Persönlichkeitsentwicklung fördernden Ansätzen liegen. Auch hier geht es um die dialogische Auseinandersetzung, das In-Beziehung-Treten mit dem Jugendlichen. Bereits in der Ottawa-Charta stellt die WHO 1986 das Programm zur Gesundheitsförderung vor. Gesundheit wird hier nicht nur als Ziel, sondern als Mittel beschrieben, um den Einzelnen zu befähigen, individuelles und gesellschaftliches Leben positiv zu gestalten. Es wird die Verantwortung des Einzelnen an der Schaffung gesundheitsförderlicher Bedingungen betont (BZgA, 2002).

Drogenabhängige Jugendliche haben trotz schwerer Vorgeschichte Entwicklungspotenziale, die Persönlichkeit befindet sich noch im Entwicklungsprozess.

Ein defizit-, pathologie- und diagnoseorientierter Ansatz hat die Beseitigung von Symptomen und die (Wieder-)Eingliederung in den Arbeitsmarkt zum Ziel. Ein an Ressourcen orientierter und salutogenetischer Ansatz kann das bestehende System erweitern und ergänzen und Entwicklungsräume für Jugendliche schaffen, die Nachreifung und Persönlichkeitsentwicklung ermöglichen. Die dialogische Auseinandersetzung in einem klaren, verlässlichen Rahmen und die Haltung, in der Therapeuten den Jugendlichen begegnen, sind von entscheidender Bedeutung.

Literatur

Antonovsky, A. (1997). Salutogenese. Zur Entmystifizierung der Gesundheit. Tübingen: Deutsche Gesellschaft für Verhaltenstherapie.
BZgA (2002). Was erhält Menschen gesund? Antonovskys Modell der Salutogenese – Diskussionsstand und Stellenwert. Köln: Bundeszentrale für gesundheitliche Aufklärung.
Felitti, V. (2003). Ursprünge des Suchtverhaltens: Evidenz aus einer Studie zu belastenden Kindheitserfahrungen. Praxis der Kinderpsychologie und Kinderpsychiatrie, 52, 547–559.
Frankl, V. (1997). Trotzdem Ja zum Leben sagen. Ein Psychologe erlebt das Konzentrationslager (16. Aufl.). München: Deutscher Taschenbuch Verlag.
Gadamer, H. (1993). Über die Verborgenheit von Gesundheit. Frankfurt a. M.: Suhrkamp.
Grawe, K. (2004). Neuropsychotherapie. Göttingen: Hogrefe.
Hüther, G. (2004). Die Macht der inneren Bilder. Wie Visionen das Gehirn, die Menschen und die Welt verändern. Göttingen: Vandenhoeck & Ruprecht.
Möller, C. (2007). JUGEND SUCHT. Ehemals Drogenabhängige berichten. Esslingen: Gesundheitspflege initiativ (2. Aufl.). Göttingen: Vandenhoeck & Ruprecht.
Möller, C. (2006). Stationäre und ambulante Therapieangebote für drogenabhängige Jugendliche. In C. Möller (Hrsg), Drogenmissbrauch im Jugendalter. Ursachen und Auswirkungen (S. 63–81). Göttingen: Vandenhoeck & Ruprecht.

Nefiodow, L. (2001). Der sechste Kondratieff. Wege zur Produktivität und Vollbeschäftigung im Zeitalter der Information. Rhein-Sieg: Sankt Augustin.

Omer, H., Schlippe von, A. (2004). Autorität ohne Gewalt. Coaching für Eltern von Kindern mit Verhaltensproblemen. Elterliche Präsenz als systemisches Konzept. Göttingen: Vandenhoeck & Ruprecht.

Sachsse, U. (2003). Man kann bei der Wahl seiner Eltern gar nicht vorsichtig genug sein – Zur biopsychosozialen Entwicklung der Bewältigungssysteme für Disstress beim Homo sapiens. Praxis der Kinderpsychologie und Kinderpsychiatrie, 52, 578–594.

Sack, M. (2004). Paradigmenwechsel in der Sucht – nicht: was macht uns krank, sondern: was hält uns gesund? Vortrag XVI. Niedersächsische Suchtkonferenz, 9.9.2004, Medizinische Hochschule Hannover.

Sack, M., Lamprecht, F. (1998). Forschungsaspekte zum »Sens of Coherance«. In W. Schüffel (Hrsg.), Handbuch der Salutogenese – Konzept und Praxis (S. 325– 336). Wiesbaden: Ullstein Medical.

Schiffer, E. (2001). Wie Gesundheit entsteht. Salutogenese: Schatzsuche statt Fehlerfahndung. Weinheim: Beltz.

Spitzer, M. (2005). Vorsicht Bildschirm! Elektronische Medien, Gehirnentwicklung, Gesundheit und Gesellschaft. Stuttgart: Klett.

Thomasius, R. (2005). Drogenmissbrauch im Jugendalter. In C. Möller (Hrsg.), Drogenmissbrauch im Jugendalter. Ursachen und Auswirkungen (S. 13–37). Göttingen: Vandenhoeck & Ruprecht.

World Health Organisation (1948). Präambel zur Satzung. Genf: WHO.

Léon Wurmser

Liebe, Macht und Verrat in Sucht und Gesellschaft

Ich möchte gerne einige breitere Zusammenhänge beleuchten, die in jeder Behandlung von Süchtigen eine Rolle spielen können, aber auch weit darüber hinausgreifen und vielleicht von allgemeinerem Interesse sein könnten. Dabei gehe ich vom zentralen Inhalt meiner im »Forum der Psychoanalyse« veröffentlichten Arbeit über die Eifersucht aus: wie sich nämlich auch in der sogenannten normalen Eifersucht das Wesen der Liebe mit einem Besitzanspruch und damit mit einer Bemächtigungsforderung in oft heilloser, aber sozial durchaus akzeptabler Weise verquickt. Dies gab mir Anlass, mich in das Wesen der Liebe zu vertiefen und sowohl die mögliche Antithese von Liebe und sexuellen Wünschen als auch von Liebe und Machtwünschen herauszuarbeiten (Wurmser, 2006).

Nun ist aber Eifersucht – wie auch die Rachsucht, die Sammelsucht, die Habgier und Machtgier – eine Form von Sucht im übertragenen Sinne: nämlich eine zwanghafte Abhängigkeit von äußeren Dingen für die Befriedigung emotionaler Bedürfnisse, ganz wie es für die Drogen- und Alkohol- oder die Spielsucht gilt. Im weiteren Überlegen fesselte mich aber immer mehr das Thema von Verrat, Lüge, Täuschung und Verleugnung, und zwar nicht nur im Klinischen, sondern gerade auch im Politischen und Kulturellen. Dies ist ja auch ein Zentralthema bei der Arbeit mit allen Arten von Süchtigen.

Ich gehe von einer kleinen Fallvignette aus einer vor längerer Zeit von mir supervidierten Behandlung aus, wo es um die Psychodynamik von prominenter Verleugnung bei einem Kokain missbrauchenden Arzt ging.

Verleugnung der Grenzen

Ein junger Arzt, Hermann, triumphiert auf Hochgebirgstouren und Klettereien über alle Gefahren des Absturzes. So springt er vor seiner entsetzten Begleiterin und seinen Freunden vom Gipfel über eine drohende große Schneewechte in den steilen Abgrund, ohne darauf zu achten, dass er dabei eine Lawine mobilisieren könnte. In gewaltigen Klettertaten siegt er über die Schwerkraft und trotzt dem Sturz in die Tiefe. Dabei fällt auf, wie er die Betrügereien seiner Angestellten und ihren Medikamentenverkauf an Patienten in Kauf nimmt und sie weiterhin in der Praxis behält, zugleich aber in der uneingestandenen Furcht lebt, dass sein vergangener Drogenkonsum herauskommen könnte. Die Angestellte hat die Hand an seiner Gurgel entweder durch das, was sie tut, oder durch das, was sie weiß. Er kann sie nicht entlassen, da sie das Verborgene herausbringen könnte, und er läuft große Gefahr für sich und andere, indem er sie behält. Die Verleugnung der Gefahren im Gebirge scheint wie eine Verleugnung dieses Konflikts und tieferer Unvereinbarkeiten zu sein, mit dem Ziel: »Es kann mir ja nichts passieren!« Diese Verleugnung der Realgefahren geht auf seine ganz tiefe, traumatische Hilflosigkeit als Kind angesichts einer schwer depressiven und hysterisch kranken, schwächlichen und bettlägerigen Mutter zurück: »Ich hätte besser geschissen, als dass ich dich geboren hätte«, sagte sie ihm. Seinen Schmerz, und damit Gefühle viel allgemeiner, musste er als beschämend und als Zeichen der Verwundbarkeit abspalten und unterdrücken. *Die Verleugnung und Verdrängung der Affekte war eine Notwendigkeit.* In seiner Jugend schmückte er sich mit Nazisymbolen, um die Umwelt zu provozieren. Er muss sich ständig beweisen, dass er nicht schwach und defektiv wie seine Mutter ist, sondern der phallische Sieger über alle Gefahren. Er schafft sich eine *doppelte Realität*: eine, die auf der Verleugnung aufgebaut ist und eine Fantasie der Allmacht verwirklicht, und eine andere, in der er tüchtig seinen Pflichten obliegt. Diese Allmacht ist aber vor allem auch eine, wo er magisch die Mutter zu heilen vermöchte und mit äußerster Todesverachtung auch schwerst Verunglückte zu retten versucht; sie ist eine Allmacht der Verantwortung. Zugleich ist es eine Vollkommenheitsillusion, die keine Schwäche duldet, weder bei sich noch bei anderen. Er flüchtet sich vor der Schuld, falls er dem ersten Ideal der umfassenden Verantwortlichkeit nicht genügen würde, und vor der Scham, wenn er gegenüber dem zweiten Ideal, dem des übermenschlichen Könnens und Starkseins, versagte, indem er immer noch stärker, als Persönlichkeitshaltung, die Grenzen aufhebt, also die Wirklichkeit verleugnet. Man kann es auch so sagen: Die inneren Abgründe sind schwerer zu beherrschen als die äußeren. Technisch ist es dann ganz wichtig, immer wieder festzustellen, wie der innere Konflikt stets zu einem äußeren gemacht werden muss, und dies ebenso als Übertragung der Abwehr: wie er durch das Besprechen des Äußeren das Innere vermeidet; es ist eine überaus häufige Abwehr sowohl von Schuld- wie besonders von Schamkonflikten.[1]

Wenn Hermann die Grenzen seiner eigenen Stärke nicht wahrnehmen muss, bedeutet das buchstäblich ein Triumphieren über abgrundtiefe Scham. Oder anders ausgedrückt: Statt dass er sich mit dem Absturz in die unerträgliche Enttäuschung an sich und am anderen, also mit dem Zusammenbruch des idealisierten Selbstobjekts oder des grandiosen Selbst herumzuschlagen bräuchte, siegt er über die bodenlosen Abgründe in der äußeren, materialen Realität. Es ist Abwehr durch Wendung vom Passiven ins Aktive und durch Konkretisierung. Abgründe stehen aber sehr oft für das Abstürzen ins Bodenlose: in die sprachlose Verzweiflung schwerer früher Traumata und in die damit verbundene massive Scham. Dieses Nichts der abgrundtiefen Verzweiflung und Scham gähnt hinter all den Triumphen der Verleugnung, gerade auch der Verleugnung durch Drogengebrauch.

Auch bei ihm klingt das alles Menschliche immer wieder ergreifende Problem des Verrates an.

---

[1] Fallvignette von Herrn Dr. Marti.

Psychoanalytische Gedanken zum Verrat

Verrat ist ein in der psychoanalytischen Literatur wenig beachtetes Thema, das jedoch die Menschheitsliteratur seit Urzeiten in impliziter oder expliziter Form begleitet. Die Schwester des Verrats ist die Lüge, seine Mutter ist die Scham und sein illegitimer Vater ist die Rache.

Was ist Verrat? Es ist das Brechen eines Vertrauens, eines Versprechens, einer Treue und Loyalität. »Ich baue auf deine Hilfe oder deine Solidarität in einer schwierigen Situation, wenn ich mit großen Widerwärtigkeiten oder Feinden zu kämpfen habe. Ich denke, du stehst bei mir und verteidigst mich. Ich schaue um und hinter mich und entdecke plötzlich, dass du verschwunden bist.« Oder in abgemilderter Form: »Du hast mir deine Hilfe in einer schwierigen Aufgabe zugesagt; ich habe darauf gerechnet, und wie ich sie dann in Anspruch nehme, hast du plötzlich andere Prioritäten.« Oder in der heutigen Gesellschaft sehr häufig: »Du versprachst mir Treue in der Liebe oder in der Sexualität, und deine Liebe ist verschwunden, ein anderer Partner oder Partnerin ist viel wichtiger für dich geworden; du hast mit ihm oder ihr geschlafen; ich fühle mich von dir verraten.« »Wir waren so gute Freunde. Die politischen Verhältnisse haben sich gewandelt. Ich werde verfolgt und suche Schutz bei dir. Du aber findest es ratsam, mich zu verleugnen, du kennst mich nicht mehr oder sagst mir: Verschwinde aus meinem Leben, so rasch wie du kannst, denn ich will nicht meine Sicherheit und die meiner Familie für dich riskieren.« Eine Extremform während der Nazizeit: »Ich denunziere meine Verwandten und Freunde, die versteckte Juden sind oder Juden versteckt haben, an die Gestapo.«[2] Oder überhaupt in einem totalitären System: »Ich habe dir meine Gedanken anvertraut, und du hast sie der Geheimpolizei mitgeteilt.« Oder in unserer psychoanalytischen oder psychotherapeutischen Arbeit:

---

[2] Für ein besonders eindrückliches Beispiel dafür vgl. den Kurzroman von Kressmann Taylor (1938): »Adressat unbekannt« (ich verdanke ihn Fr. Dr. Killinger).

»Ich vertraute Ihnen das Allerintimste meines Lebens an und Sie teilten es Unbefugten, die mich erkennen, mit.« Oder umgekehrt, von der Seite des Therapeuten aus: »Ich habe Ihnen meine Zeit und meine Bereitschaft gegeben, mit Ihnen Ihr Innenleben zu erforschen und mit Ihnen auf diese Weise eine Lösung großen Leidens zu finden, unter der Voraussetzung, dass Sie Ihre Seite des Vertrags einhalten: mich für die vereinbarten Stunden zu bezahlen, und jetzt weigern Sie sich, dies zu tun und ergreifen rechtliche Schritte.« All dies sind Formen des Verrats.

Endlose Varianten gibt es zu diesem furchtbaren Problem, von kleinen Vorkommnissen im Alltag bis zu weltpolitischen Katastrophen, aber Tragödien sind sie allemal. Immer handelt es sich dabei um Gewissenskonflikte, immer ist das Über-Ich dabei mit im Spiel. Oft steht ein sehr hoher Wert, wie Freundschaft und persönliche Treue und Solidarität, in Konflikt mit einem ebenso hohen Wert, der Verpflichtung einem anderen Menschen, der eigenen Familie, der größeren Gruppe oder dem Staat gegenüber. Doch ebenso häufig ist das Wertgefälle für unser Empfinden riesig: Der eine Wert von innerer Verpflichtung und Treue steht einem für die meisten unter uns weit niedrigeren Wert gegenüber: Macht, Ehre, kleinlichem finanziellem Vorteil, einer höheren Stellung in Betrieb, Universität, Partei oder Spital. Viele setzen sich durch, auch wenn sie, wie es heißt, über Leichen gehen müssen. Tüchtigkeit ist, wie wir wissen, in unserer Gesellschaft ein hoher Wert, für manche der allerhöchste. Geht dieser Wert aber über Ehrlichkeit und Wahrhaftigkeit und vor allem Treue, dann schleicht sich der Verrat in seinem schillernden Gewand bald ein.

All dies sind phänomenologische, noch nicht psychoanalytische Betrachtungen. Daran schließen sich aber sogleich tiefere Fragen: Ist Verrat nicht engst verknüpft mit Scham und mit floridem Sadomasochismus, doch wie?

Ich sagte schon, das Über-Ich spiele immer eine Rolle dabei. Damit meinte ich gegensätzliche Über-Ich-Forderungen, doch wie? Nun gehe ich weiter:

Scham als Folge von Verrat

Wir alle wissen es aus unserem persönlichen Erleben: Wenn wir uns schämen, neigen wir zum Lügen oder Verleugnen. Wir wollen uns nicht in unserer Schwäche oder Makelhaftigkeit oder bei einem schäbigen, kleinlichen Verhalten entblößen. Wir geben uns anders, als wir im Innersten sind. Zu einem gewissen Ausmaß ist dies vielleicht bei uns allen der Fall. Selbst unsere Träume können heuchlerisch sein, wie Freud es beschrieb. Wir lügen uns selbst an, um besser dazustehen, als wir wirklich sind, und vor allem, um Grund und Berechtigung für unser Ressentiment zu finden.

Eine große innere Verpflichtung kann mit der Authentizität in scharfen Widerstreit treten. Dies aber ist bei Weitem noch kein Verrat, aber wenn die Spannung zwischen den beiden sehr groß wird, dann stellt sich die Frage: Verrate ich mich selbst, oder verrate ich die religiöse oder die Gruppensolidarität und die Pietät gegenüber meinen Vorfahren, ja Urahnen? Entscheide ich mich für die Selbstloyalität und gegen die überzeitlichen Normen und Verpflichtungen? Oder auch ganz einfach: Bleibe ich mir selbst treu, aber breche mein Treuegelöbnis, verstanden als ausschließliche Bindung und Liebe, gegenüber einem Partner?

Stelle ich die Selbstloyalität über die auf Andere gerichteten Pflichten, führt dies zu Schuldgefühlen, denn ich füge Schmerz und Schaden zu. Zugleich ist solcher Verrat mit Scham verbunden, Scham als Folge von Verrat, denn: »So will ich mich nicht sehen, und so möchte ich auch von anderen nicht gesehen werden: als eidbrechend, als ehebrechend, als versprechenbrechend.« Umgekehrt ist der Verrat an dem eigenen Selbst eine Ursache für tiefe Scham: »Ich falle weit ab von dem, was ich von mir selbst erwarte. Ich bin meinen eigenen Werten, dem, was mir mein Gewissen gebietet und mein Selbstideal erwartet, nicht getreu.« Dies ist nicht vor allem eine Quelle für Schuld, sehr wohl aber für oft massive Scham. Sehr schön heißt es denn auch im Zohar, dem Hauptwerk der jüdischen Mystik: »Es wurde uns gelehrt, dass über den, der sich von seiner ersten Frau scheiden lässt, der Altar Tränen vergießt […] Wenn ein Mann sich von seiner Frau scheidet, beschädigt er den Stein des himmlischen Altars« (102b/103a).

Sexueller Missbrauch als Verrat

Hier ist der Platz, auf einen weiteren Zusammenhang zwischen Scham und Verrat aufmerksam zu machen: Sexueller Missbrauch von Kindern und Jugendlichen durch ältere Personen verursacht in dem Geschändeten ein sehr tiefes Schamgefühl. Zugleich werden diese Akte als Verrat an dem Vertrauensverhältnis empfunden. Richard Gartner hat in einem schönen Vortrag (2006) berichtet, dass aufgrund der Forschung einer in sechs Jungen unerwünschten direkten sexuellen Kontakt mit jemandem, der älter oder mächtiger war, gehabt habe. Frappant ist dabei auch, dass der sexuelle Missbrauch von Knaben durch Frauen viel häufiger ist, als gewöhnlich angenommen wird. 60 % der Jugendlichen wurden durch Männer missbraucht, 30 % hatten weibliche Missbraucher, und 10 % hatten beides. Spezifisch zu unserem Thema sagt Gartner: »Wenn der Missbrauchende jemand ist, bei dem der Junge glaubte, er könne auf ihn implizit vertrauen, werden scheinbar unbrechbare Bindungen gebrochen. Verräterei [treachery] wird in seine privatesten, persönlichsten und vertrauensvollsten Beziehungen eingeführt. Diese Kinder lernen Macht und Autorität zu misstrauen.« Die Beziehung zum eigenen Selbst werde vergiftet. »Mit der Überzeugung, dass alle Beziehungen ein Machtgefälle aufweisen, kann der sexuell missbrauchte Mann es als nötig erleben, sie alle zu kontrollieren.« Alle Nähe werde als verführerisch und ausbeuterisch erlebt. »Er sehnt sich nach Liebe, aber er verspürt keine Liebe, wenn der Sexualakt beendigt ist. Er belässt ihn mit einem Gefühl von Leere und Einsamkeit; aber ein volles Engagement in einer mitmenschlichen Beziehung erfüllt ihn mit der Angst, seine Missbrauchsgeschichte wiederhole sich.« Vor allem benutzen die Missbrauchenden oft Scham, um die Opfer zu kontrollieren. Die Hilflosigkeit im Missbrauchserlebnis ist selbst schamerfüllt. Er denkt, nur Schwächlinge und Memmen, also weibliche, entmannte Männer erlauben es, missbraucht zu werden. Opfer sein heiße, nicht Mann zu sein. Manche versuchen, dies zu kompensieren, indem sie übertrieben männlich, »hypermaskulin«, werden, um derart die chronische Scham auszulöschen. Dazu kommt die Sorge, dass der Akt an sich schon beweise, dass sie selbst homosexuell seien. Doch gerade, wenn ohnehin eine homosexuelle Orientierung vorliegt, wird diese nun vom Opfer dem Missbrauch als Ursache zugeschrieben, komme der nun von einem männlichen oder weiblichen Verführer; so vermag er kein positives Selbstbild als homosexueller Mann zu entwickeln. Daher ist ein solcher Verrat immer sehr traumatisch. Dasselbe gilt natürlich für den Verrat an der beruflichen Aufgabe und Verantwortung, wenn sich ein Therapeut oder eine Therapeutin während der Behandlung sexuell mit einem Patienten oder einer Patientin einlässt.

Scham als Ursache von Verrat

Hier handelt es sich also um Scham als Folge erlittenen Verrats. Psychoanalytisch noch wichtiger sind aber Scham und auch Schuld als Ursachen von Verrat. Der zutiefst Beschämte wie der Verratene (und beide sind doch meist dies zugleich) neigt natürlicherweise dazu, das passiv Erlebte ins Aktive zu wenden. Der Verratene wird zum Verräter; der tief und andauernd Beschämte rächt sich am Anderen und an der Menschheit dadurch, dass er ihre Normen verhöhnt und alles Vertrauen brechen muss. Wir müssen annehmen, dass der Verräter wohl immer jemand ist, dessen Vertrauen zuvor, am wahrscheinlichsten in der Kindheit, zutiefst enttäuscht und missbraucht worden war.

Entsprechend schreibt denn auch Edith Jacobson (erstmals 1965 gehalten als Vortrag, publiziert 1971) über die Behandlung von zwei Männern, die zwanghaft ihre Nächsten verrieten oder gegeneinander ausspielten: »Genetisch fanden wir in beiden Fällen eine Kindheitsgeschichte nicht nur von Misshandlung, Vernachlässigung und Grausamkeit, sondern auch von schwerer Feindseligkeit und Kämpfen zwischen den Eltern. In beiden Fällen hatten die Väter Affären mit anderen Frauen. Eine andere Eigenschaft, die diese Patienten auffällig gemeinsam hatten, war ihre frühe Entwicklung von unterwürfigen, masochistischen Haltungen gegenüber den Eltern, während ihre zugrunde liegende schwere Feindseligkeit sich nur in den Grausamkeiten gegenüber ihren jüngeren Geschwistern ausdrückte und in ihren Versuchen, die anderen Familienmitglieder gegeneinander aufzuhetzen und diese zu veranlassen, den Kampf auszutragen. In beiden Fällen erleichterte die gegenseitige Feindseligkeit der Eltern und deren Verhalten dieses Ausagieren. Dies war der Vorläufer von Handlungen und Fantasien von Verrat, die späterhin eine derart bedeutsame Rolle in den paranoiden Konfliktsituationen dieser Patienten spielen sollten« (S. 314).

Verrat bei sadomasochistischer Beziehung

Doch zuerst noch ein anderer Zusammenhang: der *eingebaute Verrat in der masochistischen Inszenierung,* in einem Zitat aus einer Stunde: »Ich erwarte weniger als nichts von dir, aber wenn du sagst, du rufst an, und du rufst nicht an, ist es das Ende der Welt. Ich opfere mich total auf für dich; aber was bist du bereit, für mich zu tun? Bring mich ruhig vollends um, ich verzeihe dir.« Bei solchen Strangulierungen durch Double-bind-Mitteilungen ist jede Form des Widerstandes eo ipso, jeder Versuch, »to stand his ground«, sich selbst zu behaupten, schon eine Form von Verrat und jede Selbstunterwerfung unter die moralische Diktatur eine Art Selbstverrat. So oder so sind Scham und Schuld unausweichlich.

Eine Patientin mit schwer traumatischem Hintergrund, bei sehr autoritären, misshandelnden und teilweise süchtigen Eltern und Suchtproblemen in der Vergangenheit, lebt ebenfalls in einer heillos sadomasochistischen Bindung; sie sagt in einer Stunde: »Mein Mann würde eine Trennung als Verrat an unserer gemeinsamen Sache empfinden. Was mich bindet: Ich kann es ihm nicht antun. Es ist schon eine starke Bindung, dieser Verrat. Ich wäre dann das Schwein.«

»Damit wird alle Quälerei gerechtfertigt«, meine ich.

»Es ist die Angst vor seinem Zorn, dass er den Hass voll ausleben würde. Die Bombe geht immer nach 20–30 Minuten los, aber dann mit solcher Vehemenz, dass man sich nur noch warm anziehen kann … Es ist ganz deutlich, dass es so ist: Die Symbiose, die wir hatten, ist die Abmachung: wir beide gegen den Rest der Welt, und die verrate ich, mit all dem Wahnsinn.«

Liebe, Macht und Verrat in Sucht und Gesellschaft 35

»Eine schreckliche Falle, und lebensgefährlich.«
»Und deswegen zögere ich immer noch.« Und in einer anderen Stunde: »Irgendwo muss man den Ambivalenzkonflikt lösen, indem man verrückt oder süchtig oder [körperlich] krank wird, und alles habe ich schon durchgemacht, und die Ambivalenz habe ich immer noch nicht gelöst.«
In der Übertragung fürchtet sie stets zwischen den Stunden, dass ich sie nicht mehr wolle und verstoßen würde, dass ich sie also auch verriete. Sie fächert die sonstige Übertragung in interessanter Weise von Spaltungen auf: »Lieber Herr Wurmser, sterben Sie nicht! Am Anfang waren Sie der strenge Richter, dann der geliebte Lehrer und Großvater, dann der Vater und der Gott, und dann in der letzten Stunde der Peiniger, der mich durch die Mangel dreht. Meine versteckte Wut darüber zeigt sich darin, dass ich sage: Lieber Herr Wurmser, sterben Sie nicht – wie bei meinem Vater, den ich so hasste, als er operiert wurde!«

Auch hier spielte sich das Drama von Macht gegen Liebe vor dem Hintergrund früheren Alkohol- und Drogenmissbrauchs bei beiden Partnern ab.

»Die Kultur der Unehrlichkeit« – Verrat und Lüge im politischen Leben

Bei meinen Einblicken in das Leben in großen Institutionen wie Universitäten, Spitälern, großen Korporationen und verschiedenen Regierungen fällt mir immer wieder die ungeheure Verbreitung und Bedeutung von Verrat und Illoyalität, von Lügen und Täuschung auf. Viele werden dadurch zutiefst verwundet und wissen, dass sie in der strukturellen Verfilzung nur mit größter Vorsicht, Verschwiegenheit und eigener Täuschung überleben können. Die Atmosphäre von Lüge und Verleugnung hat eine gewaltige Auswirkung. Umgekehrt müssen oft die schwersten Geschehnisse und Belastungen auch vor den Allernächsten geheim gehalten werden, vor Frau, Mann, Eltern, Kindern. Hinter all dem findet sich ein dichtes Gewebe von Scham und Demütigung, im krassen Gegensatz zur scheinbaren Glorie, Ehre und Macht.
Das Buch von Bob Woodward zum Irakkrieg, »State of Denial«, erlaubt einen überaus aufschlussreichen und zugleich sehr erschreckenden Einblick in dieses Geflecht von Verrat und Täu-

schung, von Lüge und Verleugnung. Ich gebe daraus nur ein Beispiel: Noch vor der Invasion wurde General Jay Garner mit der Nachkriegsplanung betraut, ohne dass ihm aber genügend Mitarbeiter für eine Riesenaufgabe gegeben worden wären. Wegen interner Kämpfe wurden ihm die hauptsächlich notwendigen Persönlichkeiten vorenthalten oder wieder entzogen und ihm zunächst der Flug nach Kuwait und dann nach Bagdad verwehrt. Als er schließlich seine Aufgabe übernommen und mit recht großem Erfolg begonnen hatte, wurde ohne Rücksprache mit ihm Paul »Jerry« Bremer über ihn gesetzt und mit aller Verfügungsgewalt betraut. In den ersten zwei Tagen stürzte Bremer die versöhnlichen und versprechenden Maßnahmen von Garner um, indem er alle Mitglieder der Baath-Partei, die in den oberen vier Rängen angestellt waren, entließ, die Armee auflöste und den irakischen, von Garner eingesetzten Regierungsrat nach Hause schickte. Ein Effekt davon war, dass auf einen Schlag mehrere Hunderttausend, zum großen Teil bewaffnete Leute arbeitslos und entwürdigt worden und die von Garner gegebenen Versprechen für null und nichtig erklärt worden sind. Garner berichtete seinen Vorgesetzten im Verteidigungsministerium, vor allem Rumsfeld, davon und versuchte, diese »drei tragischen Fehler« wieder rückgängig zu machen. Als er weiterhin von Bremer brüskiert wurde, indem bei seinen Staffmeetings die hauptsächlichen Gestalten, die militärischen Führer, herausgeholt wurden, trat er zurück und kehrte nach Washington zurück. Wie er aber dann vor dem Präsidenten stand, wusste er nur Gutes von Irak und Bremer zu berichten. Kein Wort von den »drei tragischen Fehlern«. Wie der Autor (Woodward) ihn fragte, ob er im Rückblick, mehr als zwei Jahre später, es nicht bedaure, dass er den Präsidenten nicht mit der Wahrheit konfrontiert habe, sagte Garner: »Ich denke, hätte ich dies dem Präsidenten gesagt, angesichts von Cheney und Condoleezza Rice und Rumsfeld, hätte der Präsident auf sie geschaut und sie hätten ihre Augen gerollt, und er hätte gedacht: ›Boy, ich bin erstaunt, dass wir nicht früher diesen Kerl losgeworden sind.‹« Garner fügte hinzu: »Sie sahen nichts voraus.« Sie waren ahnungslos.

Woodward kommentiert: »Dies war nur *ein* Beispiel dafür, dass ein Besucher ins Oval Office kam und dem Präsidenten nicht die ganze Geschichte oder die Wahrheit erzählte. Zugleich war es so, dass in den Momenten, wenn der Präsident jemanden vom Feld dort im Sessel neben sich sitzen hatte, er nicht nachforschte, er nicht versuchte, die Türe selber zu öffnen und nachzufragen, was der Besucher gesehen oder gedacht habe. Die ganze Atmosphäre ähnelte einem Königshof, mit Cheney und Rice im Gefolge, mit optimistischen Geschichten, mit übertrieben guten Nachrichten; und alle hatten eine gute Zeit« (S. 226). Später sagt Woodward: »Das Riesenproblem war der Geisteszustand des Präsidenten. Bush war im Zustand der Verleugnung bezüglich des Irak« (S. 267). Wie in seinen Studententagen spielte er den »Cheerleader« für das Footballteam: »Seine Rolle bestand darin, Vertrauen und Enthusiasmus auszudrücken« (S. 261). Die Folgen dieser Sequenz von Verrat und Beschämung, Lüge und Verleugnung sind katastrophal und zirkulär.

Kurz vor den Kongresswahlen am 7. November 2006 schrieb Michael Kinsley (in der New York Times Book Review vom 5.11.2006): »Meiner Ansicht nach ist die schlimmste Form des Betrügens [cheating] in der amerikanischen Demokratie heute die intellektuelle Unehrlichkeit. Das Gespräch in unserer Demokratie wird von Unaufrichtigkeit [disingenuousness] beherrscht. Kandidaten und Parteikommentatoren nehmen eine Pose der Entrüstung an, die sie nicht wirklich fühlen. Sie nehmen Stellungen ein, die sie nicht einnähmen, wenn der Schuh am anderen Fuß säße (z. B. Bush zu kritisieren, wenn man dasselbe bei Clinton duldete, und umgekehrt), und fühlen keinerlei Verpflichtung zur logischen Konsequenz [consistency]. Unsere Demokratie bestraft zuweilen direkte Lügen, aber nicht freche Falschheit [insincerity].« Der schlimmste Fehler unserer Demokratie sei diese Toleranz gegenüber intellektueller Unehrlichkeit (S. 12–14).

Dieses Gewebe von Scham, Unehrlichkeit und Verrat wickelt sich aber gegen einen dynamischen Hintergrund ab, dem ich mich nun zum Schluss zuwende.

Charakterperversion und Sucht

Es gibt eine Reihe von dynamisch sehr wichtigen Kennzeichen, die sich bei dem, was in den letzten Jahren als Charakterperversion bekannt wurde, regelmäßig zusammenfinden. Dieser ist ein umfassender Begriff. Die Merkmale lassen sich gewöhnlich bei den Suchtpersönlichkeiten finden, aber er ist umgreifender als diese. Der Begriff wurde von Arlow (1971) geprägt und spezifisch für merkwürdige Verhaltensweisen und Charakterzüge, die die Stelle einer Perversion oder einer Neigung zur Perversion einnehmen, angewendet. Wie bei der Perversion selbst steht die Verleugnung einer traumatischen Wahrnehmung und die Fixierung auf ein beruhigendes Detail in der Außenwelt, die jener Gefahr zuwiderläuft, im Brennpunkt. Dem Fetisch gleich wird magisch eine Deck-Wirklichkeit geschaffen, um der traumatogenen Angst entgegenzuwirken.

Ich gebe eine andere kleine Fallvignette. Eine Patientin spricht über ihre Kindheit: »Meine Mutter konnte vollkommen nebeneinander sagen: ›Ich werde mich vom Vater trennen‹, und im nächsten Satz: ›Ich muss die Kartoffeln schälen‹ – was mich vollkommen irritiert hat. So war es immer: die hochdramatischsten Dinge mit den banalsten Dingen mischen. Mich schlagen und dann freundlich sein. Es blieb alles nebeneinander. Es gab keine Gewichtung, keine Entscheidung, keine Linie.«

Ich: »Das Ja und das Nein nebeneinander, was völlig mystifizierend war.«

»Ich wunderte mich immer, auch im Krankenhaus [die Patientin war Krankenschwester], das Banale und das Großartige, wie nahe das immer beieinander war. Das Masochistische, das Sich-Beklagen, und das Wissen, dass nichts daraus wird.« Als ob die Mutter meinte: »Glaubt es mir total, und glaubt es mir nicht!« »Schau, wie ich leide, wie es unmöglich ist, so weiter zu leben, aber jetzt lebe ich so weiter. Jetzt mache ich alles, was ich machen soll.«

Die Patientin fügt hinzu: »Meine Hilflosigkeit ihr gegenüber, mein Angerührtsein, meine Wut, auch ihr helfen zu wollen, es nie zu schaffen, eine stabile Beziehung mit ihr zu kriegen. Immer war ich auf der falschen Seite. Das wechselte so schnell, dass ich es nicht nachvollziehen konnte.«

»Es war total mystifizierend, es machte den anderen verwirrt, perplex.«

Gerade auch in Bezug auf das Über-Ich lässt sich diese Doppelheit oft wahrnehmen: einerseits eine ganz rigide innere Autorität, andererseits ein völliges Verkennen der Grenzen.

Dies ist denn auch ein Grundzug der Charakterperversion, diese *Spaltung von Verleugnung und Anerkennung*, das Nebeneinander von Ja und Nein – im Einzelnen: die Dominanz der Abwehr durch Verleugnung und die Notwendigkeit der gegenläufigen (countervailing) Fantasie.

Zweitens stellen wir immer die *Zentralität von Traumatisierung*, gewöhnlich chronischer und schwerer Art, sowohl physischer wie psychischer Natur fest. Dabei spielen Beschämung durch Seelenblindheit, massive Gewalt und eine Atmosphäre des Ressentiments, »mir ist Unrecht geschehen«, in den Familien eine besonders große Rolle, aber auch körperliche Schädigungen und Operationen haben eine ähnliche Langzeitwirkung. Das Trauma schafft selbst neue psychische und physiologische Realität.

Drittens ist es ein ganz wesentlicher Zug der *Übertragung*, dass in der Beziehung zum Analytiker oder Psychotherapeuten die *magische Verwirklichung jener Fantasie*, die den Drohungen entgegengesetzt wird, als Illusion und Wunschbefriedigung gesucht wird. Zugleich werden die Bemerkungen des Analytikers oft ausgeblendet: Man will nicht sehen und hören, was an die Trauma-Angst oder an die Über-Ich-Ängste gemahnt. Dasselbe gilt natürlich für die Außenrealität: Sie wird immer wieder in selbstdestruktiver Weise ausgeblendet.

Viertens werden die zugrunde liegenden Gefahren und Verluste typischerweise *sexualisiert*, die verschiedenen Angstformen und depressiven Affekte werden in sehr früher Zeit schon in lustvolle Erregtheit verwandelt. Die phallozentrische Orientierung und damit der als traumatisch erlebte Unterschied der Geschlechter kann als sexualisierende Abwehr gegen tiefere Affekte von Angst, Trauer und Schmerz, die aus den traumatischen Ursprungsbeziehungen in der frühen Kindheit herstammen, verstanden werden.

Fünftens geht mit dem Gefühl der Seelenblindheit eine allgemeine Atmosphäre der Entmenschlichung der Beziehungen im Allgemeinen, der Sexualität im Besonderen einher. *Perversion im Allgemeinen ist ja dehumanisierte Sexualität und sexualisierte Dehumanisierung.* Bei manchen, besonders bei Intellektuellen, beobachten wir eine Faszination mit allem, was mit dem Tode zu tun hat. Diese Faszination mit dem Toten entspricht einer Verherrlichung der Verdinglichung der menschlichen Beziehung durch deren ästhetische und sexuelle Umformung und Distanzierung. Diese *Distanzschaffung durch Ästhetisierung* ist nicht nur Abwehr von Todes- und Kastrationsangst, sondern der ganzen als traumatisch erlebten Realität, insbesondere die Nichtanerkennung des eigenen Schmerzes und der Liebessehnsucht durch den Anderen.

Sechstens stellen wir immer eine *Verdoppelung des Selbst* fest, und zwar wechseln oft eine sadomasochistische und eine depersonalisierte Teilidentität in oft verwirrender Weise miteinander ab. Das heißt, die *Abwehr durch Dissoziation* ist ausschlaggebend. Auch das Erleben der Welt ist entsprechend verdoppelt: die Spaltung der Wirklichkeit in ein Universum von Allmacht, Ohnmacht und Leiden, wo Macht durch gegenseitige Demütigung und durch Quälen und Leiden zum Hauptanliegen wird, also die sadomasochistische Dimension, und in ein Universum von Kompetenz, Bemeisterung und achtender Liebe.

Siebtens ist das, was mir psychodynamisch dabei, neben der Abwehr gegen die traumatische Realität, am bedeutsamsten erscheint, die *Spaltung des Über-Ich*, vor allem im Sinne der überwältigenden Scham und der ebenso überwältigenden Schuld, und damit die Schmalheit des Pfades zwischen diesen beiden Abgründen der Selbstverurteilung.

Achtens werden die *wesentlichsten Unterschiede des Daseins verleugnet*; die Differenzierungen werden aufgehoben zwischen Innen und Außen, zwischen Fantasie und Realität, zwischen konkret und symbolisch, zwischen belebt und unbelebt, zwischen Person und Ding, zwischen Ganzem und Teil, und, dynamisch natürlich ganz besonders wichtig, zwischen männlich und weiblich, zwischen einer phallisch verstandenen Sexualität und einem viel differenzierteren und umfassenderen Verstehen des Sexuellen.

Neuntens müssen auch der *Verlauf der Zeit*, ihr Zerrinnen, und damit Veränderung überhaupt, *verleugnet* werden. Es kommt zur ewigen Verschmelzung statt zur zeitunterworfenen Getrenntheit, zur ewigen Wiederkehr des Gleichen, wie es Nietzsche seinem Wollen unterlegt hat, an der Stelle seiner schmerzlichsten Vereinsamung. Oder die Zeit muss aufgehalten, jeder Fortschritt negiert und das Älterwerden verleugnet werden.

Wir sehen: Charakterperversion, und insbesondere auch ihre Manifestation im Suchtverhalten, steht in schroffem Gegensatz zur Liebe. Im Hohelied (8.6) heißt es: »Die Liebe ist stark wie der Tod; schwer wie die Hölle ist die Eifersucht.« Als eine solche Gegenkraft zu Scham, Eifersucht und Neid, zu Machtsucht und Verrat und zur Sucht im Allgemeinen und im Besonderen, scheint mir alles, was aus Liebe geschieht, gut zu sein, ja zum Höchsten überhaupt zu gehören. Goethe schrieb diese schönen Verse: »Krone des Lebens, Glück ohne Ruh, Liebe bist du«; und ähnlich sagt es Dostojewski in den »Dämonen«: »Liebe ist höher als das Sein; Liebe ist die Krone des Seins.« In einem anderen Goethe-Wort (aus Egmont, Akt III): »Glücklich allein ist die Seele, die liebt« und bei Heine: »Lieben und geliebt zu werden, ist das größte Glück auf Erden« (»Italien«, Kap. 16. Ges. W. Bd. 6, S. 30). Alle sagen sie dasselbe: Die Liebe, im tiefsten und weitesten Verstand, macht letztlich den Lebenssinn aus.

Literatur

Arlow, J. A. (1971). Character Perversion. Currents in Psychoanalysis, International Universities Press, S. 317–336.

Gartner, R. (2006). A Foundation of Shame: Male Victims of Sexual Abuse. Vortrag am Schamsymposium der Amerikanischen Psychoanalytischen Gesellschaften, New York, 04.03.2006.

Jacobson, E. (1971). Acting Out and Betrayal in Paranoia. Depression, International Universities Press, S. 302–319.

Kinsley, M. (2006). New York Times Book Review vom 05.11.2006, S. 12–14.

Kressmann Taylor (1938/2000). Adressat unbekannt (Address Unknown). Hamburg: Hoffmann und Campe.

Woodward, B. (2006). State of Denial. Bush at War, Part III. New York: Simon and Shuster.

Wurmser, L. (2006). Pathologische Eifersucht. Dilemma von Liebe und Macht. Forum der Psychoanalyse, 22, 3–22.

Wolfgang Poser

Zur Kulturgeschichte der Suchtkrankheiten

Suchtkrankheiten und Suchtstoffe spielen in vielen Bereichen unserer jetzigen Kultur eine Rolle. Die Zusammenhänge sind so vielfältig und komplex, dass sie hier nur angedeutet werden können. Sie bestehen zum Teil seit Urzeiten (Religionen), zum Teil haben sie sich erst in der Neuzeit entwickelt (Sport, Medien).

Die Kulturgeschichte der Suchtstoffe selbst

Jede Suchtkrankheit setzt voraus, dass der Suchtstoff zur Verfügung steht. Das gilt für alle stofflichen Süchte, ja sogar für die nichtstofflichen Süchte wie Bulimie oder pathologisches Glücksspiel um Geld. Die erforderlichen Stoffe oder Vehikel stellt die Kultur zu Verfügung, die auch die Regeln für den Umgang aufstellt und Therapieangebote im weitesten Sinn bereithält. Die Bulimie hat beispielsweise zur Voraussetzung, dass große Mengen hochkalorischer Nahrungsmittel wie Schokolade oder fette Pasteten zur Verfügung stehen. Das gab es im Altertum und Mittelalter nur in der kleinen Oberschicht. Heute gilt das für die Allgemeinheit: Jedermann hat in den Industriestaaten genug Einkommen, um sich bulimische Attacken leisten zu können. Gleiches gilt erst recht für die Suchtstoffe im engeren Sinn: Die technische Zivilisation stellt alle Suchtstoffe dieser Erde zu Verfügung, wenn auch nicht immer und an allen Orten. Aber selbst im Verbotsfall hält die Kultur Techniken bereit, wie die Verbote umgangen werden können. So ist in jedem Kulturkreis mit Alkoholprohibition auch Wissen über die Umgehung durch Schmuggel und Selbstherstellung vorhanden. Die Prohibitionen des 20. Jahrhunderts (allem voran die US-amerikanische Prohibition von 1917–1933) brachten die Erkenntnis, dass während eines gesetzlichen Alkoholverbots die Alkoholschäden (z. B. Tod durch Leberzirrhose) insgesamt zwar abnehmen, die alkoholassoziierte Kriminalität aber derartig zunimmt, dass unerträgliche Zustände entstehen. Daher setzen Staaten mit gut geplanter Alkoholpolitik zur Verminderung der Alkoholschäden heutzutage nicht mehr auf Prohibition, sondern auf hohe Alkoholpreise (skandinavische Alkoholpolitik).

In Mitteleuropa waren seit Urzeiten nur zwei Suchtstoffklassen verfügbar: Alkohol (als Bier aus Getreide oder als Met aus Honig) und Anticholinergika vom Muskarintyp (aus Nachtschattengewächsen wie Tollkirschen und schwarzes Bilsenkraut), später kamen immer mehr Stoffe und Stoffklassen hinzu. Heute sind in Mitteleuropa wie in allen Industriestaaten *alle* Suchtstoffe dieser Erde verfügbar, wenn auch nicht immer zu erträglichen Preisen. Die Verfügbarmachung dieser Stoffe für breite Bevölkerungsschichten ist ein interessantes Kapitel der Kulturgeschichte. Zwei Beispiele seien genannt:

Opium (getrockneter Saft aus unreifen Schlafmohnkapseln) ist das natürliche Ausgangsprodukt zur Herstellung von Heroin. Es war bereits im Altertum im Mittelmeerraum (Ägypten) verfügbar, schon in Homers »Odyssee« wird es erwähnt. Im ausgehenden Mittelalter wurde Opium nach Mitteleuropa exportiert und in Apotheken als Laudanum oder Theriak angeboten. Der Apotheker Sertürner gewann Anfang des 19. Jahrhunderts in Einbeck/Niedersachsen das Morphin aus Opium und publizierte diesen Vorgang. Er war auch der Namensgeber und bezeichnete es zunächst als Morphium. Dieser Name wurde später zu Morphin verkürzt. Das ebenfalls im Rohopium enthaltene Codein wird im Stoffwechsel nur langsam in Morphin umgewandelt; manche Autoren halten Morphin für den eigentlichen Wirkstoff des Codeins.

Die Reinsubstanz Morphin ermöglicht die Injektion und führt so zu einer viel schnelleren Anflutung des Morphins im Zentralnervensystem (ZNS). Dadurch hat die Reinsubstanz Morphin ein höheres Abhängigkeitspotenzial als die geringe Morphinkonzentration in dem Stoffgemisch Rohopium. Noch schneller gelangt

Heroin (= Diacetylmorphin) ins ZNS, wo Heroin zu Morphin deacetyliert wird. Somit verläuft das Erscheinen des stärksten Suchtstoffs dieser Erde (Heroin) in Mitteleuropa in vier Stufen:

- Rohopium wird im Mittelmeerraum aus unreifen Mohnkapseln gewonnen (Altertum).
- Rohopium wird in Mitteleuropa als Import aus dem Mittelmeerraum verfügbar (Mittelalter).
- Sertürner extrahiert Morphin aus Rohopium (1804).
- Die Firma Bayer/Leverkusen stellt Heroin aus Morphin her und bringt es als Husten- und Schmerzmittel in den Handel (1898).

Heute wird Rohopium vorwiegend in Afghanistan und Myanmar gewonnen und an Ort und Stelle in Heroin umgewandelt.

Die Blätter des Kokastrauchs Erythroxylum coca enthalten das seit Jahrhunderten in Südamerika genutzte *Kokain*, allerdings in geringer Konzentration. Der Chemiestudent Niemann extrahierte aus Kokablättern die Reinsubstanz Kokain und schrieb in Göttingen 1860 darüber seine Dissertation, die bis heute in der Universitätsbibliothek Göttingen lagert. Auf dieser Dissertation basiert die Verfügbarkeit des reinen Kokains, das im ausgehenden 19. Jahrhundert im Chemikalienhandel frei erhältlich war, so auch für den jungen Wiener Sekundararzt Sigmund Freud. Freud sammelte auf Anregung seines Chefs Literatur über Koka und Kokain, mit dem er auch Selbstversuche durchführte. Daraus entstand seine Publikation »Über Coca« (1884), mit der die erste Forschungswelle zum Kokain in Gang gesetzt wurde. Unter anderem wurde in der Folge dieser Publikation die Lokalanästhesie am Auge mit Kokain durch den Ophthalmologen Koller entdeckt.

In der Tabelle 1 sind einige wichtige Suchtstoffgruppen aufgeführt, jeweils mit einem kurzen Hinweis auf Herkunft und Einführung in die Industriegesellschaften.

Zur Kulturgeschichte der Suchtkrankheiten

Tabelle 1: Herkunft und Einführung der Suchtstoffgruppen

Stoffgruppe	Herkunft	Einführung in die Industriegesellschaft
Opium, Morphin	Naturstoff	Rohopium seit dem Altertum, Opiumzubereitungen durch die Apotheker des Mittelalters, Reinmorphin durch Sertürner Anfang des 19. Jahrhunderts, Morphin und Analoga in Injektionsform durch die pharmazeutische Industrie ab Ende des 19. Jahrhunderts
Atypische Opioide	Synthetisch	Pharmazeutische Industrie ab Mitte des 20. Jahrhunderts
Alkohol	Uralte Kulturtechnik	Seit Urzeiten vorhanden
Barbiturate	Synthetisch	Pharmazeutische Industrie Anfang des 20. Jahrhunderts
Barbituratähnliche Stoffe, z. B. Chloralhydrat	Synthetisch	Frühe pharmazeutische Industrie ab Mitte des 19. Jahrhunderts
Benzodiazepine und Analoga	Synthetisch	Pharmazeutische Industrie ab Mitte des 20. Jahrhunderts
Inhalanzien (Schnüffelstoffe)	Synthetisch	Apotheker, Schausteller, Chemikalienhandel ab dem 19. Jahrhundert
Kokain	Naturstoff	Kokablätter seit über 1.000 Jahren in Südamerika, reines Kokain über Chemikalienhandel ab dem 19. Jahrhundert
Ephedrine	Naturstoffe	Als Naturstoff in China seit Jahrtausenden, als Reinsubstanzen Apotheker der Neuzeit
Amphetamine	Synthetisch	Pharmazeutische Industrie ab Anfang des 20. Jahrhunderts
Entactogene (Ecstasy)	Synthetisch	Illegale Waschküchenlabore Ende des 20. Jahrhunderts
Dopamin-Agonisten	Synthetisch	Pharmazeutische Industrie ab Mitte des 20. Jahrhunderts
Xanthine (Koffein)	Naturstoff	Als Import aus arabischen Ländern (Kaffee), pharmazeutische Industrie (Mischanalgetika) ab Anfang des 20. Jahrhunderts
Cannabinoide	Naturstoff	Als natürliches Stoffgemisch Apotheker am Beginn der Neuzeit, als Reinsubstanz nicht erhältlich
Halluzinogene, z. B. Psilocybin	Naturstoffe	Botaniker, Ethnopharmakologen, Drogendealer ab Anfang des 20. Jahrhunderts
Analgesierende Halluzinogene (NMDA-Rezeptor-Antagonisten), z. B. Ketamin	Synthetisch	Pharmazeutische Industrie des ausgehenden 20. Jahrhunderts
Cholinomimetika am Nikotinrezeptor, z. B. Nikotin	Naturstoff	Genussmittelhandel der frühen Neuzeit
Cholinolytika am Muskarin-Rezeptor, z. B. Atropin	Naturstoff	Seit Urzeiten verfügbar

Die Mehrzahl dieser Stoffgruppen wird heute dem Konsumwilligen in den Industriegesellschaften ständig angeboten, oft genug auf illegalen Wegen. Die Initiation des Konsums wird dabei kulturell gesteuert, durch Elternhaus, Peergroups, Vereine, Lebenspartner, Drogenszene (Dealerschaft) und manchmal auch Ärzteschaft. Aus diesem anfänglichen Konsum können schädlicher Gebrauch und Abhängigkeit entstehen, je nach Stoffgruppe mit unterschiedlicher Wahrscheinlichkeit.

Religion

Alle Religionen stellen die Frage nach Sinn und Bedeutung von Suchtkrankheiten beziehungsweise Suchtstoffen. Die Antworten sind sehr unterschiedlich. So kennt die Bibel den Begriff der Alkoholabhängigkeit nicht, wohl aber den der gelegentlichen oder häufigen Trunkenheit. Das *Judentum* gestattet kleine Alkoholmengen, lehnt aber den Konsum großer Mengen und jede Volltrunkenheit strikt ab. Im *Christentum* reicht das Spektrum von radikaler Ablehnung jeglichen Alkoholkonsums (Heilsarmee, andere Freikirchen) bis zur relativ unverhohlenen Förderung feuchtfröhlicher Feste und Duldung von Alkoholmissbrauch und -abhängigkeit (Benedictine, manche Klöster). Beim christlichen Abendmahl wird Wein gereicht, die evangelische Kirche toleriert stattdessen aber durchaus unvergorenen Traubensaft oder andere Getränke, zum Beispiel im Fall von nüchtern gewordenen Alkoholikern oder bei Nichtverfügbarkeit von Wein.

Hier ein Ausschnitt mit Hinweis auf die Aphrodisiakawirkung von Mandragora officinalis (Alraune, Liebesäpfel):

15. Ruben ging aus zur Zeit der Weizenernte und fand Liebesäpfel auf dem Felde und brachte sie heim zu seiner Mutter Lea. Da sprach Rahel zu Lea: Gib mir von den Liebesäpfeln deines Sohnes.

16. Als nun Jakob am Abend vom Felde kam, ging Lea hinaus ihm entgegen und sprach: Zu mir sollst du kommen, denn ich habe dich erkauft mit den Liebesäpfeln meines Sohnes. Und er schlief die Nacht bei ihr.

17. Und Gott erhörte Lea, und sie ward schwanger und gebar Jakob ihren fünften Sohn.

Genesis (1. Buch Mose), Kapitel 30

Der *Buddhismus* lehnt Alkoholkonsum, Missbrauch und Abhängigkeit völlig ab. Jeder Mensch muss jedoch die Folgen in diesem Bereich selbst tragen und einen Verstoß durch eine schlechtere Wiedergeburt bezahlen. Gleiches gilt für den *Hinduismus.* Hier finden sich jedoch mehr Menschen, die gegen das Verbot verstoßen.

Im *Islam* gilt ein Verbot des Alkohols, das durch Sunniten und Schiiten streng eingehalten werden sollte. Andere Richtungen des

Islams (z. B. Aleviten und Ismaeliten) lehnen nur Trunkenheit ab, nicht aber den Konsum kleiner Alkoholmengen. Der Usbeke und Moslem Ibn Sina war unter dem Namen Avicenna einer der Väter der modernen Medizin (Übersetzer antiker Medizinschriften); er empfahl den täglichen Alkoholkonsum und gelegentliche Trunkenheit. Somit ist auch die Einstellung des Islam zum Alkohol und zu den Alkoholismen nicht ganz einheitlich.

Naturreligionen haben dem Alkohol gegenüber unterschiedliche Einstellungen. Der Konsum von Halluzinogenen für rituelle Zwecke (nicht nur durch Priester) wird oft gefördert.

Sozialer und ökonomischer Bereich

Das Zusammenleben der Menschen wird stark von Suchtstoffen und Suchtkrankheiten geprägt. Das beginnt im ökonomischen Bereich: Ein großer Teil der Bevölkerung lebt von Herstellung und Vertrieb von Suchtstoffen. Genannt seien als Beispiele die Winzer, das Gaststättengewerbe, die Dealer und die Zigarettenindustrie. Alkohol- und Zigarettenindustrie erwirtschaften auch ein erhebliches Steueraufkommen, in Form der Tabaksteuer, den Alkoholsteuern und der Mehrwertsteuer. Umgekehrt müssen Suchtkranke einen erheblichen Teil ihres verfügbaren Einkommens für Suchtstoffe aufbringen. Im Fall der Heroinabhängigkeit lassen sich diese Kosten legal nicht mehr erwirtschaften, sodass die Dauerkonsumenten auf Eigentumsdelikte, Prostitution und Drogenhandel zur Stoffbeschaffung angewiesen sind.

Die (vorübergehenden oder bleibenden) Charakterveränderungen durch Suchtstoffe vergiften die sozialen Bezüge bei vielen Suchtkranken derartig, dass berufliches Versagen, hohe Scheidungsraten und Nichtwahrnehmung der Elternrolle die Folge sind. Man denke nur an Aggressivität und Stumpfheit vieler Alkoholkranker, die Antriebslosigkeit von Cannabiskonsumenten oder die tagesfüllende Jagd nach dem Stoff bei Heroinabhängigen.

Diskreter sind die sozialen Folgen bei süchtigem Tabakkonsum, der zwar Individuum und Gesellschaft viel Geld kostet, aber sonst im zwischenmenschlichen Bereich eher ästhetische Probleme verursacht (Tabakgeruch, braune Verfärbungen von Haut und Wänden). Neuerdings werden allerdings Streitigkeiten zwischen Rauchern und Nichtrauchern wegen der zunehmenden Rauchverbote und ihrer Nichteinhaltung häufiger.

Justiz und Administration

Justiz und Administration haben in der Realität in vielen Bereichen mit Suchtstoffen und Suchtkrankheiten zu tun, beispielsweise im Strafrecht. Sie regeln aber auch den Rechtstatus der einzelnen Suchtstoffe. Der Aufgabenbereich von Justiz und Administration ist kulturgeschichtlich gewachsen und wächst weiter. Ein einschneidendes Ereignis war das Reichsopiumgesetz von 1912, das erstmalig einige Regelungen in diesem Bereich traf. Justiz und Administration unterliegen dabei dem Einfluss der Politik, die diese Bereiche durch Gesetze regelt.

Heute können beim Rechtsstatus der Suchtstoffe unterschieden werden:

- Freie Suchtstoffe, die keiner Regelung unterliegen, beispielsweise viele Naturstoffe wie Anticholinergika vom Muskarintyp und viele Schnüffelstoffe
- Suchtstoffe, die nur geringen Restriktionen (Jugendschutzgesetz) unterliegen, beispielsweise Nikotin in Tabak oder Alkohol
- Apothekenpflichtige Suchtstoffe, die an jedermann in Apotheken verkauft werden können, zum Beispiel Mischanalgetika
- Rezeptpflichtige Suchtstoffe, die individuellen Personen auf ärztliche Verschreibung in Apotheken verkauft werden können, zum Beispiel Benzodiazepine und einige Opioide (Tramadol)
- Betäubungsmittelpflichtige Suchtstoffe, die individuellen Personen auf ärztliche Verschreibung auf einem Spezialformular bei gegebener Indikation in Apotheken verkauft werden können, zum Beispiel Morphin oder Methadon
- Verbotene Suchtstoffe, die nur als Zwischenprodukte oder zu wissenschaftlichen Zwecken mit Sondergenehmigung der zuständigen Behörde (Bundesopiumstelle) zur Verfügung stehen, zum Beispiel Diamorphin (Heroin)

Das laufend modernisierte Betäubungsmittelrecht dient neben der Bestrafung von illegalem Umgang mit bestimmten Suchtstoffen überwiegend der Prävention und der Therapie von Suchtkrankheiten (u. a. »Therapie statt Strafe«). Es befasst sich allerdings vorwiegend mit den illegalen Suchtstoffen, die von der UNO beziehungsweise dem Völkerbund (Vorläuferorganisation der UNO) definiert worden sind. Dies begann mit dem Internationalen Opiumabkommen vom 19.01.1925.

Darüber hinaus ist die Bundesrepublik Deutschland zahlreichen internationalen Verträgen mit der UNO und der Europäischen Union zur Kontrolle der Suchtstoffe beigetreten, die in nationales Recht umgesetzt wurden. Diese Verträge beziehen derzeit auch Cannabinoide mit ein. Somit ist die immer wieder aufflackernde Debatte um die »Freigabe von Haschisch« eine Geisterdebatte, da eine solche Maßnahme gegen internationales Recht verstoßen würde.

Die §§ 20/21 StGB (Schuldunfähigkeit bzw. erheblich verminderte Schuldfähigkeit) gelten auch für die schwere Alkoholisierung und die schwere Intoxikation mit anderen Suchtstoffen, das heißt, unter Umständen wirkt sich eine Suchtkrankheit bei Straftaten strafmildernd aus. Auch die Maßregel »Unterbringung in einer Entziehungsanstalt« bei nachgewiesenem Hang zu Straftaten durch Suchtkrankheiten kann *nach* Exkulpierung (§ 20 StGB) beziehungsweise Strafminderung (§ 21 StGB) verhängt werden.

Es bedarf keiner Erwähnung, dass Betreuungen nach dem neuen Betreuungsrecht relativ häufig bei Suchtkranken eingerichtet werden müssen.

Die schönen Künste

Künstler sind oft suchtkrank gewesen, trotzdem haben sie ihre Produktivität lange aufrechterhalten können. Der Gegenstand ihrer Kunst sind manchmal Suchtstoffe, manchmal Suchtkranke und manchmal versteckte Hinweise auf eigene oder fremde Süchte gewesen. Das gilt vor allem für Literaten, kaum für Komponisten

(Beethoven war Alkoholiker, aber man hört es nicht in seinen Streichquartetten).

Deutlich werden die Zusammenhänge bei vielen bildenden Künstlern, denen es oft gelingt, die Einsamkeit des Alkoholikers in Bilder zu bannen. So haben Toulouse-Lautrec, van Gogh und Horst Janssen einzelne Bilder gemalt beziehungsweise gezeichnet, die sehr einsame Alkoholiker oder Gaststättenszenen zeigen. Bei anderen suchtkranken Malern oder Grafikern finden sich keine oder keine überzeugenden Hinweise auf ihre Süchte (Jackson Pollock).

Besonders eindeutig aber zeigen sich bei Dichtern (Romanciers, weniger Lyriker) die Zusammenhänge zwischen Sucht und Kunst. Das beginnt vermutlich schon bei François Villon (1431–1463), der möglicherweise Alkoholiker war, jedenfalls den Alkohol und die Trinkgelage auffallend und oft lobend besungen hat. Allerdings sind Lobgesänge für Suchtstoff und Rausch nicht immer ein Beweis für die Sucht des Autors. So hat der Lyriker und Essayist Gottfried Benn zwei hinreißende Gedichte über Kokain geschrieben, das er von einem (einmaligen) Kokainrausch her kannte; er war aber nicht kokainabhängig. Umgekehrt waren mehrere englische Lyriker der Romantik opiumabhängig (Keats und Shelley), ohne dass sich dies in ihren Gedichten sehr eindeutig widerspiegelt. Bei dem englischen Romancier Thomas de Quincey (1785–1859) sind eigene Abhängigkeit und Werk im Einklang, schrieb er doch den Klassiker der Opiumliteratur, die »Confessions of an English Opium-Eater«.

In den USA wurde der Alkoholismus manchmal als »writers disease« bezeichnet, was darauf hinweist, dass Schriftsteller ungewöhnlich häufig vom Alkoholismus betroffen sind (z.B. Edgar Allan Poe, Jack London, Ernest Hemingway, Charles Bukowski und Truman Capote).

Writers Disease befällt nicht nur amerikanische Schriftsteller, sondern auch deutschsprachige. So war der romantische Dichter E. T. A. Hoffmann schwer alkoholabhängig, er starb auch am Alkohol. Die Tatsache seiner Alkoholabhängigkeit und deren Bedeutung für sein Leben wurden in der Oper »Hoffmanns Erzählungen« von Jacques Offenbach angedeutet, ohne dass sie zentrales

Thema der Oper war. In seinem Roman »Die Elixiere des Teufels« hat Hoffmann die Alkoholwirkung und den Verfall des Helden an diese Wirkung in einzigartiger, wenn auch zurückhaltender Weise geschildert. Der Journalist, Erzähler und Romancier Joseph Roth war kulturell noch vom österreich-ungarischen Vielvölkerstaat geprägt. Er erlebte seine große literarische Schaffensperiode in der Weimarer Republik und während des beginnenden Nationalsozialismus, vor dem er als Linksliberaler und Jude emigrieren musste. In dieser Zeit entwickelte sich auch seine Alkoholabhängigkeit, die ihm zwar nicht die Schaffenskraft raubte, die ihn aber viel zu früh in den Tod riss (Delirium tremens). Seine letzte Erzählung war 1939 »Die Legende vom heiligen Trinker«, in der er die letzten Lebensmonate und den Tod eines alkoholkranken Pariser Clochards zart und einfühlsam schildert.

Auch andere Suchtkrankheiten befielen deutschsprachige Dichter: So war der Dichter Walther Rheiner (Lyriker und Dichter von Kurzgeschichten) in den Zwanzigerjahren schwer kokainabhängig, er ist auch am Kokain gestorben. Sein wichtigstes Werk ist die Kurzgeschichte »Kokain«. Er nimmt darin sein eigenes Schicksal vorweg. Walter Rheiner wurde 1925 nach seinem Tod von seinem Freund, dem Maler Conrad Felixmüller porträtiert, in Gestalt einer Himmelfahrt. Auf diesem Bild fährt Rheiner zum Himmel auf, eine Kokainampulle in der Hand.

Der Klassiker der Alkoholismusliteratur ist »Unter dem Vulkan« von Malcolm Lowry, ein Buch mit autobiografischen Zügen, das kongenial von John Houston mit Albert Finney in der Hauptrolle verfilmt wurde (Lowry, 1994). Es schildert den letzten Tag im Leben eines hoffnungslos alkoholkranken Diplomaten, der den Dienst wegen Differenzen mit seinem Dienstherrn quittierte und seither trinkend in einer kleinen mexikanischen Stadt vegetiert.

Auch unter modernen Schriftstellern finden sich viele Alkoholiker. Das gilt sowohl für Romanciers wie für Lyriker. Genannt sei Ingeborg Bachmann, die im Medikamentenentzugsdelir verstarb. Auch bei Johannes Mario Simmel wird man in einigen Romanen (»Bis zur bitteren Neige«) unschwer die autobiografischen Züge erkennen. Der Roman »Der Trinker« von Hans Fallada beschreibt in einzigartiger Weise die Entwicklung einer Alkoholabhängigkeit und deren katastrophalen Verlauf aus der Sicht eines Betroffenen. Der Autor selbst – Hans Fallada – war abhängig von Alkohol und Morphin. Er starb wohl auch (viel zu jung) an einer Opioidvergiftung im Krankenhaus.

Allerdings finden sich in der Trivialliteratur auch Machwerke über den Alkoholismus, die von Fehlern und Ungenauigkeiten strotzen.

Die Medien

Ohne Suchtstoffe und Suchtkranke sind die Medien überhaupt nicht vorstellbar. Ein Blick in den redaktionellen Teil einer Zeitung oder eines Nachrichtenmagazins zeigt recht häufig Berichte über Suchtkrankheiten, Suchtkranke oder Drogenkriminalität. Dabei handeln die Berichte von Sensationen und Prominenten, was nur ein Teil der Wahrheit ist.

Kaum eine Zeitung oder Zeitschrift kommt ohne Werbung für Alkoholika oder Tabakwaren aus. Der redaktionelle Teil enthält regelmäßig Berichte über Alkohol-, Tabak- oder Drogenschmuggel. Die Klatschseiten bringen regelmäßig Berichte über die Süchte von »celebrities« und Berühmtheiten ebenso wie die von Politikern und Sportlern.

Auch Journalisten selbst neigen zum übermäßigen Konsum von Alkohol und Zigaretten, obwohl hier die unvermeidliche Zigarette des rasenden Reporters Egon Erwin Kisch das öffentliche Bild zu stark geprägt haben mag. Hier ist auch die Nähe von Journalismus und Schriftstellerei zu spüren, waren doch Edgar Allen Poe, Jack London und Joseph Roth bedeutende Schriftsteller, Journalisten und Alkoholabhängige.

Das Kino hat Suchtkranke als Thema schon früh entdeckt. Erinnert sei an:

- »Der Mann mit dem goldenen Arm« (Heroinabhängigkeit)
- »Das verlorene Wochenende« (Alkoholabhängigkeit)
- »Wir Kinder vom Bahnhof Zoo« (Heroinabhängigkeit)
- »Naked Lunch« (Halluzinogenmissbrauch)
- »Trainspotting« (Polytoxikomanie)

Zur Kulturgeschichte der Suchtkrankheiten 53

Diese wenigen Beispiele stehen für Dutzende weiterer Filme zum Thema Süchte, die zum Teil künstlerisch und/oder dokumentarisch sehr wertvoll sind. Im Kino spielt auch die Werbung für Tabakwaren und Alkoholika eine große Rolle, die heute durch die in Deutschland notwendigen Pflichthinweise auf schädliche Folgen nicht vermindert wird. Kein Fußballspiel im Fernsehen und kein Kriminalfilm laufen ohne vor- und nachgestellte Werbung für Alkoholika ab.

Für das Fernsehen gilt Ähnliches wie für das Kino. Der Spielfilm »Der Trinker« nach dem Roman von Hans Fallada wurde für das Fernsehen produziert und auch gesendet. Er bewegte seinerzeit ganz Deutschland. Der zugrunde liegende Roman kam von einem selbst alkoholkranken Volksschriftsteller (Hans Fallada), die Hauptrolle wurde von dem alkoholkranken Schauspieler Harald Juhnke kongenial gespielt. Die Domäne des Fernsehens sind allerdings Dokumentarfilme von $1/2$ bis 2 Stunden Dauer, die oft Themen aus dem Suchtbereich behandeln. Ein besonderer Glücksfall in diesem Zusammenhang ist der Fernsehfilm »Rückfälle« von Peter Beauvais. Er ist eigentlich ein Dokumentarfilm über den finalen Verlauf der Alkoholabhängigkeit mit Symptomen, Komplikationen und Therapiemöglichkeiten. Die von Günter Lamprecht gespielte Hauptrolle (ein Alkoholkranker nach Rückkehr aus der Entziehungskur) ist hier so überzeugend geraten, dass ein packender Spielfilm daraus geworden ist. Diese Art von Filmen (die natürlich auch gelegentlich im Kino auftauchen) möchte ich als pseudodokumentarische Spielfilme bezeichnen.

Dem Internet selbst oder dem Surfen im Internet wird eine suchterzeugende Wirkung zugesprochen (»Internetsucht«). Hier ist aber noch definitorische und neurobiologische Arbeit zu leisten, wie bei anderen »nichtstofflichen Süchten« auch.

Politik

Politik ist zunächst ein Bereich, in dem man Zusammenhänge mit Suchtproblemen kaum vermutet. Sie regelt jedoch durch Gesetze das Vorgehen von Administration und Justiz in bemerkenswertem Maße. Genannt seien Teile des Strafrechts, das Jugendschutzrecht und das Betäubungsmittelrecht (s. a. Briesen, 2005). Auch das Betreuungsrecht ist durch seine Formulierung für eine große Zahl von Alkoholkranken wichtig geworden.

Die Politik regelt in gewissem Umfang die Verfügbarkeit von Suchtstoffen, durch Gesetze und Verordnungen. Anfang des 20. Jahrhunderts hat es in den USA und in Finnland eine Alkoholprohibition gegeben, die sich wegen der Zunahme der Kriminalität (u. a. Schmuggel) und der Selbstherstellung (methanolverseuchte Destillate) als Fehlschlag erwies. Die heutigen Prohibitionen (illegale Drogen) werden durch die UNO vorgeschlagen und durch nationale Gesetze verwirklicht. Sie sind ebenfalls problematisch, wegen des Drogenhandels und wegen der oft unkalkulierbaren Intoxikationen.

Außerdem ist die Politik direkt betroffen und war es schon immer: Zum einen werden politische Entscheidungen oft durch suchtkranke Politiker getroffen. Ein Beispiel ist Hermann Göring, dessen Größenwahn zumindest teilweise durch seinen Kokainismus erklärt werden kann. Der verstorbene Ministerpräsident von Schleswig-Holstein, Uwe Barschel, soll zumindest in den letzten Monaten seines Lebens (und seiner Politikerlaufbahn) abhängig von Lorazepam in hohen Dosen gewesen sein; dabei soll das Ende seiner Politikerkarriere durch Fehlentscheidungen unter Lorazepam mitbestimmt gewesen sein (Pötzl, 1988).

Ein anderes Bindeglied zwischen Politik und Suchtbereich sind die Gewinne, die sich im Suchtstoffhandel erzielen lassen. Ein sicherlich extremes Beispiel sind die afghanischen »War Lords« (Drogenbarone), die im Interesse ihrer Heroingewinne Politiker kaufen und politische Entscheidungen mitbestimmen. Auch die Mafia, die ja ursprünglich vom Alkohol- und Drogenschmuggel herkommt, nahm oder nimmt in einigen Ländern Einfluss auf politische Entscheidungen. Dabei korrumpiert sie unter anderen auch Politiker.

Sport

Der sportliche Bereich hat zwei wichtige Berührungspunkte mit dem Suchtbereich: die Neigung von Hochleistungssportlern, nach

Ende ihrer Karriere eine Suchtkrankheit zu entwickeln, und das Doping. Das erste Phänomen ist kaum wissenschaftlich untersucht. Immerhin fällt auf, dass viele aktive Hochleistungssportler später suchtkrank werden. So entwickelten drei Angehörige der Fußballweltmeisterschaftsmannschaft von 1954 nach Ende ihrer sportlichen Laufbahn einen Alkoholismus.

Doping ist die verbotene und unfaire Leistungssteigerung im Sport mit pharmakologischen oder pathophysiologischen (Blutdoping) Mitteln. Das wurde schon im Altertum versucht. Aber erst in der Neuzeit stehen dafür pharmakologische Mittel zur Verfügung, allen voran Psychostimulanzien und anabole Steroide. Die pharmakologischen Mittel sind großenteils Suchtstoffe. Bei ihrer wiederholten Zufuhr entwickelt ein Teil der Konsumenten einen schädlichen Gebrauch oder eine Abhängigkeit. Das liegt bei Kokain und Psychostimulanzien auf der Hand, sind sie doch sehr potente Suchtstoffe. So stand Jupp Elze, der erste Deutsche, der nachweislich durch Doping ums Leben kam, bei seinem tödlichen Boxkampf 1968 unter dem Psychostimulans Methamphetamin (Pervitin®). Psychostimulanzien und Kokain werden im Ausdauersport als Dopingmittel genommen, ganz besonders im Radrennsport. Ein prominentes Beispiel ist der Straßen-Radrennfahrer Marco Patani, der Kokain nicht nur als Dopingmittel nahm, sondern auch abhängig davon war; er starb 2004 in einem Hotel einsam an einer akuten Kokainvergiftung.

Auch die als Dopingmittel häufig verwendeten anabolen Steroide haben eine psychotrope Nebenwirkung, was bei ihrer Einführung als anabole Arzneimittel und Dopingmittel noch nicht bekannt war. Mit anderen Worten: Sie befördern nicht nur das Muskelwachstum und die Leistung in bestimmten Sportarten, sondern sie werden auch wegen des von ihnen erzeugten Wohlgefühls genommen, sogar von Nichtsportlern. Allerdings ist der Missbrauch von anabolen Steroiden bisher keine anerkannte Suchtkrankheit. Das Phänomen der missbräuchlichen Anabolikaeinnahme ist bisher nicht gut wissenschaftlich bearbeitet.

Medizin und Biologie

Seit 200 Jahren übernehmen Medizin und Biologie zunehmend die Führung im Suchtbereich. Als Initialzündung wird hier meist eine preisgekrönte Arbeit des schottischen Arztes Thomas Trotter genannt, die 1778 feststellte, dass bei manchen Menschen das Trinken zum physischen Bedürfnis wird. Dann wurden zunehmend Alkoholfolgekrankheiten festgestellt, es kam aber auch zur definitorischen und begrifflichen Klärung des Suchtbegriffs. Diese Entwicklung kulminierte in den diagnostischen Kriterien für Suchtkrankheiten. Dabei war immer klar, dass es in keiner Suchtstoffgruppe nur eine Diagnose geben kann. Beim Alkohol kennen wir heute zwei Süchte (schädlicher Gebrauch und Abhängigkeit), Jellinek unterschied noch fünf Typen. Vollrausch und pathologischer Rausch werden nicht zu den Süchten, sondern zu den Intoxikationen gerechnet. Unter den Folgekrankheiten ist heute die Erforschung des fetalen Alkoholsyndroms (manchmal auch Alkoholembryopathie genannt) im Vordergrund, die durch Sullivan begann und 1967 durch die klinische Beschreibung von Lemoine ihren vorläufigen Höhepunkt fand.

Eine frühe Zusammenfassung der Erkenntnisse seiner Zeit findet sich bei Ernst von Bibra, dessen Buch »Die narkotischen Genussmittel und der Mensch« bereits 1855 zahlreiche Suchstoffe und süchtige Verhaltensweisen beschrieb (Bibra, 1855). Es hat bis heute seinen historischen Reiz. Fast schon aktuell ist das Buch »Phantastica« von Louis Levin (1924), das ebenfalls bis heute als Nachdruck erhältlich ist, aber so modern ist, dass es in keiner toxikologischen Bibliothek fehlt. Levin war der erste Toxikologe. Eines seiner Arbeitsgebiete waren die Suchtstoffe. Er sammelte alle Erkenntnisse seiner Zeit über die Themen Rausch und Sucht. Sie sind in seinem Buch, das er bis zu seinem Tode aktuell hielt, publiziert.

Die präzise Terminologie der Alkoholismen wurde bereits im 19. Jahrhundert angemahnt (Rieger, 1905). Ein erstes verbindliches System wurde von Jellinek (1960) eingeführt, der fünf verschiedene Alkoholismen unterschied. Es ist heute durch die diagnostischen Kriterien von ICD-10 abgelöst, die ebenso wie die amerikanischen Kriterien von DSM-IV zwei Alkoholismen unterscheiden. Diese Kriterien sind in beiden Systemen so präzise, dass eine hohe Interrater-Reliabilität besteht, obwohl das so genannte Suchtgedächtnis noch nicht ausreichend berücksichtigt ist. Das Suchtgedächtnis würde vor allem durch das »rapid reinstatement« erkennbar werden, die schnelle Wiederherstellung des süchtigen Verhaltens bei einem Rückfall (selbst nach jahrelanger Abstinenz).

Heute kommen immer mehr neurobiologische und gesundheitliche Gesichtspunkte ins Spiel, während moralische und religiöse Aspekte verblassen. Die Entdeckung des mesolimbischen Belohnungssystems sowie seiner Funktion und seiner Konnektivität macht die Suchtkrankheiten heute zu den psychischen Krankheiten mit der solidesten neurobiologischen Basis. Dabei ist die Bedeutung des mesolimbischen Belohnungssystems für die menschlichen Suchtkrankheiten nicht nur durch Beobachtungen und Experimente, sondern auch durch Tierversuche und In-vitro-Experimente bestens belegt. Das System (und seine Funktionsweise) wurde Mitte des 20. Jahrhunderts in Umrissen sichtbar. Heute ist es gut untersucht.

Vor allem aber wird um die Therapie der Suchtkrankheiten gerungen, die immer mehr an die Medizin übergeht. Die Behandlung war früher obligat stationär. Ein typisches Krankenhaus zur Behandlung der Alkoholabhängigkeit war Anfang des 20. Jahrhunderts eine von einem Pfarrer oder Diakon geleitete »Trinkerheilanstalt«. Heute erfolgt die Behandlung mehr ambulant und meistens multimodal, die Behandler sind in Deutschland in der Regel Ärzte, Sozialarbeiter und Psychologen. Die Selbsthilfegruppen haben seit ihrer Entstehung im 19. Jahrhundert (Guttempler und Blaues Kreuz) eine zunehmende Bedeutung.

Aber auch andere Suchtaspekte werden von der biomedizinisch dominierten Suchtforschung berücksichtigt, zum Beispiel Epidemiologie, Diagnostik, Verlaufsforschung und ökonomische Aspekte. Der Durchbruch zur biomedizinischen Sichtweise war das Buch »The disease concept of alcoholism« von Jellinek, das er in enger Zusammenarbeit mit Anonymen Alkoholikern schrieb. Die Untersuchung geschah im Auftrag der Weltgesundheitsorganisation. Interessanterweise war Jellinek selbst Soziologe, verkannte aber in keiner Weise den medizinischen Aspekt von Suchtkrankheiten. Das Buch erschien zwar erst 1960, wurde aber seit den Vierzigerjahren des 20. Jahrhunderts konzipiert.

Literatur

Bibra, E. v. (1855). Die narkotischen Genussmittel und der Mensch. Nürnberg: Wilhelm Schmid.

Briesen, D. (2005). Drogenkonsum und Drogenpolitik in Deutschland und in den USA. Ein historischer Vergleich. Frankfurt a. M. u. New York: Campus Wissenschaft.

Freud, S. (1884). Über Coca. Centralblatt für die gesamte Therapie, 2, 289–314.

Jellinek, E. M. (1960). The disease concept of alcoholism. New Haven: Hillhouse.

Levin, L. (1924). Phantastica. Paderborn: Nachdruck Voltmedia.

Lowry, M. (1994). Unter dem Vulkan. Reinbek: Rowohlt.

Pötzl, N. F. (1988). Der Fall Barschel. Reinbek: Rowohlt.

Rieger, K. (1905). Über die Trunksucht und die »Suchten« überhaupt (S. 3–67). Reprint aus: Festschrift zu der Feier des fünfzigjährigen Bestehens der unterfränkischen Heil- und Pflegeanstalt Werneck. Jena: Gustav Fischer.

Christine Morgenroth

»Auf jeden Fall kann ich jetzt sagen, was ich fühle«

Sprachliche Symbolisierung statt Enactment

»Elfjähriger kommt beim Schnüffeln von Gas aus dem Deospray ums Leben« (HAZ vom 30.05.06) – das sind Skandalmeldungen, mit denen die Öffentlichkeit kurzfristig aufgerüttelt wird. Erst vor einigen Jahren tauchte eine Gruppe von drogenabhängigen Jugendlichen in den Behandlungszimmern von Sozialarbeitern, Beratungsstellen und Kliniken auf, die bis dahin weder im Bewusstsein der kinder- und jugendpsychiatrischen Einrichtungen noch im Blick der Drogentherapien waren: sehr junge Jugendliche, die teilweise bereits als Kinder in die Drogenabhängigkeit geraten sind und für die keiner der auf Erwachsene ausgelegten drogentherapeutischen Ansätze zutrifft, die jedoch auf einer gewöhnlichen kinderpsychiatrischen Station auch nicht behandelt werden können, weil hier die drogenspezifischen Erfahrungen fehlen. Diesem Mangel versucht seit 1999 ein beispielhaftes Projekt eines Kinderkrankenhauses in Hannover abzuhelfen. Auf Teen Spirit Island (TSI) stehen zwölf stationäre Therapieplätze für Kinder und Jugendliche zwischen 12 und 18 Jahren mit Drogenabhängigkeit zur Verfügung. Neben der Drogenabhängigkeit haben diese Jugendlichen psychiatrische Auffälligkeiten wie emotionale Störungen, Störungen der Persönlichkeitsentwicklung, dissoziative Störungen, Essstörungen bis hin zu affektiven Psychosen, die mit kinder- und jugendpsychiatrischer Kompetenz behandelt werden. Die Drogenproblematik wird als Symptom der psychischen Grundstörung begriffen; in dieser Auffassung werden Drogen als Versuch der Selbstmedikation eingesetzt. Die auf mehrere Monate ausgelegte Behandlung umfasst nach der Entgiftung eine Kombination von einzel-, gruppen- und familientherapeutischen Ansätzen; dabei kommt der Gleichaltrigengruppe ein besonderes therapeutisches Gewicht zu (vgl. Möller, 2006).

Wie verändern sich diese Jugendlichen nach dem Abschluss der stationären Therapie, wie geht es in ihrem Leben weiter und woran ist die Wirksamkeit des umfassenden therapeutischen Ansatzes zu erkennen? Können die Patientinnen und Patienten später ein normales Leben führen oder gibt es Hinweise auf Normalisierung, wenigstens auf eine Verringerung der Selbstschädigung? Diesen Fragen folgt eine als Längsschnittuntersuchung angelegte qualitative Begleitforschung, die am Institut für Sozialpsychologie der Universität Hannover mit zwei Gruppen von Jugendlichen von Studierenden durchgeführt wurde. 18 Jugendliche wurden in zwei Befragungswellen (2000–2001 sowie 2005–2006) jeweils gegen Ende der stationären Therapie in einem narrativ-fokussierten Interview befragt; die meisten von ihnen wurden in einem Abstand von circa acht Monaten zu einem zweiten Interview gebeten, mit einigen liegen sogar vier Interviews vor. Es kann also in Einzelfällen ein Zeitraum von fast drei Jahren betrachtet werden. Erhebungstechnische und auswertungsbezogene Details können hier nur angedeutet werden (eine Buchpublikation von mir ist in Vorbereitung).

Der gewählte Untersuchungsansatz ermöglicht die Rekonstruktion einer individuellen Falldynamik; im Zentrum steht die weitere Entwicklung nach Abschluss der stationären Therapie. Im ersten Interview werden jedoch auch die Vergangenheit, die frühe Kindheit und die Drogengeschichte thematisiert. Zudem werden die teilweise mehrjährigen Therapieerfahrungen besprochen. Zentrale biografische Belastungen in ihrer pathogenen Qualität werden so als Beziehungsstörungen erkennbar, die auf defizitäre Ich-Funktionen verweisen. In den Folgeinterviews wird auf diese zentralen Konfliktthemen immer wieder verwiesen. Veränderte Akzentsetzungen in der Darstellung, verbale Ausgestaltung von Themen, die zuvor ausgespart geblieben sind, reifere Einschätzung

»Auf jeden Fall kann ich jetzt sagen, was ich fühle« 61

der Konfliktdynamik machen Reifungsschritte im Detail erkennbar und verweisen auf eine anhaltende »Nachreifungsdynamik«. Durch die aufwendige sequenzanalytische und hermeneutische Auswertungsarbeit konnten wir jedoch einige übereinstimmende Entwicklungen feststellen, die für alle befragten Jugendlichen gelten.

Abstinenzforderung, kontrollierter Konsum und Realitätsbezug

Das Augenmerk richtet sich zunächst auf erkennbare, beobachtbare Veränderungen: Direkt nach Therapieabschluss und in den ersten Monaten darauf zeigt sich bei fast allen Befragten, unabhängig ob Jungen oder Mädchen, eine beträchtliche Fähigkeit, über die eigene Lebensgeschichte, ihre fatalen Einbrüche und schädlichen Einflüsse nachzudenken. Alle haben begriffen, dass die Probleme nicht schicksalhaft vom Himmel gefallen sind, sondern erkennbare, benennbare Ursachen haben, die sie in weitere Verwicklungen getrieben haben, die dann oft in Desaster eingemündet sind. In eindrucksvoller Klarheit wird von einigen benannt, wie ungünstige frühkindliche Lebensbedingungen und elterliche Lebensentscheidungen (Scheidungen) und/oder schwere Traumatisierungen durch Gewalterfahrungen zu Schädigungen geführt haben, die unter dem Einfluss entwicklungsbedingter Faktoren (Pubertät) und entsprechender Peers zu einer Drogenabhängigkeit führen, die innerhalb kürzester Zeit ihr ganzes Leben bestimmt. Ein gewachsenes Verständnis für die eigene Entwicklung, die Fähigkeit zur *Selbstreflexion* und Introspektion werden in allen Interviews erkennbar. Besonders eindrucksvoll ist die Entwicklungsdynamik von Veränderungen, wie sie in den Intervallen zwischen den Interviews stattfinden. Ein junger Mann, der zum Therapieende noch erheblich stottert, zeigt im dritten Interview nach 18 Monaten kaum noch Beeinträchtigungen seiner Sprachfähigkeit: Er äußert sich auch in emotional aufreibenden Gesprächspassagen flüssig und ohne Zögern (Tim). Viele erreichen in der nachtherapeutischen Zeit selbstdefinierte Ziele, machen den Führerschein (Svenja), erwerben Schulabschlüsse (Sven, Omar), beginnen Berufsausbildungen oder bringen sie zum Abschluss (Svenja, Lou, Andreas, Maria, Amelie).

Manchen gelingt der Aufbau einer stabilen *Liebesbeziehung* (Amelie, Jill) zu Partnern, die nicht aus dem Drogenmilieu stammen; andere schaffen eine Trennung oder weitreichende Separation von den Menschen ihrer Ursprungsfamilie, die ihnen häufig nicht gut getan haben und die sie (oft als Selbstobjekte) für ihre eigenen Belange benutzt haben. Wenn es dann in solchen Lebensgeschichten gelingt, in einer therapeutischen Wohngemeinschaft oder einem Heim Fuß zu fassen und dort verlässliche Bindungen einzugehen, muss das als ein großer Erfolg gelten (Jill, Marion, Maria). Wieder andere kehren in häusliche Beziehungen zurück, die sich deutlich verändert haben, nachdem die Eltern selbst an der Familientherapie der Klinik oder anderen therapeutischen Maßnahmen teilgenommen haben (Ole, Lou).

Ein vielleicht nicht überraschender, gleichwohl bestürzender Befund liegt in der Tatsache, dass lediglich zwei der Befragten keinerlei elterliche Sucht erwähnen. Alle anderen haben zumindest bei einem Elternteil eine maßgebliche Suchterkrankung beschrieben.

Hierfür kann der Fall von Jill ein Beispiel geben, Tochter einer schwer alkoholabhängigen Mutter und eines gewalttätigen Vaters, die im Alter von neun Jahren damit beginnt, sich selbst zu verletzen und in derselben Zeit Alkohol als Einstiegsdroge benutzt. Dies ist nicht nur ein Versuch, sich selbst zu behandeln oder nach dem Modell der Mutter die Realität zu bewältigen. In ihrem Fall ist es ein Mittel, der Mutter selbst nahe zu sein, sie zu spüren und sie sich einzuverleiben – woraus die Grundlage für ein *toxisches Introjekt* wird (das in Anlehnung an das von Sachsse 2002 bezeichnete pervers-gute Objekt in der Selbstverletzung hier das Introjekt der Drogenabhängigkeit wird). Damit wird die Abhängigkeit von der Substanz sowohl als Ausgleich für ein inneres Strukturdefizit begreiflich als auch als Ersatz für eine haltende Beziehung und tragfähige Bindung, die es nicht gegeben hat. Dieser Mangel führt zu einer fatalen Verstrickung mit der Mutter, der sie trotz der Beschädigungen immer nahe sein möchte. Die Chance der Längsschnittbetrachtung kann zeigen, dass die ungelöste Separationsproblematik in der Beziehung zur Mutter auch ein Jahr nach Abschluss der stationären Behandlung noch wirksam ist: Ein »unerlaubter« Besuch bei der Mutter (Beziehungsrückfall) bewirkt einen Rückfall mit deren Psychopharmaka – derselbe Mechanismus mit einer anderen Droge. Trotz dieses Problems zeigt die Jugendliche auch beträchtliche Entwicklungsfortschritte. So beschreibt sie im Erstinterview die therapeutischen Erfolge eher als Zielsetzung (»ich will was für mich tun«). Das wird im Folgeinterview zu einer Selbstaussage (»also ich lern langsam, mich selber so zu mögen und nicht immer so das Schlechte an mir zu sehen«). Diese Veränderungen zeigen sich auch in der Sprache. »Mit Aggressionen kann ich jetzt auch umgehen« (Jill 1, S. 14, Z. 473) sagt sie und meint damit vor allem ihre veränderte verbale Ausdrucksfähigkeit: »Und sonst hab ich immer draußen, echt – immer Alter, fick dich und irgendwie nur so geredet. […] Die sagen hier, ich rede jetzt anders. Auf jeden Fall kann ich das sagen, was ich fühle« (Jill 1, S. 15, Z. 479 ff.).

Wie sehr eine solche Jugendliche die feste und kontinuierliche therapeutische Struktur als haltende Umgebung benötigt, um eine Chance zu haben, die schwersten Defizite aus ihrer frühen Zeit aufzuholen, zeigt sich im Fall von Jill besonders nachdrücklich: Sie spürt den Bedarf nach Halt und Trost, verbindet diese Beziehungserfahrung mit der Therapiestation und fordert deren Fortsetzung ein: »Und ich denke, jeder braucht das mal so, sich auszuheulen und alles loszuwerden. […] Und ich hab letztens gefragt, ja, ich will wieder 'nen Therapiegespräch hier« (Jill 2, S. 17, Z. 826 ff.).

Natürlich ist eine der wichtigsten Fragen, inwieweit es den Jugendlichen gelingt, die *Abstinenz* einzuhalten; immerhin haben sie teilweise bereits im Alter von sieben Jahren (der Jüngste) oder 13 Jahren (spätester Einstieg) Drogen benutzt. Sieben der Befragten leben völlig abstinent, die meisten finden jedoch eine ganz eigene Form des kontrollierten Umgangs mit Drogen, bezeichnen es etwa als Erfolg, wenn sie auf ihre frühere Hauptdroge, zum Beispiel Kokain, verzichten können (aber gelegentlich Cannabis konsumieren). Eine Jugendliche beschreibt eindrucksvoll, wie sie den Unterschied wahrnimmt zwischen Suchtdruck in einer Krise, dem sie mit alternativem Krisenmanagement begegnet (hier: Sport durch intensives Joggen und Kontaktaufnahme zu Bezugspersonen, Amelie, Maria) und der Lust auf ein kleines Bier in Gesellschaft der Freundin, das sie sich nur dann erlaubt, wenn es ihr gut geht und sie es genießen kann (aber es nicht einsetzen muss, um sich besser zu fühlen). Dass zehn der Jugendlichen überzeugend darüber sprechen, gar keinen oder kaum noch *Suchtdruck* zu verspüren (das ist also mehr als die Hälfte), kann als geradezu spektakulärer Erfolg gelten, da es ihnen körperlich und auch seelisch gelingt, mit Krisensituationen anders als durch Betäubung umzugehen.

So richtet sich das Augenmerk gerade in den späteren Folgeinterviews auf die Praxis der Krisenbewältigung. Das Auftreten von schwierigen Lebensereignissen, kleinen und großen Frustrationen, die als narzisstische Kränkungen, als Selbstwertkrise bedrohlichen Umfangs erlebt werden, ist nach Wurmser der Einstieg (grundsätzlich und situativ) in den Selbstverstärkungskreislauf des zwanghaften Drogenkonsumenten (vgl. Wurmser, 1997, S. 134). Wie solche Krisen poststationär bewältigt werden, ist daher ein gewichtiger Hinweis auf die Entwicklung intrapsychischer Struktur.

Es zeigt sich ein deutlicher Anstieg in der Fähigkeit, mit Kränkungserlebnissen und schwierigen Situationen realitätsadäquat umzugehen. Wenn Sport, Malerei oder Beziehungsgespräche erfolgreich eingesetzt werden, zeigt sich, dass zeitweilig die süchtige Suche (Wurmser) zu einem Ende kommt. Die Jugendlichen haben etwas anderes gefunden, und stabile innere Objekte unterstützen sie bei alternativem Krisenmanagement.

Sprachspiele und individuelle Entwicklung

Sozialpsychologische Forschung ist auf Beschreibungen, auf sprachlichen Ausdruck angewiesen. Jugendliche, besonders mit schweren Persönlichkeitsstörungen, drücken sich im Bereich ihrer Konflikte oft nicht mit Hilfe der Sprache aus, sondern teilen sich durch ihr Handeln mit. Mit den Begriffen Enactment und Reinszenierung sind Ausdrucksformen bezeichnet, in denen die zentralen Konflikte, auch die traumatische Qualität von Erfahrungen immer wieder neu gestaltet wird, vorzugsweise in Beziehungen. Mit Mimikry hingegen wird auf eine Haltung äußerlicher sozialer Anpassung verwiesen, die Ich- und Über-Ich-Reifungen vorgibt, die jedoch nicht von reifer Struktur getragen ist und daher unter veränderten Bedingungen sofort wieder verloren gehen kann (vgl. Streeck-Fischer, 2006, S. 52). Das bedeutet dann: Die durch Handeln inszenierte Botschaft, ein szenisches Agieren mit strukturgleichen Wiederholungen, muss erst einmal entschlüsselt werden. Die Fähigkeit zur sprachlichen (oder auch anderen) Symbolisierung ist bei den drogenabhängigen Jugendlichen oft gar nicht oder nur gering ausgebildet, sie muss erst entwickelt werden.

Bevor jedoch die Symbolebene der Sprache und damit die Verwendung von Sprachspielen möglich wird, gehen vorsprachliche Erfahrungen voraus. Die präverbalen Interaktionen zwischen Mutter und Kind werden von Lorenzer *bestimmte Interaktionsform* genannt (Stern, 1992, S. 143, nennt diese präverbalen Repräsentanzen RIGs, generalisierte Interaktionsrepräsentanzen), das sind spezifische Niederschläge (Engramme) von konkreten Interaktionsspielen. Das Kind speichert in seinem Gedächtnissystem das Ergebnis dieses organismischen Zusammenspiels zwischen Mutter und Baby; was als individueller Entwicklungsfortschritt in früher Kindheit erscheint, muss nach Lorenzer gleichzeitig als Niederschlag sozialer Verkehrsformen im Subjekt verstanden werden. Diese frühe interaktionstheoretische Erweiterung der Psychoanalyse aus den Siebzigerjahren verweist hellsichtig auf moderne Konzepte und lässt sich umstandslos mit den Erkenntnissen verbinden, die aus der neuen Bindungstheorie (vgl. Fonagy, 2003), aus der modernen Säuglingsforschung (vgl. zusammenfassend Dornes, 2004) und den aktuellen Ansätzen zur Intersubjektivität in der »relationalen Psychoanalyse« (Mitchell, 2000, dt. 2003) vorliegen. Ihnen allen ist die Auffassung gemeinsam, dass frühkindliche Entwicklung in hohem Maß von der Qualität der Beziehungs- und Bindungserfahrungen abhängt, in die es eingebunden ist, also von der emotionalen Angemessenheit, mit der die Bezugspersonen auf die Bedürfnisse des Kindes reagieren. Wenn also schwere Störungen in der vorsprachlichen Interaktion zwischen Mutter und Kind auftreten – das heißt frühe Traumatisierungen durch Vernachlässigung oder Gewalt die Beziehung bestimmen, weil die Mutter aufgrund eigener Einschränkungen nicht in der Lage ist, auf die Bedürfnisse des Kindes angemessen zu antworten –, dann ist die so konstituierte »bestimmte Interaktionsform« bereits durch die Beschädigung charakterisiert. Das interaktive Spiel zwischen dem Kind und seinen Bezugspersonen enthält jene »Gifte«, die in jegliche spätere Entwicklung mit eingehen und diese auch bestimmen.

Durch den Spracherwerb werden die bestimmten Interaktionsformen (als vorsprachliche Praxis) mit den entsprechenden Sprachfiguren verknüpft, sie werden *zu symbolischen Interaktionsformen*. Das Kind hat wiederholt erfahren, dass, wenn es seine Arme ausstreckt, es von der Mutter hochgenommen wird. Dieser Vorgang ist mit einem Lächeln verbunden, vielleicht mit der Bemerkung, »Ja, du willst auf den Arm«. Später verknüpft das Kind dieselbe Geste mit dem Zweiwortsatz »Mama Arm«. Die symbolische Interaktionsform ist dann erreicht, wenn nur noch die beiden Worte ausreichen, um für Mutter und Kind den darin enthaltenen Wunsch deutlich werden zu lassen und seine Befriedigung zu bewirken. Die Sprache (symbolische Interaktionsform) enthält symbolisch für beide die komplette Abfolge von Wunsch, Wahrnehmung und Befriedigung (bestimmte Interaktionsform). Somit wird, unabhängig von der Geste, die kommunikative Praxis des Kindes durch die sprachliche Symbolisierung um ein Vielfaches differenzierter. In einem funktionsfähigen Sprachspiel teilen die an einer Interaktion Beteiligten die vorsprachlichen Interaktionsanteile sowie die konkrete Form ihrer Versprachlichung miteinander. Wenn Jill heute um ein Therapiegespräch bittet, wenn es ihr nicht gut geht, dann setzt sie nun, in Erwartung der stützenden, entlastenden Wirkung der Therapiestunde, diese sprachliche Symbolisierung ein (Wunsch), anstatt sich selbst zu verletzen oder durch einen Drogenrückfall zu betäuben, um durch konkretes Handeln (Enactment) die fürsorgliche Aktivität der Betreuer manipulativ zu erzwingen.

Die symbolische Interaktion durch Sprache kann jedoch ebenfalls die Pathologie einer frühen Störung enthalten und weitertragen: In Gewaltfamilien kennt das Kind ja nur diese Realität als normale, die dann auch in die sprachlichen Symbolisierungsprozesse eingeht. Das erzeugt »Seelenblindheit«: Dann kann nicht reflektiert werden über etwas, das als gleichermaßen bestimmte und symbolische Interaktionsform intrapsychische und soziale Normalität ist, wovon es daher keine Distanzierung gibt.

Wenn der Idealfall des vollständigen Sprachspiels die Verbindung von symbolischer Interaktionsform mit einer Sprachfigur ist, so gibt es auch Störungen und Beeinträchtigungen des intakten Sprachspiels: Mit Sprachzerstörung wird eine charakteristische Aufspaltung vormals intakter Sprachspiele beschrieben. Die Zerstörung erfolgt unter Konfliktdruck als *Desymbolisierung*: Eine einmal erreichte Fähigkeit zur Symbolisierung durch Sprache wird im Bereich eines bestimmten Themas, das sich im Inneren des Individuums als Konflikt darstellt, zurückgenommen. Zu diesen Konfliktbereichen gehören vorrangig die Folgen traumatischen Erlebens. Dissoziationen, die weitreichenden Vermeidungen und Verleugnungen sind als Überlebensstrategie notwendig, um die Konfrontation mit traumatischem Material zu kontrollieren (das dann intrusiv doch immer wieder auftaucht). Sie werden auch als Ausgrenzungen, Aussparungen aus der sprachlichen Symbolebene wirksam, als blinde Flecken entziehen sie sich der sprachlichen Darstellung und damit jeglicher Metakommunikation.

Einmal in Sprachfiguren symbolisierte Repräsentanzen, die aus dem sprachlichen Zusammenhang wieder ausgeschlossen werden, werden von Lorenzer als Klischees bezeichnet. Durch den Ausschluss aus bewusstseinsnaher Symbolisierung behalten sie ihre energetisch-dynamische Relevanz. Als blindes, der Selbstreflexion nicht zugängliches Agieren und Reagieren wirken sie weiterhin verhaltenssteuernd. Klischees bedürfen daher immer eines szenischen Arrangements zu ihrer Auslösung (Trigger). Im Bereich der klischeebestimmten szenischen Abläufe bleibt die Person weitgehend abhängig von der unbewussten Dynamik und kann sich aus eigener Kraft nicht aus der Macht des Reiz-Reaktions-Schemas befreien, es sei denn durch sorgfältiges Vermeiden der auslösenden Situationen, mit dem damit verbundenen Ergebnis der Ich-Einschränkungen. Einmal als szenisches Muster etabliert, schleift es sich immer weiter ein und führt zu Chronifizierungen der stereotypen Verhaltensmuster: An die Stelle flexibler Anpassungsfähigkeit tritt unwandelbare Starre, die wir heute in den Beschreibungen der typischen Enactments und szenischen Reinszenierungen gerade bei Patienten mit schweren Persönlichkeitsstörungen beschrieben finden (vgl. Streeck, 2000). Klischeehafte Desymbolisierung hat also ein zwanghaftes Verhalten ohne Sprache und Bewusstsein zur Folge.

Eine qualitativ andere Sprachzerstörung und Desymbolisierung geschieht, wenn die Einheit von Interaktionsform und Sprachfigur verloren geht. Dann wird das sprachliche Zeichen zu einer Hülse, die keine emotionale Bedeutung, das heißt keinen Bezug zur Interaktionsform als (einstmals) reale Beziehungserfahrung mehr besitzt: Das Symbol wird in diesem Vorgang zum leeren sprachlichen Zeichen. Die Sprache ist platt, formelhaft, unlebendig. Wenn Jill etwa ihre grobe Sprache erwähnt (Alter, fick dich), dann benutzt sie Sprachhülsen, die Dahinterliegendes ahnen lassen, vielleicht sogar benennen, aber die Aussage enthält kaum eine emotionale Qualität (sie war rituellem Missbrauch ausgesetzt). Zeichenhafte Desymbolisierung führt demnach zu einer Sprache ohne Handlung und emotionale Bedeutung (Mimikry).

Viele der drogenabhängigen Jugendlichen hatten jedoch seit frühester Kindheit derart ungünstige Entwicklungsbedingungen, dass sie für viele ihrer existenziellen Probleme keine symbolische Form, keine Sprache entwickeln konnten: Sie blieben, vor allem im Bereich der zentralen Konfliktthemen und schweren Traumatisierungen, buchstäblich sprachlos. Eine von ihnen ist Marion.

Marion war sehr jung, erst 14 Jahre alt, als sie die Therapiestation nach einem fünfmonatigen Aufenthalt verlässt (dem aber bereits ein Jahr in einer offenen Psychiatrie wegen selbstverletzenden Verhaltens vorausgegangen ist). Die 14-Jährige ist im ersten Interview außerordentlich einsilbig, lange Phasen von Schweigen (bis zu 20 Sekunden) durchziehen das Interview, das im Transkript kaum mehr als zehn Seiten umfasst. Über die Familie und Peergroup möchte sie sich nicht äußern, etwas gesprächiger wird sie bei Schilderungen dessen, was ihr geholfen hat: »ja, hier konnt ich gut mit meiner Therapeutin reden, das war irgendwie hmm« (Marion 1, Z. 137). Auch die Gruppentherapie kann sie nach an-

»Auf jeden Fall kann ich jetzt sagen, was ich fühle« 69

fänglichen Schwierigkeiten annehmen: »… erst gedacht, das würd ich niemals machen, aber … das wurde dann immer besser, weil ich gemerkt hab [...] dann gucken die mich bestimmt auch nicht komisch an oder so, wenn ich jetzt was erzähle« (Marion 1, Z. 166). Den gesamten therapeutischen Veränderungsprozess beschreibt sie folgendermaßen: »Na, ich kann offener reden und so. … wenn's mir nicht gut geht joah und ich weiß auch, was ich machen kann, wenn's mir nicht gut geht und … und … ja also ich bin auch durch die Gruppentherapie viel offener geworden« (Marion 1, Z. 290). Aber trotz dieser Fortschritte liegt alles Vergangene wie unter einem Tabu.

Das erste Interview ist durch Lücken, durch Ungesagtes charakterisiert. Das ändert sich zehn Monate später im Folgeinterview beträchtlich, es ist viermal so lang und sie erzählt flüssig und gern.

Die intensive therapeutische Arbeit in Verbindung mit guten, heilsamen Alltagserfahrungen haben zu eindrucksvollen Veränderungen geführt, die anhand der Antworten auf die jeweils letzte Frage im Interview illustriert werden sollen. Die Frage lautete: »Wenn du drei Wünsche frei hättest, welche wären das?« Im ersten Interview antwortet sie darauf: »Ne, weiß ich nicht [… 12 Sekunden Pause], dass es mir weiterhin so gut geht und ich weiterhin so gut damit umgehen kann« (Marion 1, Z. 308). Ganz anders die Antwort zehn Monate später:

Marion: »Eigentlich nur, dass ich noch mal von vorne anfangen könnte, so ganz, dass ich alles vergesse, was da jemals war.«
Interviewerin: »Was meinst du damit?«
Marion: »Naja, halt auch Drogen und so alles und auch diese, mit denen ich mich da abgegeben habe, das wär schon schön.«
Interviewerin: »Na, das wär nur *ein* Wunsch …«
Marion: »Na ja, und dass ich alles so hinkriege, wie ich gern möchte, Arbeit und so alles.«
Interviewerin: »Was konkret meinst du damit, dass du es hinbekommen möchtest?«
Marion: »Tja, dass ich halt nie wieder Angst haben muss, so, dass ich rückfällig werde oder sone Sachen und einfach alles so, Kinder haben und sone Sachen, Geld verdienen, 'n eigenes Haus oder so Sachen« (Marion 2, S. 14).

Größer kann der Kontrast kaum sein. Stellt sie zunächst im ersten Interview nur etwas fest, (es soll ihr weiterhin gut gehen), wird im zweiten Interview eine detaillierte Beschreibung auch der Veränderung ihrer inneren Zustände deutlich. Sie möchte am liebsten alles streichen, was bislang Schlimmes geschah in ihrem Leben (Gewalt, Missbrauch), und ganz von vorn anfangen (das Schlimme ist also konkret geworden, und vor allem: Es ist Vergangenheit). Dann wünscht sie sich Durchhaltevermögen und eigene Stärke, ihre Ziele zu verfolgen. Und welche sind das? Sie möchte angstfrei leben können, Rückfälle nicht mehr fürchten müssen und dann ein »normales Leben« führen: Dazu gehören eigene Berufsarbeit, Kinder und vielleicht ein Haus – Normalität als Lebensziel erscheint hier als etwas ganz Besonderes angesichts der traumatisch-extremen lebensgeschichtlichen Erfahrungen. Sie möchte ein ganz normales Frauenleben, Erwachsenenleben, Familienleben haben, mit Verantwortung für sich und die Kinder, mit einem Beruf, in dem es anständig zugeht, und der durch einen guten Verdienst dazu beiträgt, dass sie ein solches Leben auch in eigener Verantwortung führen kann. Das ist eine Perspektive, die ihr während der Drogenzeit auch nicht im Entferntesten verfügbar gewesen wäre. Es entsteht ein wirklicher Dialog, ein Spiel zwischen interessierter Fragenstellerin und den Antworten von Marion, die erkennen lassen, dass sie sich einlässt auf die Beziehung. Die Fragen werden nicht als insistierend und bedrohlich, womöglich als Grenzverletzungen erlebt, vielmehr werden sie als willkommener Anlass wirksam, über die eigene Position im Leben Rechenschaft zu geben. Das Sprachspiel zwischen den beiden ist lebendig und farbig, beide wissen um den zuvor beschriebenen Horror und beide akzeptieren die Wünsche nach Normalität als Zeichen für ein zunehmendes Bewusstsein für die Realität.

Auch in ihrer aktuellen Umgebung erweist sie sich als bindungs- und beziehungsfähig. In der notwendigen Ablösung von den destruktiven und pathologischen Bindungen ihrer Herkunftsfamilie ist einzig die Beziehung zur Schwester gerettet worden. Sie kann sich gut auf die Betreuer in dem Heim einlassen, hat tragfähige Beziehungen zu den Kindern und Jugendlichen ihrer Gruppe, fühlt sich verantwortlich für die Jüngeren, hat in ihrer Schule Kontakt zu Gleichaltrigen und auch eine gute Freundin jenseits aller Drogenzusammenhänge gefunden. Wenn es ihr schlecht geht, nimmt sie Kontakt zu ihrer Therapeutin auf Teen Spirit Island auf, hier erweisen sich die einmal geknüpften Bindungen als stabil und tragfähig und werden wie auch alles Gelernte als innerer struktureller Reichtum von Marion weiterhin praktiziert. Das meint vor allen Dingen den Umgang mit Suchtdruck und Krisensituationen, denn hier hat Marion gelernt, durch Sport und anderen Aktivitäten, in denen sie ihren Körper spürt, das Management dieser Krisen konstruktiv zu wenden. Wenn sie manchmal stundenlang joggt oder schwimmen geht, so unterstreicht das die Wahl von alternativen Aktivitäten, die ihr ein Self-Management ermöglichen, das sie im Unterschied zur Selbstverletzung und Drogengebrauch in eine fürsorgliche Aufmerksamkeit für ihren Körper bringt. Die Rückgewinnung von Kontrolle über ihren Körper symbolisiert vermutlich die Rückgewinnung von Kontrolle über ihr Leben, das ohne die Verfügung über ihren Körper nicht denkbar ist. Daher sind alle Formen der Abgrenzung, der aktiven Grenzziehung gegen die Ansprüche anderer und eine selbstbestimmte Definition dessen, was für sie heute wichtig ist und was sie unter eigener Regie erreichen will, von allergrößter Bedeutung. Als bedeutsames Zeichen für eine günstige zukünftige Entwicklung gilt der erstaunliche Wandel ihrer sprachlichen Ausdrucksfähigkeit, der zwischen den beiden ersten Interviews stattgefunden hat. Ihre neu erworbene Fähigkeit zu sprachlicher Symbolisierung ermöglicht verschiedene Formen der Introspektion und stärkt sie gegen die überwältigende Macht destruktiver Introjekte: Sie beansprucht inzwischen andere Hilfen. Sprache hilft ihr bei der Affektregulierung und trägt so in hohem Maße zu ihrer Unabhängigkeit bei.

»Klick« – szenisches Verstehen als Rekonstruktion latenter Bedeutungen

In kommunikativen Zusammenhängen, in denen Desymbolisierungen stattfinden, sind dem alltagssprachlichen Verstehen Grenzen gesetzt. Die »heimlichen« Bedeutungen von Sprachfiguren sind ja auch neue Schöpfungen, die jenseits der offiziellen Diskurse ihre eigene Bedeutung entfalten und in besonderen Milieus durchaus verstanden werden. Um diese Bedeutungen zu erschließen, braucht es Verstehenszugänge, die Aussagen nicht allein auf logische Konsistenz prüft, sondern die dahinterliegenden Bedeutungen erfassen kann. Das szenische Verstehen hat diese eigene Qualität. Sie unterscheidet sich grundlegend vom logischen Verstehen, das den Nachvollzug des Gesprochenen zum Gegenstand hat (das Mitgeteilte wird als zeitlos sinnhaftig begriffen), ebenso wie vom psychologischen Verstehen, das als Verstehen der Sprechenden anzusehen ist. Das szenische Verstehen ist »mit den Vorstellungen des Subjektes [beschäftigt], und zwar so, daß es die Vorstellung als Realisierung von Beziehungen, als Inszenierung der Interaktionsmuster ansieht« (Lorenzer, 1970, S. 107 f.).

Das szenische Verstehen greift auf Informationen und Wahrnehmungen aus verschiedenen Ebenen, aus den drei »Grundsituationen« zurück: Im analytischen Setting ist das die Ebene der konkreten therapeutischen Beziehung, wie sie sich in der Übertragung darstellt, der aktuellen Lebenssituation der Patientin und der frühen Szene, der infantilen Situation. Das Konzept des Sprachspiels und seiner Desymbolisierung hat die Voraussetzung geschaffen, diesen Verstehensmodus aus dem Behandlungszimmer zu holen und in die Interpretationswerkstätten von Literaturwissenschaftlern und Sozialforscherinnen zu transponieren.

Wie der konkrete Sprachgebrauch sich verändert und damit zum Indiz für Veränderungsprozesse der inneren Struktur werden kann, reflektiert eine Jugendliche, Svenja, aus den Anfängen von Teen Spirit Island. Sie beschreibt auf hohem Reflexionsniveau den Einfluss der Gruppe auf den therapeutischen Erfolg, indem sie die Gestaltung und Modulation der verbalen Ausdrucksformen beobachtet – und damit Akzeptanz- und Ausgrenzungsmodi in der Gruppe erfasst. Wie die Gruppenmitglieder untereinander kommunizieren, wie es ihnen gelingt, neue Patienten zu integrieren und welchen Stellenwert die Entwertungen haben, wird von Svenja selbst zum Maßstab für tragfähige Veränderungsprozesse erklärt.

»Ich hab mich eigentlich mit allen immer relativ gut verstanden, also am Anfang war's schon so, dass gelästert wurde in der

A-Phase, aber das wurde dann irgendwie in der Gruppe besprochen oder wir haben darüber geredet und irgendwann, irgendwann war's halt so, da hat's bei allen Klick gemacht und wir haben gesagt: Nö, wir achten jetzt nicht aufs Äußere, sondern das ist für uns völlig in Ordnung halt irgendwie, irgendwie hat's bei allen Klick gemacht, das war, das hörte auch mit dem Lästern auf und wurde viel weniger, ja, es wurde viel weniger« (Svenja 1, Z. 860f.).

Zu Beginn dieser kurzen Passage steht eine Selbstaussage, Svenja hat sich immer mit allen gut verstanden. Dann geht sie umgehend zur Beschreibung eines Gruppenprozesses über, indem sie sagt, dass in der Anfangsphase, der A-Phase, in der die Therapievorbereitungen stattfinden, noch sehr viel gelästert wurde, was dann aber in der Gruppe besprochen werden konnte. Dann betont sie in ihrer zentralen Aussage, die sie auch ein zweites Mal wiederholt, »irgendwann hat's bei allen Klick gemacht«. Dieser Klick ist daran zu erkennen, dass nicht mehr oder sehr viel weniger gelästert wird und dass das Äußere einer Person nicht mehr im Zentrum der lästernden, also entwertenden Aufmerksamkeit steht. Sie beschreibt diesen Wandlungsprozess, den alle Jugendlichen durchlaufen; dabei steht der »Klick« für den Moment der Haltungsänderung. Sie benutzt ein technisches Bild, als wenn ein Schalter umgestellt wird oder mit dem Mausklick eine neue Datei aufgerufen wird. Auf der Basis neurowissenschaftlicher Erkenntnisse könnte man auch vermuten, es hat sich eine neue synaptische Schaltung hergestellt, mit der auf ein altes schädliches Verhalten verzichtet werden kann, weil ein neues, konstruktives Verhalten praktiziert wird (vgl. Hüther, 2000).

Wie ist dieser »Klick« möglich geworden, was ist da geschehen? Auch darüber erteilt uns Svenja in ihrer prägnanten Sprache Auskunft. Die Jugendlichen haben in der Gruppe darüber gesprochen, das heißt, es gibt einen Prozess der Bewusstwerdung, der wechselseitigen Thematisierung des schädigenden Verhaltens. Nicht individuell, sondern in der Gruppe erfolgt der Bearbeitungsprozess, und es ist ja auch ein Gruppenphänomen, um das es bei dieser Entwertung geht. Der neue Patient, die neue Patientin werden zur Zielscheibe projektiver Prozesse der Ausgrenzungsenergien und der zornigen Aggressionen. Indem der Andere, die Neue durch lästerliche Sprüche klein und dumm gemacht wird, fühlen die Jugendlichen der bestehenden Gruppe sich größer, stärker und bedeutender. Das wird in der Gruppe besprochen, bis es von allen verstanden ist und die ganze Gruppe die Bereitschaft zeigt, eine Vereinbarung zu schließen (»wir haben gesagt, nö, wir achten jetzt nicht auf's Äußere«). Im übertragenen Sinne bedeutet das eine Art Verständigungsprozess der Jugendlichen miteinander über ein erwünschtes Verhalten, das in eine Vereinbarung, eine Art Vertrag einmündet (»*wir* haben das gesagt«), und wenn sie nicht mehr auf das Äußere achten wollen, über das sie dann lästern können, worauf achten sie dann? Vermutlich doch auf den Kern der Person, darauf, was diesen neuen Menschen ausmacht, seine, ihre Probleme, ihre besonderen Qualitäten, ihre Fähigkeit oder ihr Unvermögen, sich auf die bestehende Gruppe einzulassen. Das ist kein selbstverständlicher Vorgang, diese Reflexionsfähigkeit und diese Form sozialer Kompetenz haben diese Jugendlichen in ihren Ursprungsfamilien zumeist nicht lernen können. Insofern ist, was Svenja hier in dieser kurzen Passage beschreibt, ein äußerst brisanter Vorgang, der ebenso die sozialen Kompetenzen der Jugendlichen in ihrem Lernprozess zum Ausdruck bringt, wie vermutlich das wachsende Selbstreflexionsvermögen aller Beteiligten in einem Prozess, der auch als eine wachsende Fähigkeit zur Mentalisierung beschrieben werden kann. Sich selbst im Auge des anderen wiedererkennen, den Schmerz des anderen rückbeziehen auf das eigene Verhalten, die Verursacherin dieses Schmerzes zu sein und all dieses in der emotionalen Reaktion auf das Missachten durch Lästern im Gesicht der Neuen erkennen – darin zeigt sich eine beachtliche Leistung.

»*Wir* haben *gesagt*, wir achten jetzt nicht auf's Äußere«, diese Betonung des Wir bringt mit hoher Eindringlichkeit die Bedeutung der Gruppe Gleichbetroffener zum Ausdruck, die als haltender Faktor, als haltende Institution erlebt werden. An anderer Stelle sagt Svenja, »wir haben zusammengehört einfach, wir waren eine Gruppe, wir gehörten zusammen und wir habn alles zusammen gemacht und ... das war irgendwie 'ne große Familie« (Svenja 1, Z. 960 f.). Die Gruppe also, die in diesem Wir repräsentiert ist, wird eindeutig als eine soziale Institution erlebt, die den familiären Zusammenhang abbildet oder ersetzt. Wenn hier die Gruppe an die Stelle der Familie tritt, erfüllt sie diese Funktion auch in moralischer und wertkonstituierender Hinsicht, die für andere Jugendliche die Ursprungsfamilie in der Kindheit gehabt hat.

Das Fehlen von Schuldgefühlen, der Mangel an Empathie mit anderen und auch das Defizit an entsprechender Vorstellungskraft, welche Verletzungen dem anderen zugefügt werden, werden in diesem versprachlichten Vorgang verändert. Echte Besorgnis, Wiedergutmachungswünsche sowie Interesse an den ethischen Orientierungen anderer Menschen werden spürbar ebenso wie die Entwicklung eigener authentischer Werte: Das sind Indikatoren für eine individuelle Reifung (bei Svenja), die auf einer neuen Beziehungserfahrung beruht.

An die Stelle der Dominanz ausbeuterischer Interaktionen, Kälte und Gleichgültigkeit gegenüber anderen sind Empathie und Anteilnahme mit anderen, besonders nahestehenden Bezugspersonen getreten. Sie achten auf Symmetrie in Beziehungen und zeigen die Bereitschaft, auch etwas zu geben. Um eine eigene Sprache zu finden, die ein Sprachspiel im emphatischen Sinne ist – also eine durch emotionale Erfahrung gesättigte drogenfreie Lebenspraxis verbunden mit alternativen sprachlichen Ausdrucksformen und einem vertrauensvolleren Verständnis der Welt –, benötigen sie angesichts der überwiegend schweren Voraussetzungen, unter denen sie antreten, naturgemäß eine lange Zeit. Sie brauchen die Geduld und Toleranz der Begleitenden (ebenso wie der Institutionen) in dem gesicherten Wissen, dass individuelle Entwicklung Rückfälle und Umwege einschließen muss, bevor die Prozesse der individuellen Nachreifung so weit vorangekommen sind, dass eine altersgemäße und umfassende Symbolisierungsfähigkeit erreicht ist. Eines lässt sich jedoch mit Gewissheit feststellen: Alle an unserer Untersuchung beteiligten Jugendlichen sind auf diesem Weg ausnahmslos eine große Strecke weitergekommen.

Literatur

Dornes, M. (1997). Die frühe Kindheit. Entwicklungspsychologie der frühen Lebensjahre. Frankfurt a. M.: Fischer.

Dornes, M. (2000). Affektspiegelung – zur symbol- und identitätsbildenden Funktion früher Interaktion. In U. Streeck (Hrsg.), Erinnern, Agieren und Inszenieren. Enactments und szenische Darstellungen im therapeutischen Prozeß. Göttingen: Vandenhoeck & Ruprecht.

Fonagy, P. (2003). Bindungstheorie und Psychoanalyse. Stuttgart: Klett-Cotta.

Hüther, G. (2000). Die neurobiologische Verankerung von Erfahrungen und ihre Auswirkung auf das spätere Verhalten. In U. Streeck (Hrsg.), Erinnern, Agieren und Inszenieren. Enactments und szenische Darstellungen im therapeutischen Prozeß. Göttingen: Vandenhoeck & Ruprecht.

Lorenzer, A. (1970). Sprachzerstörung und Rekonstruktion. Vorarbeiten zu einer Metatheorie der Psychoanalyse. Frankfurt a. M.: Suhrkamp.

Mitchell, S. A. (2003). Bindung und Beziehung. Auf dem Weg zu einer relationalen Analyse. Gießen: Psychosozial.

Möller, C. (2006). Stationäre und ambulante Therapieangebote für drogenabhängige Jugendliche. In C. Möller, (Hrsg.), Drogenmissbrauch im Jugendalter, Ursachen und Auswirkungen (2. Aufl.). Göttingen: Vandenhoeck & Ruprecht.

Sachsse, U. (2002). Selbstverletzendes Verhalten. Psychodynamik – Psychotherapie: Das Trauma, die Dissoziation und ihre Behandlung. Göttingen: Vandenhoeck & Ruprecht.

Stern, D. N. (1992). Die Lebenserfahrung des Säuglings. Stuttgart: Klett-Cotta.

Streeck, U. (Hrsg.) (2000). Erinnern, Agieren und Inszenieren. Enactments und szenische Darstellungen im therapeutischen Prozeß. Göttingen: Vandenhoeck & Ruprecht.

Streeck-Fischer, A. (2006). Trauma und Entwicklung. Frühe Traumatisierung und ihre Folgen in der Adoleszenz. Stuttgart: Schattauer.

Wurmser, L. (1997). Die verborgene Dimension. Psychodynamik des Drogenzwangs. Göttingen: Vandenhoeck & Ruprecht.

Nossrat Peseschkian, Nawid Peseschkian,
Helmut Röthke und Arno Remmers

Der positive Umgang mit Sucht am Beispiel von Alkohol

»Es ist nicht schlimm, wenn man hinfällt, sondern wenn man liegen bleibt.«

Vorbemerkung

Überall, wo Menschen zusammentreffen und ein sinnvolles Leben führen wollen, entwickeln sich Missverständnisse, Schwierigkeiten, Auseinandersetzungen und Konflikte, die für den Einzelnen zu Stress führen können. Wir alle sind von solchen Problemen und Stressfaktoren im Verhältnis zu uns selbst, zu unserem Partner, unseren Mitmenschen und in unseren Lebenszielen betroffen. Daher besteht auch ein großes Bedürfnis nach neuen Wegen und Methoden der Psychotherapie und Selbsthilfe, die ökonomisch, wirksam und praxisnah sind. Gesund wollen wir im Folgenden nicht denjenigen nennen, der keine Probleme hat, sondern den, der in der Lage ist, mit ihnen positiv und angemessen umzugehen.

Weiteres Ziel ist es, ein Modell zu erarbeiten, das als orientierende und strukturierende Hilfe dabei dienen soll, eine Gesamtdiagnose für einen Patienten zu finden, das heißt eine Diagnose, die sowohl das Symptom und seine Ursachen erfasst als auch die mittelbaren Ursachen, die sich aus Lebenssituation, Umwelt, Familie, Subkultur und Kultur ergeben. Darüber hinaus muss dieses Modell die gesunden Anteile aufzeigen können, aus denen die Ressourcen für eine Heilung beziehungsweise die Fähigkeiten und Energien für das Umgehen mit der Krankheit und der veränderten Lebenssituation hervorgehen.

Ein weiteres Anliegen unserer Arbeit ist es, die Weisheiten und intuitiven Gedanken des Orients mit den neuen psychotherapeutischen Erkenntnissen des Okzidents zu vereinigen. Nicht nur die Grundsätze der großen Religionen, sondern auch die Weisheiten orientalischer und westlicher Philosophen und Wissenschafter werden im Licht der modernen Psychotherapie betrachtet: »Wenn der Arzt seinen Patienten gute Geschichten erzählt, dann braucht er halb so viel Narkosemittel« (Ferdinand Sauerbruch).

Psychotherapie statt Psychopathologie

Pathogenetische Fragen

Der Philosoph Lichtenberg formulierte: »Das Gefühl der Gesundheit erwirbt man erst durch Krankheit«; Freud: »Erst, wenn man das Krankhafte studiert, lernt man das Normale verstehen«.

Folge dieses Konzeptes ist, dass man sich zwar damit beschäftigt, was man gegen Krankheiten tun kann, weniger aber damit, was sich für die Gesundheit machen lässt.

Unsere zwischenmenschlichen Beziehungen, die Partnerschaft und die Erziehung gehorchen allem Anschein nach in weitem Maße diesem Konzept. Allein schon unsere Sprache, mit der wir uns unserem Partner verständlich machen wollen, geht von diesem »Nein-Prinzip« aus: »Tue das nicht, tue jenes nicht«, »Warum bist du wieder zu spät gekommen?«, »Eine solche Unordnung ist nicht zum Aushalten«, »Du hast schon wieder gelogen«, »Warum bist du untreu geworden?«, »Deine Faulheit stinkt zum Himmel«, »Mit einem solchen Halsabschneider möchte ich nichts zu tun haben«, »Er weiß nicht, wie man sich benimmt« und so weiter. Das medizinische Konzept ist auf Psychopathologie, der Krankheitslehre, aufgebaut.

Salutogenetische Fragen

Muss man aber erst geschieden sein, um zu wissen, wie gut eine Ehe ist? Muss man erst einen Herzinfarkt gehabt haben, um beurteilen zu können, wie wichtig die körperliche Gesundheit ist?

Muss man erst einen Suizidversuch begangen haben, um sich über die Bedeutung der seelischen Gesundheit klar zu werden? Muss man erst im Gefängnis gesessen haben, um zu wissen, wie gut die Freiheit ist? Muss man erst seinen Wagen zu Schrott gefahren haben, um zu wissen, dass zu dichtes Auffahren im Straßenverkehr ein erhöhtes Unfallrisiko in sich birgt?

>»Wenn du eine hilfreiche Hand suchst, so findest du sie am Ende deines eigenen Armes« (Positive Psychotherapie).

Das Prinzip Hoffnung oder das Ratten-Experiment

Das Verhältnis zu Verlust und Konfliktverarbeitung ist nicht nur durch die maßstabgebenden Erfahrungen der individuellen und kollektiven Vergangenheit sowie die augenblicklichen Erlebnisse bestimmt; sie werden vielmehr durch die Einstellung und Erwartungen gegenüber der Zukunft wesentlich mitgeprägt. Bilz (1967) berichtet von einem Versuch, den ein amerikanischer Physiologe durchgeführt hatte. Dieser warf wilde Ratten in einen mit Wasser gefüllten Glaszylinder, aus dem es kein Entrinnen gab. Die Tiere schwammen in großer Erregung etliche Minuten; dann sanken sie ab und ertranken. Dass sie in der kurzen Zeit bereits so erschöpft waren, dass ihnen die Kräfte versagten, war nicht anzunehmen. Bei einer anderen Gruppe wilder Ratten legte der Wissenschaftler einen Stock in den Zylinder, über den sich die Tiere retten konnten. Wenn ein Tier, das diese Erfahrung gewonnen hatte, erneut in die Situation der Ausweglosigkeit zurückversetzt wurde, schwamm es bis zu 80 Stunden lang, bis zur Erschöpfung. Die Ratten der zweiten Gruppe hatten lediglich die Erfahrung gemacht, dass es einen Ausweg geben kann. Diese »Hoffnung« ermöglichte es ihnen, bis zur vollkommenen Erschöpfung zu schwimmen, während die »hoffnungslosen« Ratten nach großer innerer Erregung und Angst bald starben.

Obwohl dieser Versuch nicht lückenlos auf den Menschen zu übertragen ist, stellt er doch die Bedeutung der Zukunftsperspektive heraus. Von der Chirurgie her wissen wir, wie wichtig der seelische Zustand, die Einstellung zur Operation und die Einstellung zum Leben für den Operationserfolg sind. Die Art einer Krankheitsverarbeitung wird ebenso von dem Verhältnis zur eigenen Zukunft mitbestimmt. Wenn das Leben für einen keinen Sinn mehr hat, wenn »kein Stock in den Glaszylinder« des Erlebens eines Kranken hineingereicht wird, über den er entkommen kann, können selbst harmlose Erkrankungen größten Leidensdruck erhalten. Über den Leidensdruck, die innere Erregung oder Apathie können erneut Krisen im Krankheitsverlauf entstehen.

Was für die Ratte der Glaszylinder war, ist für manche Patienten die Diagnose eines Arztes. Sie gibt Zuversicht oder nimmt ihnen jede Hoffnung und lässt sie resignieren. Es versteht sich für den Arzt von selbst, dass er mit derartigen Diagnosen sehr vorsichtig umgeht.

Wie entstehen Probleme?

Konflikte und Störungen entstehen, wenigstens in der Regel, nicht in der psychotherapeutischen Praxis, sondern im Alltagsleben. Eheprobleme beispielsweise entstehen zunächst in der partnerschaftlichen Beziehung und dort im Verhältnis zu sich selbst und den übrigen sozialen Kontakten. Wenn der Ehepartner oder Freund fremdgegangen ist, kann man nicht nur mit dem Schrotgewehr oder Schnappmesser »Gerechtigkeit« und »Ehre« wiederherstellen, sondern man kann auch auf andere Weise reagieren. Man kann Alkohol trinken und so den Kummer ersäufen; man kann Drogen nehmen und mit ihrer Hilfe eine bessere Welt suchen; man kann Rache üben und selbst fremdgehen. Doch man kann auch die Chance nutzen und aktiv in das Problem eingreifen. Alles dies ist Selbsthilfe. Nur haben einige dieser Selbsthilfemaßnahmen den Nachteil, noch mehr Ärger und Schwierigkeiten hervorzurufen. Es kommt daher darauf an, solche Maßnahmen der Selbsthilfe zu finden, die für beide Partner annehmbar und durchführbar sind. Auf solche Methoden weist dieser Artikel hin. Ziel ist es daher, ein Modell vorzustellen, das man im Rahmen einer ärztlichen, psychotherapeutischen oder psychagogischen Beratung den Patienten oder Klienten in die Hand geben kann.

Da die Psychotherapie sich nicht nur im Feld der Fachleute abspielt, sondern eine Brücke zu den Nicht-Fachleuten, den Patienten, darstellt, besteht für sie in besonderem Maße das Gebot, verständlich zu sein. Eine Verständnishilfe ist das Beispiel der mythologischen Geschichte, das sprachliche Bild. Es beinhaltet in irgendeiner Form innerseelische, zwischenmenschliche und gesellschaftliche Konflikte und gibt Lösungsmöglichkeiten vor.

Transkultureller Ansatz der Positiven Psychotherapie

»Wenn man etwas haben will, das man noch nie gehabt hat, muss man etwas tun, was man noch nie getan hat«, ist die Philosophie der Positiven Psychotherapie. Diese zählt wissenschaftlich zu den tiefenpsychologisch fundierten Therapieverfahren und wird in der staatlich anerkannten Ausbildung von Ärzten, Psychologen und Pädagogen gelehrt.

Die Positive Psychotherapie versteht sich nicht nur als eine neue Methode, sondern vor allem als eine Grundlage, auf der andere Methoden und Techniken je nach Bedarf des Klienten angewandt werden können. Sie basiert auf folgenden drei Säulen:

- Der positive Ansatz: Jeder Mensch besitzt positive Grundfähigkeiten (Prinzip der Hoffnung)
- Der transkulturelle, inhaltliche Ansatz: Lebensqualität durch das Balance-Modell (vier Qualitäten des Lebens)
- Der fünfstufige methodische Ansatz: Der Weg vom Symptom zur Konfliktlösung (fünf Stufen der Konfliktbewältigung)

Die Positive Psychotherapie ist einem positiven Menschenbild verpflichtet

Der Mensch ist seinem Wesen nach gut und hat eine Fülle von Fähigkeiten und Potenzialen inne. Positiv meint entsprechend seiner ursprünglichen lateinischen Wurzel »positum« das Tatsächliche und Vorgegebene. Tatsächlich und vorgegeben sind nicht nur die Störungen und Konflikte, die eine Person mit sich herumträgt, sondern auch die Fähigkeiten und Selbsthilfeanteile, mit diesen Konflikten umzugehen. Sind diese Fähigkeiten einseitig ausgeprägt oder gänzlich unterdrückt worden, stellen sie eine mögliche Quelle für Störungen im innerseelischen und zwischenmenschlichen Bereich dar. Sie können sich in Stress, Depressionen, Ängsten, Suchtproblemen, Aggressionen und psychosomatischen Störungen äußern. Nach dem positiven Ansatz weist somit jedes Leiden und jedes vermeintliche Fehlverhalten auf einen positiven Wesenszug hin, den es dem Klienten deutlich zu machen gilt. Angst vor Enttäuschungen lässt sich beispielsweise positiv deuten als gewissenhaftes Abwägen der Konsequenzen des eigenen Handelns. Aggression wird als Energieaufwand ohne Zielsetzung interpretiert, Schlafstörungen als die Fähigkeit, wachsam zu sein, gedeutet. Suchtkrankheiten wie Alkoholismus und Nikotinmissbrauch gelten als die Fähigkeit, mit Hilfe des Alkohols Konflikte vorübergehend erträglich zu machen, über das Gefühl innerer Wärme die Illusion der Geborgenheit zu erzeugen und durch die Lockerung von Hemmungen und Ängsten das Akzeptieren der eigenen Persönlichkeit zu erleichtern. Ziel ist es, dass der Klient auf diese Weise eine andere Einstellung zu seinem Problem und Vertrauen in seine Selbsthilfefähigkeiten (wieder-)gewinnt, getreu dem Spruch: »Den Wert von Menschen und Diamanten kann man erst dann erkennen, wenn man sie aus der Fassung bringt.«

Herzstück der Positiven Psychotherapie ist das Balance- Modell

Demnach ist geistige und körperliche Gesundheit nur durch ein Gleichgewicht in den vier Lebensbereichen Körper – Sinne, Leistung – Beruf, Kontakt – Partnerschaft und Sinn – Zukunft zu erreichen (s. Abb. 1).

Vier Qualitäten des Lebens und vier Formen der Konfliktverarbeitung
Trotz aller kulturellen, sozialen Unterschiede und der Einzigartigkeit jedes Menschen können wir beobachten, dass alle Menschen bei der Bewältigung ihrer Probleme auf typische Formen der Konfliktverarbeitung zurückgreifen. Wenn wir ein Problem haben, uns ärgern, uns belasten und unverstanden fühlen, in ständiger Anspannung leben oder in unserem Leben keinen Sinn sehen, können wir diese Schwierigkeiten in den folgenden vier Formen der Konfliktverarbeitung zum Ausdruck bringen, denen analog vier Medien der Erkenntnisfähigkeit zugeordnet werden. Sie lassen erkennen, wie man sich und seine Umwelt wahrnimmt und auf welchem Weg der Erkenntnis die Realitätsprüfung erfolgt.

- Körper (Mittel der Sinne)
- Leistung (Mittel des Verstandes)
- Kontakt (Mittel der Tradition)
- Fantasie (Mittel der Intuition)

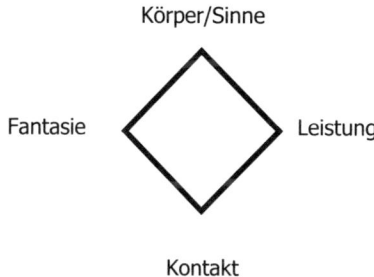

Abbildung 1: Vier Qualitäten des Lebens

Psychosomatische Störungen haben ihre Ursache in der Unausgewogenheit in mindestens einem der vier Bereiche: Exzessive Gesundheitspflege versus bewusster Raubbau an der eigenen Physis, Arbeitssucht versus Flucht vor Leistungsanforderungen, Rückzug in die Isolation versus Flucht in die Geselligkeit sowie Flucht in Utopien versus Fantasielosigkeit sind ebenso typische wie extreme Reaktionen, die auf unbewältigte Problemsituationen des Klienten hinweisen (s. Abb. 2).

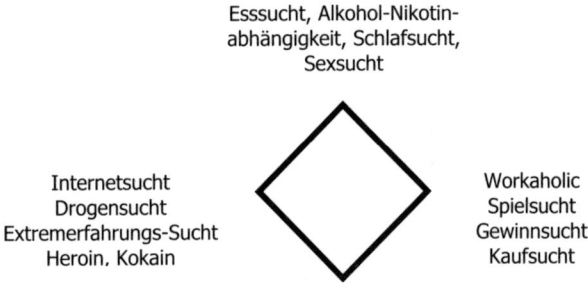

Abbildung 2: Vier Bereiche von Suchtproblemen (pathogenetisches Modell)

Die Lösung des Konfliktes erfolgt in einem fünfstufigen Prozess

1. Beobachtung/Distanzierung: Welche Symptome und Beschwerden liegen bei Ihnen in den letzten fünf Jahren vor? Welche Erklärungen hat man Ihnen gegeben? Was wurde bisher getan?
2. Inventarisierung: Was ist in den letzten fünf Jahren auf Sie und Ihre Familie zugekommen (gesundheitlich, beruflich, familiär, partnerschaftlich und Verluste)? Welche kritischen Lebensereignisse gibt es? Welchen Einfluss haben die Beschwerde auf Ihr Balance-Modell gehabt? Wie sind Sie damit umgegangen?

3. Situative Ermutigung: Welche dieser Ereignisse wurden bisher bearbeitet? Welche Strategien versprechen Erfolg?
4. Verbalisierung: Welche Probleme sind noch zu bearbeiten (bitte nennen Sie vier Punkte)? Welche neuen Strategien/Verhaltensweisen sollen erlernt werden?
5. Zielerweiterung: Welche Ziele haben Sie in den nächsten drei bis fünf Jahren bezogen auf Gesundheit, Familie, Beruf, Gesellschaft? Ziel: Erweiterung des Repertoires an Konfliktverarbeitungsmöglichkeiten.

Zentrales Anliegen dieses Ansatzes ist es, Widerstände des Klienten nicht direkt anzurühren. Geschichten, orientalische Mythen, Lebensweisheiten aus verschiedenen Kulturen und Humor dienen als Spiegel, die es dem Klienten leichter machen sollen, seine eigene Situation zu reflektieren. Dieses Modell bietet ein verständliches Theoriemodell und leicht anwendbare innovative Interventionsmöglichkeiten. Einsatzfelder sind beispielsweise die medizinische und psychologische Therapie und Selbsthilfe, Persönlichkeitsentwicklung, Selbst- und Konfliktmanagement, Führungstraining und Teamtraining. Da der Methode transkulturelle Untersuchungen in 35 Kulturen zugrunde liegen, die aufzeigen, wie unterschiedlich Verhaltensweisen, Gewohnheiten und Einstellungen abhängig vom Kulturkreis bewertet werden, eignet sie sich insbesondere auch bei interkulturellen Fragestellungen.

Suchtkrankheiten am Beispiel von Alkoholismus

Pathogenetische Definition

Ein Alkoholiker ist ein Mensch, der ständig oder sporadisch exzessiv trinken muss, da er von der Droge Alkohol psychisch und physisch abhängig ist und nach Trinkbeginn die Kontrolle über die Trinkmenge verliert.

Salutogenetische Definition

Für den Bereich des körperlichen und sinnlichen Erlebens steht das durch Alkohol erzeugte Empfinden von Wärme und Entspannung, für den beruflichen Bereich das durch Alkohol aufrechterhaltene Gefühl von Leistungsfähigkeit im Vordergrund. Alkohol vermittelt im Kontakt den Eindruck der Verbundenheit und Akzeptanz. Schließlich spielt für den Bereich von Weltanschauung und Werten (Zukunft und Sinn) die durch den Alkohol vermittelte Illusion von Sinn und Einheit eine große Rolle (s. Abb. 3a und 3b).

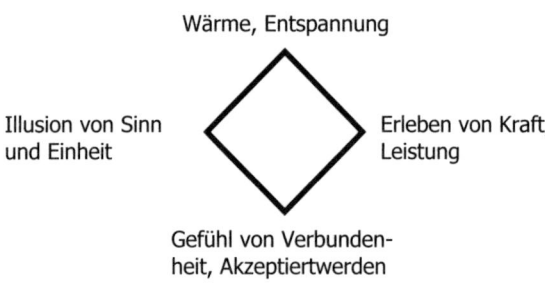

Abbildung 3a: Alkoholwirkungen (salutogenetisches Modell)

Abbildung 3b: Alkoholfolgen (Konflikt-Modell)

Symptomatik

Bei Alkoholkranken unterscheidet man nach Jellinek (1960):

- den Problem- oder Konflikttrinker: Alkoholische Getränke haben bei ihm die Funktion von Psychopharmaka. Er ist nur psychisch, nicht physisch vom Alkohol abhängig;
- den Gesellschaftstrinker und den berufsbedingten Trinker: Hier entsteht zwar keine Abhängigkeit, somatische Schädigungen durch den ständigen Alkoholkonsum sind jedoch häufig;
- den rauscharmen Gewohnheitstrinker: mit psychophysischem Abhängigkeitssyndrom und Vergiftungsschäden;
- den psychiatrischen Trinksuchtalkoholismus: Dieser ist psychopathologisch bedingt und beinhaltet absolute Abhängigkeit und Kontrollverlust.

Die körperliche Abhängigkeit zeigt sich bei kurzfristiger Abstinenz: Es kommt zu Schweißausbrüchen, Händezittern, depressiven Verstimmungen. Trinkt der Betroffene wieder, verschwinden diese Entzugssymptome. Die Folge: Er sorgt dafür, dass immer Alkohol griffbereit ist. Mit der Zeit sind immer höhere Dosen nötig, um die gleiche Wirkung zu erzielen.

Unmittelbar wirkt der Alkohol zunächst nur auf das Gehirn ein und dort auf die Formatio reticularis, die die motorischen Teilfunktionen koordiniert und die Großhirnrinde alarmiert, durch die der Grad der Bewusstseinshelligkeit bestimmt wird. Ferner wirkt der Alkohol auf die Blutgefäße und Nerven ein. Bei Zufuhr von Alkohol erweitern sich die Blutkapillaren. Nach zahlreichen Untersuchungen wird ein erbgenetischer Faktor beim Alkoholismus nur als mitdeterminierend angesehen, als einer unter zahlreichen anderen Faktoren, der auch nur im Zusammenspiel mit Umwelteinflüssen seine Wirkung ausüben kann. Im körperlichen Bereich erfährt der Alkoholkranke einerseits ein Nachlassen der allgemeinen Vitalität und körperliche Beschwerden, andererseits erlebt er das wachsende Verlangen des Körpers nach Alkohol. Bei Verstand und Leistung kommt es zu Einbußen. Schwierigkeiten im Beruf ergeben sich zwangsläufig. Zu seinen Mitmenschen geht er aus Angst und Minderwertigkeitsgefühlen auf Abstand. Was er gelernt hat, ist die Flucht in die Fantasie. Alkohol ist eine Droge, die das Gefühl von Wärme, Geborgenheit und Sicherheit vermittelt und damit Funktionen übernimmt, die der intakten Familie zukommen. Das Hauptgewicht liegt offensichtlich auf den Lernerfahrungen, die der Patient in seiner Kindheit und Jugend machte und die seine Einstellung zum Leben, seine Art, wie er mit Problemen umgeht, und sein Trinkverhalten formten.

Untersuchungen weisen auf schwere soziale Störungen in der frühen Kindheit der späteren Alkoholkranken hin. Das Trinken bekam die Bedeutung einer Existenzbewältigungsstrategie.

Transkultureller Ansatz und Epidemiologie

Deutschland gehört zu den Nationen mit dem höchsten Alkoholkonsum pro Kopf. Etwa eineinhalb bis zwei Millionen Deutsche sind alkoholkrank, darunter 20–30 Prozent Frauen (im Steigen begriffen) und etwa zehn Prozent Jugendliche (ebenfalls steigend). Der Altersschwerpunkt liegt zwischen 31 und 50 Jahren. Das Einstiegsalter sinkt ständig. Die Region oder das Land ist für die Höhe des Alkoholkonsums und für die Art des Trinkverhaltens von Bedeutung. In Ländern mit hoher Alkoholverbrauchsquote gibt es eher den rauscharmen Gewohnheitsalkoholismus mit seinen vorwiegend somatischen Krankheitserscheinungen. Der Gebrauch von Alkohol ist auch von der Religionszugehörigkeit abhängig. Wer in unserer Gesellschaft das Trinken von Alkohol ablehnt, riskiert es, als »Spielverderber«, als »Sonderling«, als »Gesundheitsapostel« oder gar als krank betrachtet zu werden. Wer dagegen Alkohol trinkt, gilt als erwachsen und stark; wer besonders viel verträgt, genießt hohes Ansehen.

Literaturvergleich

Nach psychoanalytischer Neurosenlehre ist die Alkoholsucht als eine Regression auf die orale Entwicklungsstufe aufzufassen. Battegay sieht die Ursache der Alkoholabhängigkeit in einer Störung des Selbstwerterlebens. Der Alkoholkranke versucht, sein »narzisstisches Loch«, entstanden durch die Erfahrung einer sich entziehenden Welt, aufzufüllen, indem er sich Objekte (Alkohol) im Übermaß einverleibt und sich damit ihrer total zu bemächtigen glaubt. Subjektive Nutzen- und Schadenmotive des Rauchens beschreibt Troschke (1989).

Sprachbilder und Volksweisheiten

- Schütt' die Sorgen in ein Gläschen Wein.
- Der schönste Platz ist immer an der Theke.
- Bist du krank, dass du nichts trinkst?
- Im Wein ist die Wahrheit.
- »Sagen Sie mal, die ganze Woche sitzen Sie in der Kneipe, warum eigentlich nicht auch am Sonntag?« – »Der Sonntag gehört meiner Familie, da sitze ich vor dem Fernseher.«
- Ein Mann sitzt an der Theke einer Bar und trinkt einen Whisky nach dem anderen. Er spricht zu sich: »Man lebt in einer komischen Welt. Man sitzt hier und trinkt, um die Sorgen mit seiner Frau zu vergessen. Kommt man nach Hause, sieht man sie sogar doppelt.«

Das fünfstufige Vorgehen der Positiven Psychotherapie bei Suchtkrankheiten

Fallbeispiel: »Das Leben erschien von Tag zu Tag sinnloser«

Eine 31-jährige Frau, die eine Kur hinter sich hatte, äußerte, zu einer Psychotherapie entschlossen zu sein, obwohl sie bezweifelte, dass für sie die Möglichkeit einer Veränderung bestehe. Im Erstinterview sagte sie unter anderem:

»Nachdem ich vor circa einem Jahr herausbekommen habe, dass mich mein Mann betrogen hat, habe ich zur Flasche gegriffen. Ich bin Alkoholikerin. Obwohl ich in den nächsten Wochen verzweifelt versucht habe, mit dem Trinken aufzuhören, gelang es mir nicht. Meine Depressionen wurden schlimmer, meine Minderwertigkeitsgefühle wuchsen, und das Leben erschien mir von Tag zu Tag sinnloser. Ich habe mich in klaren Momenten immer häufiger mit dem Gedanken getragen, Selbstmord zu begehen. Mein Mann versuchte dann, mich in das psychiatrische Krankenhaus einzuliefern, aber ohne Erfolg. In derselben Nacht habe ich dann versucht, mich mit Hilfe von Schlaftabletten umzubringen.«

Durch die positive Deutung (»Sie versuchen, mit Hilfe des Alkohols viele Konflikte vorübergehend erträglicher zu machen«) kam das Erstgespräch sehr rasch vom Symptom zum Konflikt. Die Geschichte »Ich bin genauso kräftig wie vor 40 Jahren« stand symbolisch für die Neigung der Alkoholpatientin, an ihrer Wirklichkeit vorbeizuleben und unrealistische Bestätigungen heranzuziehen. Die Patientin konnte sich mit dem Helden der Geschichte spontan identifizieren. Dessen Art erinnerte sie sehr an ihr eigenes Verhalten. Es war plötzlich möglich, zu der bisher abweisenden Patientin einen günstigen Zugang zu finden. Ein scheinbar nebensächlicher, doch sehr symptomatischer Effekt ergab sich: Die Patientin benutzte nicht mehr das stereotype »Mir geht es unverändert«, sondern versuchte, differenziert ihr tatsächliches Befinden zu beschreiben. Die aktuelle Konfliktsituation der Patientin war einerseits durch eine Berufsproblematik, andererseits durch einen Ehekonflikt und Probleme mit der Tochter gekennzeichnet. Die Mutter der Patientin war die bestimmende Instanz in der Familienbeziehung. Die drei Interaktionsstadien »Verbundenheit – Unterscheidung – Ablösung« wurden in der Beziehung zur Mutter thematisiert. Die Patientin lernte beispielsweise, das Verhalten ihrer Mutter positiv zu deuten, zu ermutigen und so zu modifizieren. Die regressiven Tendenzen bezogen sich inhaltlich auf die Konfliktbereiche Fleiß/Leistung, Ordnung, Vertrauen und vor allem Treue, die in der Stufe 4 im Rahmen einer Familien- und Partnertherapie durch- und aufgearbeitet wurden. Durch die Stabilisierung der Beziehungen wurde einerseits der Leidensdruck, der zum Suchtverhalten geführt hatte, geringer, andererseits stellte sich die Eheproblematik als eine Chance heraus, neue Beziehungen zu verschiedenen Lebensbereichen zu entwickeln. Die Patientin lernte, die Beziehung zwischen »innerer Kontrollinstanz« und

Der positive Umgang mit Sucht am Beispiel von Alkohol

der Frage nach dem »Sinn« zu sehen, der sich für sie auf das »Treueverhalten« ihres Ehemannes reduziert hatte.

»Ich bin genauso kräftig wie vor 40 Jahren.«
Drei befreundete alte Männer saßen zusammen und sprachen von den Freuden der Jugend und der Last des Alters. »Ach«, stöhnte der eine, »meine Glieder wollen nicht mehr, wie ich will. Was bin ich doch früher gelaufen wie ein Windhund, und jetzt lassen mich meine Beine so im Stich, dass ich kaum mehr einen Fuß vor den anderen setzen kann.« – »Du hast recht«, pflichtete ihm der Zweite bei. »Ich habe das Gefühl, meine jugendlichen Kräfte sind versickert wie das Wasser in der Wüste. Die Zeiten haben sich geändert, und zwischen den Mühlsteinen der Zeit haben wir uns geändert.« Der Dritte, ein Mullah, ein Laienprediger, kaum weniger klapprig als seine Gefährten, schüttelte den Kopf: »Ich verstehe euch nicht, liebe Freunde. Ich kenne das alles von mir nicht, worüber ihr klagt. Ich bin genauso kräftig wie vor 40 Jahren.« Das wollten ihm die anderen nicht glauben. »Doch, doch«, eiferte sich der Mullah, »den Beweis dafür habe ich erst gestern erbracht. Bei mir im Schlafgemach steht schon seit Menschengedenken ein schwerer eichener Schrank. Vor 40 Jahren hatte ich versucht, diesen Schrank zu heben, aber was glaubt ihr, Freunde, was geschah? Ich konnte den Schrank nicht heben. Gestern kam mir die Idee, ich sollte einmal den Schrank anheben. Ich versuchte es mit allen Kräften, aber wieder schaffte ich es nicht. Damit ist doch eines klar bewiesen: Ich bin genauso kräftig wie vor 40 Jahren« (Peseschkian, 2003a, S. 120).

Selbsthilfe: Wenn man etwas haben will, was man noch nie gehabt hat, so muss man etwas tun, was man noch nie getan hat

Praktische Konsequenzen aus diesem Selbsthilfeanteil finden sich im folgenden Fragebogen zu Suchtkrankheiten, der die Bereiche Körper/Sinne – Beruf/Leistung – Kontakt – Fantasie/Zukunft umfasst:

- Fürchten Sie, als »Spielverderber« oder »Sonderling« angesehen zu werden, wenn Sie nicht trinken oder rauchen? Fallen Ihnen noch andere Sprichwörter zu Alkohol- oder Nikotingebrauch ein? Was sagen Ihnen diese Volksweisheiten?
- Kennen Sie das Programm der Bundeszentrale für gesundheitliche Aufklärung, mit dem Sie schrittweise das Nichtrauchen lernen können?

- Wie stehen Sie dazu, dass durch die Werbung Wünsche geweckt werden, die angeblich durch Alkohol oder Nikotin befriedigt werden sollen (Freundschaft, Muntermacher, Zeichen für gehobenen Lebensstandard, Befreiung von Alltagssorgen, In-Sein, Abbau von Hemmungen, Gleichstellung mit Erwachsenen), wobei aber negative Nebenwirkungen wie körperliches Unwohlsein verschwiegen werden?
- Nehmen Sie regelmäßig die verordneten Medikamente? Wissen Sie, wie die Medikamente wirken, was Sie von ihnen erwarten können und welche Nebenwirkungen möglich sind?
- Trinken oder rauchen Sie aus berufsbedingten Gründen?
- Befürchten Sie, Ihren Arbeitsplatz zu verlieren und sozial abzusteigen?
- Fliehen Sie vor beruflichen Problemen in den »blauen Dunst« oder in den Alkohol? Um welche mikrotraumatisch besetzten Aktualfähigkeiten wie Ordnung/Unordnung, Pünktlichkeit/Unpünktlichkeit, Gerechtigkeit/Ungerechtigkeit handelt es sich?
- Trinken Sie, um Sorgen, Angst oder Hemmungen zu vermindern, um sich in eine bessere Stimmung zu versetzen? Was ist der Grund für Ihre Verstimmung? Trinken Sie aus gesellschaftlichen Gründen? Meinen Sie, mehr Ansehen zu genießen, wenn Sie viel trinken? Trinken Sie, um für Stimmung zu sorgen oder Langeweile zu beheben?
- Kommen Sie sich als »erwachsen« oder »stark« vor, wenn Sie viel trinken? Stärkt das Ihr Selbstbewusstsein?
- Sehen Sie Ihr Leben als sinnvoll an? In welchen Bereichen? Verspricht Ihnen der Alkohol ein Eintauchen in eine glücklichere Welt, in Wärme, Geborgenheit und Sicherheit?
- Was ist für Sie der Sinn des Lebens (Antrieb, Ziele, Motivation, Lebensplan, Sinn von Krankheit und Tod, Leben nach dem Tod)?
- Akzeptieren Sie Ihre Erkrankung auch als Chance, bisher nicht erlebte Bereiche (Körper/Sinne, Beruf/Leistung, Kontakt, Fantasie/Zukunft) zu entwickeln?

Literatur

Battegay, R. (1992). Süchtigkeit, Sucht und Sehnsucht. Zeitschrift für Positive Psychotherapie, 13 (14), 6–37.

Bilz, R. (1967). Die unbewältigte Vergangenheit des Menschengeschlechts. Frankfurt a. M.: Suhrkamp.

Jellinek, E. M. (1960). The desease concept of alcoholism. Hillhouse, N. Y.

Peseschkian, N. (2003a). Der Kaufmann und der Papagei (27. Aufl.). Frankfurt a. M.: Fischer.

Peseschkian, N. (2003b). Psychosomatik und Positive Psychotherapie (8. Aufl.). Frankfurt a. M.: Fischer.

Peseschkian, N. (2004). Wenn du willst, was du noch nie gehabt hast, dann tu, was du noch nie getan hast (7. Aufl.). Freiburg: Herder.

Troschke, J. v. (1989). Motivierung im Gespräch. In: Bundesvereinigung für Gesundheitserziehung (Hrsg.): Gesundheit im Gespräch (S. 119–124). Zum Weltgesundheitsthema 1989. Gesund leben – und darüber reden. Bonn.

Christoph Möller

Gruppentherapie im Jugendalter

Vorbemerkung

Die Problematik jugendlicher Patienten, die im stationären oder ambulanten Rahmen Hilfe suchen, äußert sich häufig primär im zwischenmenschlichen, interaktionellen Bereich. Die interpersonelle Theorie besagt, dass die Persönlichkeit eines Menschen von den zwischenmenschlichen Beziehungen geprägt wird und dass die aktuellen Symptome Ausdruck gestörter Beziehungserfahrungen sind. Die Schwierigkeiten im interpersonellen Verhalten, die der Jugendliche im Alltag bereits vor Aufnahme einer Therapie hatte, sei es mit Freunden, keinen Zugang zur gleichaltrigen Gruppe zu bekommen, in der Familie, in der Schule oder mit Autoritätspersonen und anderen, werden im Rahmen eines stationären Settings oder einer ambulanten Gruppe relativ schnell deutlich und äußern sich in ähnlicher Form in den aktuellen Beziehungen. Damit ist das problematische Verhalten nicht mehr nur erzählte Lebensgeschichte, sondern in der aktuellen Beziehung erlebbar und damit veränderbar. Die sozialen Erfahrungen in der Gruppe sind vielseitig und entsprechen eher der sozialen Realität unseres Lebens als die duale Situation der Einzeltherapie. Oft stellt die Gruppe für Menschen, denen intime Beziehungen fehlen, die erste Möglichkeit dar, ihr interpersonelles Verhalten zu korrigieren und neue Verhaltensmuster zu erlernen. Die Gruppe entspricht einem sozialen Mikrokosmos. Ein Teil, die Gruppe, steht für das Ganze, die bisherige soziale Lebenserfahrung des Patienten. Im Hier und Jetzt der Gruppe kann Verhalten erlebt, verstanden und verändert werden. Die Conditio sine qua non für eine erfolgreiche Therapie in der Gruppe ist, wie auch in der Einzeltherapie, eine stabile, tragfähige therapeutische Beziehung. Die Qualität der Beziehung entwickelt sich unabhängig von der therapeutischen Richtung und abhängig von der Haltung und Einstellung des Therapeuten. Keine technische Überlegung ist wichtiger als die Einstellung, Haltung und die Art und Weise der Beziehungsgestaltung (Yalom, 2005a). »An der Universität Stanford wurde untersucht, welche Art von Gruppentherapie besser wirkt. Dabei wurden eine ganze Reihe verschiedener Therapieschulen getestet, und am Ende kam heraus: Die Therapierichtung war völlig bedeutungslos, entscheidend war der Therapeut. Die Guten hatten mit jeder Methode Erfolg, die Schlechten mit keiner. Das zeigt, wie wichtig die Beziehung ist« (Henne, 2006). Entscheidend ist weiter, ob sich der Patient durch den Therapeuten ausreichend geschützt und gesehen erlebt. Auch für symptomorientierte und verhaltenstherapeutische Ansätze ist die Fokussierung auf interpersonelle Prozesse und Veränderung notwendig. (Für eine ausführliche Einführung in die Gruppentherapie siehe auch Tschuschke, 2001; Yalom, 2005a.)

Das therapeutische Arbeiten im Hier und Jetzt

Patienten neigen dazu, über Ereignisse aus der Vergangenheit zu berichten. Vor allem initial kann es bedeutsam und ermutigend sein, schmerzliche Erlebnisse (mit-) zu teilen, zu erleben, dass auch andere Ängste und Befürchtungen haben, oder die Erfahrung zu machen, für Andere wichtig zu sein. Die Arbeit im Hier und Jetzt ist primär ahistorisch und konzentriert sich auf die Interaktion und das soziale Miteinander in der Gruppe. Es liegt die Annahme zugrunde, dass sich die Problematik, aufgrund derer der Patient Hilfe sucht, in der Gruppe darstellt, sich die Krankheit gleichsam im sozialen Miteinander der Gruppenmitglieder offenbart.

Ein Beispiel: Ein 16-jähriger Patient berichtet, dass sein Vater immer wieder auf ihn einrede, ihm sage, was er zu machen habe, er sich nicht ernst genommen fühle und ihn dies sehr wütend mache. Er berichtet dies in der Haltung und mit der Stimme eines trotzigen Kindes und verfängt sich in Argumenten, die wenig Eigenständigkeit und Verantwortungsübernahme erkennen lassen. Nach kurzer Zeit beginnen die Gruppenmitglieder, auf den Patienten einzureden und Verhaltensvorschläge zu machen. Dies verstärkt das trotzige Verhalten des Patienten, er wird wütend und fühlt sich von der Gruppe nicht ernst genommen. Innerhalb kürzester Zeit hat der Patient die von ihm selbst beklagte Situation in der Gruppe hergestellt und damit in der aktuellen Beziehung erlebbar gemacht. Als dies dem Patienten bewusst wird, und er erkennt, welchen Anteil sein Verhalten an der konflikthaften Situation hat, kann er sein trotziges Verhalten aufgeben und auch dem Vater anders begegnen.

Zweierlei wird hier deutlich: Die Gruppenmitglieder beschäftigen sich nicht mit dem als dominant und bevormundend beschriebenen Vater, sondern mit dem in der Gruppe im Hier und Jetzt erlebbaren sozialen Miteinander. Hier wird die beschriebene Problematik reinszeniert und erlebbar. Die zweite Ebene ist die Klärung des Prozesses, die Kommunikation über das Erlebte, und das Bewusstmachen der eigenen Anteile an der sozialen Interaktion. Die Erlebnisebene und das Verstehen des Prozesses sind zwei sich im Therapieprozess befruchtende Ebenen, die »duale emotional-intellektuelle Komponente des psychotherapeutischen Prozesses« (Yalom, 2005a). Wenn der Patient erkennt, dass er selbst Schöpfer seiner sozialen Beziehungswelt ist, zum Beispiel durch Spiegelung und Konfrontation des eigenen Verhaltens, kann er seine Beziehungsgestaltung verändern. Um die Arbeit im Hier und Jetzt zu befruchten, ist eine möglichst spontane Interaktion und offene Rückmeldung zwischen den Teilnehmern wünschenswert. Im alltäglichen Leben gibt es praktisch keine Räume, in denen Rückmeldungen und Kommentare über das soziale Verhalten erlaubt und sogar erwünscht sind. Derartige Bemerkungen gelten unter Erwachsenen als unverschämt und beschämend. Somit ist die Therapiegruppe ein wichtiger Ort, sein eigenes Verhalten im Spiegel der Gruppe zu erleben und zu verstehen. Die Freiheit und Aufforderung, alles ohne den Filter der Alltagszensur mitzuteilen, sollte gepaart sein mit Verantwortung dem Du, dem Anderen gegenüber. Konflikte sind für Wachstum und Entwicklung unerlässlich. Nicht die totale Selbstoffenbarung, sondern Ver*antwort*ung sollte das oberste Prinzip sein. Hierauf hat der Gruppenleiter vor allem in der Anfangszeit sein Augenmerk zu richten. Der Leiter gleicht einer Hebamme, indem er einen Prozess in Gang setzt und darauf achteten muss, dass er nicht entgleist und zerstörerische Folgen hat. Hilfreich kann hierbei ein »Konfrontationsvertrag« sein, indem man sich als Leiter vor der Rückmeldung mit der Frage an sein Gegenüber wendet: Ich würde Ihnen gerne eine Rückmeldung geben, bin mir aber nicht sicher, ob Sie dies hören wollen oder wie Sie darauf reagieren werden.

Gruppenarbeit im stationären Alltag

Methoden der Gruppenarbeit haben sich in vielen stationären Settings als nützlich erwiesen. Im ambulanten wie im stationären Rahmen gibt es eine Vielzahl von Gruppenangeboten, von Selbsthilfegruppen, Elterngruppen, Gruppenangeboten für spezifische Krankheitsbilder (wie Essstörungen), offene und geschlossene Therapiegruppen, themenzentrierte Gruppen, Selbsterfahrungsgruppen bis zu Angeboten einzelner Therapieschulen, wie Verhaltenstherapie, Psychoanalyse oder Psychodrama. Gemeinsam ist allen das Bewusstwerden und Verändern interpersonellen Verhaltens und das Nutzen der Gruppe als Mikrokosmos, in dem sich die Problematik des Einzelnen zeigt. Die gruppentherapeutische Arbeit im stationären Alltag zu nutzen, ist sinnvoll und effektiv, denn stationäre Patienten leben mit jeder Minute in einem sozialen Kontext, der therapeutisch genutzt werden kann. Konflikte äußern sich häufig im interpersonellen Bereich und können für alle gewinnbringend in der Gruppe bearbeitet werden. Die Bearbeitung von interpersonellen Konflikten sollte nicht nur an den »Therapeuten« delegiert werden. Indem auch Pflegepersonal und andere Berufsfelder Gruppen anbieten, erfahren diese Berufsgruppen eine Aufwertung. Außerdem wird der in der Klinikstruktur verankerten antitherapeutischen Trennung zwischen Pflege- und Erziehungsdienst und Ärzte-/Therapeutenbereich entgegengewirkt. Wollen die Stationsmitarbeiter eine empathische therapeutische Beziehung zu den Patienten aufbauen, müssen sie auf die zwischenmenschlichen Probleme eingehen. Die Gruppe ist die Arena par excellence, um unangepasstes, interpersonelles Verhalten zu erkennen und zu verändern. Die Gruppe fördert die Fähigkeit der Patienten, miteinander in Beziehung zu treten. Auch in Zeiten personeller und wirtschaftlicher Knappheit ermöglicht Gruppenarbeit eine effektive und gute Patientenversorgung. Dies setzt allerdings voraus, dass der Wert der Gruppentherapie von allen Beteiligten, von der Leitung bis zur Basis, anerkannt wird und die Anwender von der Wirksamkeit überzeugt sind, da dies die Ergebnisse der Therapie entscheidend beeinflusst. Als Beispiel für Gruppenarbeit im stationären Alltag sollen einige Angebote der Therapiestation für drogenabhängige Kinder und Jugendliche Teen Spirit Island (TSI) am Kinderkrankenhaus auf der Bult in Hannover dargestellt werden (eine ausführliche Beschreibung des Konzeptes siehe Möller 2006 und 2007). Die Gruppenangebote sind Teil eines multimodalen Therapiekonzeptes, das neben Gruppen auch Einzel- und Familientherapie, medikamentöse Therapie und anderes beinhaltet.

Der *Tagesablauf* auf Teen Spirit Island ist klar strukturiert. Täglich wechselnd ist einer der Jugendlichen »Weckminister« und verantwortlich dafür, dass seine Mitpatienten aufstehen und das Frühstück vorbereitet wird. Zu erwartendem oppositionellem Verhalten gegenüber den Erwachsenen wird begegnet durch Übertragen von Verantwortung an die Patienten; eine Verbündung gegen den »Weckminister« ist sinnlos, da durch den täglichen Wechsel jeder das Amt ausübt. Auftretende Konflikte können in der anschließenden Morgenrunde geklärt werden, die von den Stationsmitarbeitern und Sozialarbeitern geleitet wird.

Das *Putzen* findet unter Anleitung einer Haushaltsfachkraft in der Gruppe statt. Gemeinsam Verantwortung für Sauberkeit und Ordnung zu übernehmen, gegenseitige Unterstützung und Rücksichtnahme, sind Inhalte dieser Gruppe.

In *themenzentrierten Gruppen nach Ruth Cohen* (2004) werden geschlechtsspezifisch und gemischtgeschlechtlich Themen wie Gewalt, Sexualität, psychische und physische Krankheiten behandelt, wobei ein vorgegebenes oder von den Teilnehmern gewünschtes Thema im Mittelpunkt steht.

Projekte am Vormittag und Nachmittag mit allen Patienten umfassen ein Spektrum von Gesellschaftsspielen, sportlichen Aktivitäten, wie Beachvolleyball oder Basketball, künstlerische Aktivitäten und Basteln bis hin zu Projektwochen, zum Beispiel Gartengestaltung oder Graffitiprojekte. Auch hier gilt es, soziale Regeln und Normen, interpersonelles Verhalten und Teamgeist zu erlernen, aber auch gemeinsam etwas Schönes zu erleben und sich in der Gruppe der Gleichaltrigen angenommen und akzeptiert zu wissen.

Freizeitpädagogische Gruppenangebote wie Hallen- und Felsenklettern: Das Klettern am Felsen erfordert gegenseitiges Vertrauen und Zusammenhalt in der Gruppe. Gemeinsame Erfolgserlebnisse und das abendliche Beisammensitzen am Lagerfeuer fördern die Gruppenkohäsion und das Vertrauen. Die Patientengruppe wächst bei derartigen Aktivitäten häufig über sich hinaus, Schwierigkeiten des stationären Alltags treten vorübergehend in den Hintergrund und die Gesamtgruppe kommt gestärkt wieder.

Jugendliche sind im sprachlichen Ausdruck noch ungeübt, viele traumatische Erlebnisse wurden auf einer präverbalen Ebene erfahren und sind der Sprache nicht zugänglich. Frühkindliche Beziehungserfahrungen und traumatisches Erleben werden auf der Bühne des stationären Beziehungsgefüges in Szene gesetzt, nicht verbalisierbare Inhalte in Handlung ausagiert (Streeck-Fischer, 2000). Die *Kunst- oder auch Musiktherapie* fördert nichtsprachliche Ausdruckformen, fördert die kreativen Potenziale der Gruppe und die Erfahrung, dass gemeinsames Gestalten eine Veränderung im sozialen Miteinander zur Folge haben kann. Übungen wie das Malen eines Bildes als Gruppe sprechen die Gruppeninteraktion unmittelbar an.

Zu Beginn der Behandlung nimmt jeder Patient dreimal wöchentlich für 45 Minuten, bei fortgeschrittener Therapie zweimal wöchentlich für 90 Minuten an einer tiefenpsychologisch interaktionellen *Gruppenpsychotherapie* teil. Schwerpunkt ist das interaktionelle Moment der im Hier und Jetzt erlebbaren Interaktionen der Gruppenteilnehmer. Das eigene soziale Handeln im Spiegel der Gruppe zu erleben, sich bewusst zu machen und erste Schritte in Richtung Veränderung in der Gruppe zu wagen, sind Ziele der Gruppentherapie.

Die Gruppe als heilendes Element

Patienten, die eine stationäre Therapie aufsuchen, haben in der Vorgeschichte oft erhebliche Verunsicherung erfahren und vieles in ihrem Leben als nicht verstehbar, handhabbar und sinnvoll erlebt. Wie wichtig die drei salutogenetischen Dimensionen des Kohärenzgefühls für die Genesung und Entwicklung eines selbstbestimmten Lebens sind, wird in dem Beitrag »Trotzdem Ja zum Leben sagen« dargestellt. Neben dem Erleben der Zugehörigkeit, des Akzeptiertwerdens und dem Erfahren der Universalität des Leidens, kann in der Gruppe das Erleben und Verstehen des eigenen Beteiligtseins am Zustandekommen sozialer Interaktionen bedeutsam sein. Auf dieser Grundlage kann die eigene Lebensgestaltung zukünftig als sinnvoller erlebt werden. Anteilnahme und Sinngebung korrelieren mit einem positiven Therapieergebnis, wobei der Prozess der Sinngebung und Erklärung entscheidend ist und nicht der ideologische Erklärungsansatz (Yalom, 2005a).

Häufig haben Patienten die Erfahrung gemacht, dass Wut und andere basale Gefühle vernichtend sind. Entsprechend groß ist die Angst, Derartiges in der Gruppe zu thematisieren. Zu sehen, dass die Mitteilung von Wut und Hass von der Gruppe ausgehalten wird, ich selbst nicht vernichtend wirke und selbst nicht zerstört werde, kann für alle Beteiligten wichtig sein.

Ein Beispiel: Ein 17-jähriger Patient fiel durch anhaltende Verschlossenheit und Misstrauen auf, alles wurde schlechtgeredet und er hat sich seine Mitmenschen sprichwörtlich vom Hals gehalten. Als er in der Gruppe ansprechen konnte, dass er in der Kindheit wiederholt missbraucht wurde, seine Hilferufe verhallten und ihm niemand glaubte, veränderte sich vieles. Der Patient erntete nicht Unglauben, sondern Mitgefühl. Die Mitpatienten entwickelten Verständnis für sein Verhalten, und er konnte Schritt für Schritt Beziehungen und Nähe zulassen und sein Misstrauen durch andersartige Erlebnisse reduzieren.

Wiederkehrende dysfunktionale Muster können zu einem früheren Zeitpunkt sinnvoll oder überlebensnotwendig gewesen sein. So kann das Mitteilen von Traurigkeit oder Weinen nicht akzeptiert gewesen sein und hat verletzlich und berührbar gemacht. Aggression hingegen hat Distanz und Schutz geschaffen. Im Prozess ist es für den Patienten wichtig zu erkennen, dass das, was damals seine Berechtigung hatte, heute eine adäquate Kontaktaufnahme verunmöglicht, das »Lebensskript« von damals sollte durch neue Erfahrungen ergänzt und erweitert werden (Ligabue u. Sambin, 2001).

Ziel und Lohn der Gruppenpsychotherapie, gerade bei schwer beeinträchtigten Patienten, kann nicht nur die »Heilung« sein, sondern Veränderung und Weiterentwicklung, mit dem Ziel, im sozialen Miteinander besser zurechtzukommen.

Jugendliche Patienten im Spannungsfeld von Autonomie und Abhängigkeit

Kinder und Jugendliche sind keine kleinen Erwachsenen. Vielmehr hat dieser Lebensabschnitt seine eigenen Aufgaben und Gesetzmäßigkeiten, deren Bewältigung für die weitere Lebensgestaltung entscheidend ist (Lehmkuhl, 2001; Herpertz-Dahlmann, Resch, Schulte-Markwort u. Warnke, 2003). Eine Aufgabe in der Jugend ist die Lösung von den Eltern und anderen erwachsenen Bezugspersonen und die Bewältigung eines damit verbundenen Autonomie- und Abhängigkeitskonflikts. Im stationären Alltag und gegenüber dem Gruppenleiter begibt sich der Jugendliche in erneute »Vormundschaft und Abhängigkeit«. Viele Jugendliche sind im sprachlichen Ausdruck und Umgang noch ungeübt, sodass es häufig zu szenischem Ausagieren kommt, manchmal mit destruktiven, Beziehung zerstörenden Zügen. Um dies aufzulösen, ist eine aktive Bearbeitung der Thematik notwendig.

Ein Beispiel: Ein 16-jähriger Patient erlebt einen Betreuer als nicht einfühlsam und ihm gegenüber als nicht zugewandt. Kraft seiner Amtsautorität fällt der Betreuer Entscheidungen, die für den Patienten zwischenmenschlich nicht nachvollziehbar sind. Mit seiner Wut fühlt sich der Patient alleine gelassen. Erst nachdem der Patient seine Wut auf dem Betreuer an einer Fensterscheibe auslässt, kann die zugrunde liegende Problematik mit dem Patienten bearbeitet werden. Dabei wird Folgendes deutlich: Als der Patient zwei Jahre alt war, hat der Vater die Mutter verlassen und ist mit seinem Sohn nach Deutschland gekommen. Hier hat sich der Vater nicht um den Sohn gekümmert, regelmäßig getrunken und geschlagen. Ein Dialog mit dem Vater war nicht möglich. Früh hat sich der Patient selbst um eine vorübergehende Heimunterbringung gekümmert und lebte zwischenzeitlich auf der Straße. In der Begegnung mit dem Betreuer erlebte der Jugendliche den vernichtenden, nicht gesprächsbereiten Vater, und die anfangs nicht aussprechbare Wut hat sich im Bruch einer Scheibe entladen.

Die Chance der Jugendlichen ist, in der Begegnung und Auseinandersetzung mit einem nicht vernichtenden, sondern wertschätzenden, achtenden und erwachsenen Gegenüber sich selbst zu spüren, zu erleben und daran zu wachsen und sich zu entwickeln. Eine Aufgabe ist die Identitätsentwicklung und die Suche nach einem eigenen Weg, auch in Richtung Ausbildung, Aufbau gleichaltriger Kontakte und Partnerschaft und das Finden eigener Ideale. Die zwischenmenschlichen Beziehungen sind von Anfang an dialogisch-spielerisch angelegt. Am Gegenüber, am Du entwickelt sich das Ich, die eigene Persönlichkeit. Die Begegnung und Auseinandersetzung in der Gruppen- und Einzeltherapie, letztlich die heilende therapeutische Beziehung, sind für die Genese und Entwicklung entscheidend (Schiffer, 2001; Omer u. von Schlippe, 2004).

Aufgaben des Gruppenleiters

Der Gruppenleiter ist für die Zusammenstellung und Einberufung der Gruppe verantwortlich. Sein fachmännisches Angebot ist der Grund für die Zusammenkunft aller Beteiligten. Verlässliche und verbindliche Absprachen über Teilnahme, Ort, Zeit und Umgangsformen sind die Grundlage für eine gelingende Arbeit. Die Interaktion im Hier und Jetzt, das Erleben und Bewusstwerden eigener Verhaltensweisen sind die Basis für einen erfolgreichen Gruppenprozess. Aufgabe des Gruppentherapeuten ist es, eine Gruppenkultur zu schaffen, die eine effiziente Gruppeninteraktion fördert. Aufrichtigkeit und Spontaneität des Ausdrucks unter den Gruppenteilnehmern müssen verstärkt werden. Regeln und Normen in der Gruppe dürfen einer aufrichtigen und spontanen Interaktion nicht entgegenwirken. Der Gruppenleiter kann es nicht umgehen, Normen zu beeinflussen. Sein Verhalten kann vor allem in der Anfangszeit als Vorbild dienen, er kann zum Modell für interpersonelle Ehrlichkeit und Spontaneität werden, im Sinne eines beispielgebenden Teilnehmers am Gruppengeschehen. Seine eigene Wahrnehmung und die eigenen Gefühle selektiv und partiell zur Verfügung zu stellen, auf Prozesse und Interaktionen aufmerksam zu machen und als Gegenüber für Auseinandersetzung und konstruktive Begegnung zur Verfügung zu stehen, sind weitere Aufgaben des Gruppentherapeuten. Der Therapeut muss auch Schutz gewähren, um Freiraum für Interaktion zu geben.

Wir unterschätzen die Bedeutung des Lebenserfahrungshorizonts und der Person des Gruppenleiters im Kontrast zur Bedeutung, die wir der Therapieschule und Konzepten beimessen. Die Grenze des therapeutischen Prozesses liegt auch in der Person des Therapeuten begründet. Nur wenn er bereit und fähig ist, sich mit seinen eigenen »psychischen Hohen und Tiefen« auseinanderzusetzten, kann er dem Patienten ein Gegenüber und Begleiter sein (Möller, 1997). So sagt der Schriftsteller Fernando Pessoa: »Was wir sehen, ist nicht das, was wir sehen, sondern das, was wir sind.«

Der analytisch interaktionelle Ansatz

Die analytisch interaktionelle Therapie ist ein seit vielen Jahren in der klinisch- psychotherapeutischen Praxis bewährtes Behandlungsverfahren auch für Patienten mit basalen Entwicklungsstörungen (strukturellen Störungen, Persönlichkeitsentwicklungsstörungen, frühe Störungen). Auch für andere komplexe Beeinträchtigungen, die sich vor allem in interpersonellen, zwischenmenschlichen Schwierigkeiten manifestieren, ist das Verfahren geeignet. Die psychoanalytisch interaktionelle Methode wurde ursprünglich überwiegend in der Gruppe angewandt, wird aber seit einigen Jahren zunehmend auch in der Einzeltherapie eingesetzt. Es liegen Erfahrungen mit der Methode im Bereich der therapeutischen Versorgung von Patienten in psychiatrischen Einrichtungen, in der Behandlung von Suchtkranken, von Kranken in forensischen Kliniken und von Klienten im Strafvollzug vor. Die psychoanalytisch interaktionelle Therapie dürfte zu den am weitesten verbreiteten gruppentherapeutischen Verfahren der genannten Patientengruppen gehören. Sie greift auf eine lange Erfahrung und Tradition zurück (Ardjomandi, 1994; Heigl-Evers u. Ott, 2001; Streeck, 2002). Patienten mit basalen Entwicklungsstörungen waren in ihrer Entwicklung ungünstigen, traumatisierenden und vernachlässigenden Entwicklungsbedingungen ausgesetzt. Die Beeinträchtigungen manifestieren sich überwiegend in der Interaktion mit Anderen, da das Gegenüber gebraucht wird, um seelische Funktionen regulieren zu können, da reifere Regulationsmechanismen und sprachliche Ausdruckmöglichkeiten aufgrund der ungünstigen Entwicklungsbedingungen nicht entwickelt werden konnten. Das Beziehungserleben wird häufig auf einer nichtsprachlichen Ebene in der Gruppe gleichsam in Szene gesetzt oder wie Moser (2001) es ausdrückt: »Worte sind in der therapeutischen Beziehung eher Aktionen.«

Ein Beispiel: Eine 17-jährige Patientin, die sich immer um andere kümmert und ihre eigenen Grenzen und Bedürfnisse nicht geachtet und akzeptiert erlebt, macht in der Gruppe überwiegend männlicher Mitpatienten wiederholt Andeutungen und Ansätze, etwas mitzuteilen, bricht dies aber abrupt ab und verharrt in einer kleinkindhaft schmollenden Haltung. Daraufhin wird sie von den anderen Gruppenmitgliedern bedrängt, mehr zu erzählen, und regt bei den anderen Fantasien darüber an, was sie wohl sagen wolle. Die Patientin fühlt ihr inneres Erleben bestätigt, dass man ihre Grenzen und Bedürfnisse nicht achte und respektiere. Das, was die Patientin mit Worten mitteilen will, aber nicht verbalisiert, wird in der Interaktion deutlich, gleichsam inszeniert.

Mit dem interaktionellen Ansatz kann man der Angst vor zu großer Nähe und dem sich häufig pathologisch manifestierenden Wunsch nach Symbiose und Regression im Sinne einer totalen Verschmelzung konstruktiv begegnen, indem sich die Angst durch die Aufspaltung der Übertragung auf verschiedene Gruppenmitglieder reduziert und der Therapeut im Hier und Jetzt als reales Gegenüber erlebbar ist.

Mit der Bezeichnung »psychoanalytisch interaktionell« wird zum Ausdruck gebracht, dass hier zwei Schwerpunkte zusammengeführt werden: die auf unbewusste psychische Prozesse eingestellte Perspektive der Psychoanalyse und eine therapeutische Einstellung, die auf Interaktion und Interpersonalität, auf die Schnittstelle vergangener Beziehungserfahrungen und gegenwärtiger Interaktion mit Anderen ausgerichtet ist (Streeck, 2002).

Wiederkehrende Themen in der analytisch interaktionellen Gruppentherapie

Patienten mit frühen Störungen zeigen in Gruppen wiederholt Schwierigkeiten, die bearbeitet werden müssen, damit sie angemessen mit anderen in Kontakt treten können.

Vor allem in den ersten Sitzungen ist die Frage, wie und ob man überhaupt Kontakt zur Gruppe aufnehmen möchte, von Bedeutung. Ängste, beurteilt und kritisiert zu werden, vor der Gruppe nicht gut dazustehen, Angst vor Zurückweisung und aggressiven und antipathischen Gefühlen, können die Kontaktinitiative hemmen, oder diese Impulse werden von der Gruppe kollektiv auf einen »Außenfeind« projiziert. Implizite und explizite Normen fordern wechselseitige Zustimmung in der Gruppe mit der versteckten Androhung von Ausgrenzung im Falle der Normabweichung. Mit fortschreitender Therapie, gegebenenfalls angestoßen durch den Therapeuten, sollte hier ein Prozess des Verhandelns von Normen und Regeln einsetzen mit dem Ziel, auch die Realität des Anderen, beispielsweise dessen Verletzlichkeit, in den Blick nehmen zu dürfen. Gleichzeitig kann empfohlen werden, die eigenen und die Toleranzgrenzen des Anderen im Auge zu behalten, um allzu destruktivem Ausagieren vorzubeugen.

Die Unsicherheit im Umgang mit Kränkungen, sei es die Gefahr, selbst gekränkt zu werden oder andere zu kränken und damit die Reaktion nicht abschätzen zu können, ist vor allem in der Anfangszeit groß. Zeigen Patienten Erstarrung, Fluchtverhalten oder gehen zum wütenden Gegenangriff über, ist die Toleranzgrenze meist überschritten. Weitere Bereiche sind das Aushalten von

Ängsten, das Zulassen emotionaler Nähe und die manchmal damit verbundene Angst vor Distanzierung und Trennung. Die Gruppe kann der Verführung unterliegen, im Sinne der Angstabwehr das Recht des Schwächeren zur sozialen Norm zu erheben. Ziel ist es, sozialere, reifere Objektbeziehungen zulassende Normen zu entwickeln.

Regelmäßig muss eine Antwort auf die Frage gefunden werden, wie viel und welche Art von Intimität und sozialer Nähe untereinander möglich ist und realisiert werden soll. Scheinbar offenes, nicht auf das Hier und Jetzt und das anwesende Gegenüber bezogenes Sprechen über Intimität und Sexualität dient der Vermeidung von Nähe. Wenn es um die Anwesenden im Hier und Jetzt geht, machen sich rasch Unsicherheit und Angst bemerkbar. Besonders schwierig ist der Umgang mit Trennung und Abschied. Jugendliche neigen dazu, gegen Ende einer Therapie in alte Verhaltensweisen zurückzufallen. Sich nochmals richtig als »sozialer Kotzbrocken« zu zeigen oder gar einen disziplinarischen Verweis zu provozieren, kann helfen, eigene Ängste und Unsicherheit im Umgang mit Trennung und Abschied abzuwehren. Nicht selten wird hier reinszeniert, was in der Vergangenheit erlebt wurde, dass Trennung wiederholt destruktiv gestaltet wurde. Rituelle Aktivitäten wie eine Abschiedsrunde oder eine Abschiedsaktivität mit Bezugsperson und Therapeut können hier helfen, diese Klippe konstruktiv zu meistern (Streeck, 2002).

Behandlungstechnik in der psychoanalytisch interaktionellen Gruppentherapie

Klare, verbindliche Rahmenvereinbarungen, die vorab mit den Patienten besprochen werden, sind die Voraussetzung für eine konstruktive gemeinsame Arbeit. Sinn und Zweck der Empfehlung beziehungsweise Regel der freien Interaktion und des sich uneingeschränkt und unzensiert Äußerns, unter Beachtung der eigenen und der Belastbarkeitsgrenzen von Mitpatienten, müssen erläutert werden. Im therapeutischen Fokus ist die Interaktion im Hier und Jetzt, bei der sich die interpersonellen Schwierigkeiten darstellen und erlebbar sind und damit im Hier und Jetzt auch verändert werden können. Wenn die therapeutische Arbeit in der Gruppe als Therapie von Einzelnen, als Einüben von Verhaltensweisen oder allzu standardisiert verstanden wird, wie der regelmäßige Beginn mit einer rituellen Eingangsrunde, in der jeder seine Befindlichkeit und Anliegen schildert, weicht die Interaktion weit von »naturalistischen« Bedingungen ab. Die Interaktion in der Gruppe ist dann allenfalls Randbedingung, aber nicht Schwerpunkt der therapeutischen Arbeit selbst. Die psychoanalytisch interaktionelle Therapie ist auf Progression und Entwicklung von Fähigkeiten hin orientiert, um im sozialen Miteinander besser zurechtzukommen (Streeck, 2002). Die wichtigsten therapeutischen Techniken sind:

Antworten meint, dass der Therapeut sein eigenes Erleben und seine eigenen Handlungsimpulse, die sich bei ihm reaktiv »in Antwort« auf das Verhalten des Patienten einstellen, selektiv mitteilt. Mit Antworten gibt sich der Gruppenleiter partiell und selektiv immer auch als Subjekt, als Person mit eigenen Gefühlen und Bedürfnissen und Grenzen zu erkennen. Die Empfindungen und Wünsche des Patienten werden verstanden, aber durch die Eigenständigkeit des Leiters, die in seinen Antworten erlebbar wird, unter Berücksichtigung der Toleranzgrenzen des Patienten, auch frustriert. Der Interventionsmodus des authentischen, selektiven Antwortens hat mehrere Funktionen: Er nimmt Bezug auf unvermeidliche Differenzen zwischen Selbst und Objekt. Er macht deutlich, welche Wirkung das Verhalten des Einzelnen oder der Gruppe auf den Leiter hat und bringt damit zum Ausdruck, wie sich die in der Gruppe vertretenen Normen auf das Erleben und die Handlungsbereitschaft des Therapeuten auswirken. Dabei kann er dem Einzelnen deutlich machen, wie sein Verhalten an der dysfunktionalen Beziehungsgestaltung beteiligt ist, und führt vor Augen, dass sich der Leiter nicht in destruktives, ausagierendes Verhalten verstricken lässt, sondern seine Grenzen und Bedürfnisse deutlich machen kann.

Übernahme von Hilfs-Ich-Funktionen kann passager bei Einzelnen oder der Gruppe notwendig sein, wenn diese nicht zur Verfügung stehen oder deren Ausübung angeregt werden soll. Interventionen wie »ich an Ihrer Stelle würde mich so oder so fühlen oder Verhalten …« kann den Wahrnehmungsfokus verändern und zu anderen Verhaltensweisen anregen und ermutigen. Auch im Aushandeln von Normen muss der Therapeut häufiger Hilfs-Ich-Funktionen wahrnehmen, wenn die Abwehr von Ängsten und Nähe bestimmend ist und das Etablieren von reiferen, die soziale Entwicklung fördernden Normen behindert wird.

Erklären und Verstehen interpersoneller Beziehungen ist notwendig, um das eigene Beteiligtsein am sozialen Miteinander verstehen zu können. So kann es hilfreich sein, aufzuzeigen, wie die Wirkung eines Verhaltens auf den Anderen weitgehend unabhängig von dem Beweggrund des Patienten sein kann. Nach und nach kann es dem Patienten möglich sein, sich ein differenziertes Bild seines Gegenübers zu machen, das neben Schwarz und Weiß auch Graufacetten und Farben zulässt. Wichtig ist es auch, die nichtsprachlichen Äußerungen wie Gestik, Mimik und Körperhaltung zu berücksichtigen.

Der *Umgang mit Affekten und Emotionen* ist oft mit Ängsten verbunden und bei Jugendlichen noch ungeübt. Der Leiter kann zur Wahrnehmung von Gefühlen und deren Differenzierung anregen. Die Patienten können lernen, sich deren Signalfunktion bewusst zu werden und im Hier und Jetzt wahrnehmen, wann bestimmte Gefühle besonders intensiv oder gar nicht vorhanden sind. Ein wichtiges Erlebnis ist es zu erfahren, dass die Anderen nicht nur wie ich erleben und wahrnehmen und damit als Andere, als eigenständiges Gegenüber erlebbar sind. Dies sind wichtige Schritte hin zu einer differenzierten und reifen Selbst- und Objekt-Wahrnehmung.

Die *Haltung des Therapeuten* in der psychoanalytisch interaktionellen Gruppentherapie ist die der wachen Präsenz, des Hinhörens auf das, was sich manifest mit Worten und im nichtsprachlichen Verhalten im sozialen Miteinander ausdrückt. Der Leiter ist ein reales, erreichbares Gegenüber, er ist zugewandt und »berührbar«, dabei aber eine eigenständige Person, die nicht vorrangig Objekt von Projektionen und Fantasien der Gruppenteilnehmer ist, indem er selektiv eigene Wahrnehmung mitteilt. Damit ermutigt der Therapeut zu interaktivem Austausch. Wichtig ist die Authentizität des Therapeuten, was voraussetzt, dass auch schwer erträgliche Gefühle, die sich als Antwort auf das Gruppengeschehen einstellen, zugelassen werden und Grundlage für ein tieferes Verständnis dysfunktionaler Beziehungsgestaltung der Gruppenmitglieder werden können. Gefühle, die antwortend mitgeteilt werden, sollten auch tatsächlich erlebt und im Kontext des Beziehungs- und Übertragungsgeschehens verstanden werden, ehe sie selektiv und partiell zur Verfügung gestellt werden. Der Leiter ist nie nur Experte, sondern immer auch Gegenüber und subjektiv erlebender Mitspieler in dem Beziehungsgeschehen, das die Patienten anbieten. Eine Haltung emotionaler Akzeptanz aufrechtzuerhalten, kann erleichtert werden, wenn sich der Leiter vor Augen hält, dass insbesondere jenes Verhalten des Patienten, welches zu heftigen aversiven Reaktionen und Affekten Anlass gibt, meist Ausdruck für den Bewältigungsversuch von traumatisierenden Lebensumständen ist und in früheren Zeiten überlebenswichtig gewesen sein könnte. Heigl-Evers und Heigl (1993) haben in diesem Zusammenhang von »Schicksalsrespekt« gesprochen.

Ausblick

Es ist wünschenswert, dass Ärzte und Therapeuten bereits während ihrer Ausbildung in Gruppenleitung und Führung unterwiesen werden. Bei Einzeltherapiesitzungen wird regelmäßige Supervision gefordert und ist vielerorts auch üblich, während unerfahrene Therapeuten mit der Leitung diverser Gruppen beauftragt werden, ohne Unterrichtung in Gruppendynamik und begleitender Supervision. Gleiches gilt für den Pflege- und Erziehungsdienst. Nicht nur die Verantwortlichen im ärztlichen und pflegerischen Bereich haben Ängste und Reserviertheit gegenüber dem interaktionellen Ansatz, da der Fokus im Alltag auf medizinische und formaljuristische Belange gerichtet wird und mit Interaktion im Hier und Jetzt überwiegend Konfrontation, Konflikt und »heißer Stuhl« assoziiert wird. Die Chancen des interaktionellen Ansatzes zu erkennen und Gruppenangebote zu fördern ist wünschenswert. Auch in Zeiten knapper Ressourcen wird dadurch eine Fortführung qualitativ hochwertiger und effektiver Therapie im stationären und ambulanten Bereich ermöglicht. Fundierte Ausbildungsangebote in diesem Bereich sind notwendig. In Zusammenarbeit mit der Arbeitsgemeinschaft für die Anwendung der Psychoanalyse in Gruppen in Göttingen wird ein Ausbildungscurriculum angeboten, welches sich speziell an Ärzte, Therapeuten und andere Berufsgruppen wendet, die mit Jugendlichen und jungen Erwachsenen in Gruppen arbeiten.[1]

Literatur

Ardjomandi, M. (1994). Arbeitsgemeinschaft für die Anwendung der Psychoanalyse in Gruppen e.V. Geschichte und Arbeitsweise. Gruppenanalyse, 4 (2), 105–117.
Cohen, R. (2004). Von der Psychoanalyse zur themenzentrierten Interaktion (14. Aufl.). Stuttgart.
Heigl-Evers, A., Heigl, F. (1993). Das Interaktionelle Prinzip in der Einzel- und Gruppentherapie. Zeitschrift für Psychosomatische Medizin und Psychoanalyse, 29, 1–14.
Heigl-Evers, A., Ott, J. (2001). Entwicklung und Konzept der psychoanalytischen Gruppenpsychotherapie. In V. Tschuschke (2001), Praxis der Gruppenpsychotherapie (S. 328–334). Stuttgart.
Henne, F. (2006). Die heilende Kraft der Beziehung. Ein Gespräch mit dem Psychiater Fritz Henn. Die Zeit Nr. 27.
Herpertz-Dahlmann, B., Resch, F., Schulte-Markwort, M., Warnke, A. (Hrsg.) (2003). Entwicklungspsychiatrie. Biologische Grundlagen und die Entwicklung psychischer Störungen. Stuttgart.
Lehmkuhl, G. (2001). Gruppenpsychotherapie mit Kinder und Jugendlichen. In V. Tschuschke (2001). Praxis der Gruppenpsychotherapie (S. 306–311). Stuttgart.
Ligabue, S., Sambin, M. (2001). Transaktionsanalytische Gruppenpsychotherapie. In V. Tschuschke (2001). Praxis der Gruppenpsychotherapie (S. 377–383). Stuttgart.
Möller, C. (2007). JUGEND SUCHT. Ehemals drogenabhängige berichten. Esslingen (2. Aufl.). Göttingen: Vandenhoeck & Ruprecht.
Möller, C. (2006). Stationäre und ambulante Therapieangebote für drogenabhängige Jugendliche. In C. Möller (Hrsg.) (2006), Drogenmissbrauch im Jugendalter. Ursachen und Auswirkungen (2. Aufl.). Göttingen.

---

[1] Siehe hierzu: http://www.psychoanalyse-in-gruppen.de

Möller, L. (1997). Gruppen Supervision in der Weiterbildung zum Gruppenanalytiker. Vortrag auf den Lindauer Psychotherapietagen.

Moser, U. (2001). »What is a Bongaloo, Daddy?« Übertragung, Gegenübertragung, therapeutische Situation. Allgemein und am Beispiel »früher Störungen«. Psyche, 55, 97–136.

Omer, H., von Schlippe, A. (2004). Autorität ohne Gewalt. Coaching für Eltern von Kindern mit Verhaltensproblemen. Elterliche Präsenz als systemisches Konzept. Göttingen.

Schiffer, E. (2001). Wie Gesundheit entsteht. Salutogenese: Schatzsuche statt Fehlerfahndung. Weinheim.

Streeck, U. (2002). Gestörte Verhältnisse – zur psychonalytisch-interaktionellen Gruppentherapie von Patienten mit schweren Persönlichkeitsstörungen. Persönlichkeitsstörungen, 2: 109–125.

Streeck-Fischer, A. (2000). Jugendliche mit Grenzstörungen – Selbst und fremddestruktives Verhalten in stationärer Psychotherapie. Praxis der Kinderpsychologie und Kinderpsychiatrie, 49, 497–510.

Tschuschke, V. (2001). Praxis der Gruppenpsychotherapie. Stuttgart.

Yalom, I. (2005a). Theorie und Praxis der Gruppenpsychotherapie. Ein Lehrbuch. Stuttgart.

Yalom, I. (2005b). Im Hier und Jetzt. Richtlinien der Gruppenpsychotherapie. München: btb.

Dirk Baier, Sonja Schulz und Christian Pfeiffer

Drogenkonsum und Gewalt im Jugendalter

Theoretische Überlegungen und Forschungsstand

Die kriminologische Diskussion um die Ursachen gewalttätigen Verhaltens im Jugendalter stellt in Bezug auf verschiedene Faktoren die viel zitierte »Henne-Ei-Frage«: Ist ein Faktor tatsächlich die Ursache für das Verhalten oder ist das Verhalten wiederum selbst ursächlich für die Verfestigung bestimmter Faktoren verantwortlich? Als Beispiele für diese Diskussion können die Faktoren der Peergruppen-Integration (Baier u. Wetzels, 2006) oder des Schulschwänzens (Wilmers et al., 2002, S. 287 ff.) dienen. Für beide lassen sich enge Beziehungen mit gewalttätigem Verhalten nachweisen, ob dies aber für die Ermöglichungs- oder Selektionshypothese spricht, ist bislang nicht abschließend geklärt. Die Ermöglichungshypothese nimmt an, dass erst durch den Anschluss an eine delinquente Freundesgruppe beziehungsweise durch das Fehlen im Unterricht die Bedingungen für abweichendes Verhalten geschaffen werden; die Selektionshypothese hingegen vermutet, dass mehr oder weniger dieselben Jugendlichen einem erhöhten Risiko ausgesetzt sind, sich delinquenten Freundesgruppen anzuschließen beziehungsweise die Schule zu schwänzen und gewalttätiges Verhalten zu zeigen.

Eine sehr ähnliche Struktur weist die Diskussion um die Frage des Zusammenhangs von Drogenkonsum und Gewaltverhalten auf (Fuchs, Lamnek, Luedtke u. Baur, 2005, S. 220).[1] Ein Blick in

---

[1] Dieser Beitrag konzentriert sich auf den Drogenkonsum und dessen Beziehung zum gewalttätigen Verhalten. Es wird weniger auf die Problematik

die Polizeiliche Kriminalstatistik (PKS) zeigt dabei zunächst, dass ein enger Bezug zwischen Drogenkonsum und delinquentem Verhalten im Allgemeinen, gewalttätigem Verhalten im Besonderen zu existieren scheint: Alle aufgeklärten Fälle zugrunde gelegt berichtet die Polizeiliche Kriminalstatistik, dass bei jedem zehnten Tatverdächtigen Alkoholeinfluss bei der Tatbegehung festgestellt wurde; bei Gewaltdelikten ist der Anteil sogar dreimal so hoch, das heißt, 29,7 % aller aufgeklärten Gewaltdelikte wurden von alkoholisierten Tatverdächtigen begangen (BKA, 2006, S. 73). Daneben findet sich, dass auf das Konto der Konsumenten »harter« Drogen 8,1 % aller Straftaten gehen (BKA, 2006, S. 72); bei der Rauschgiftkriminalität ist erwartbar der Anteil dieser Konsumenten am höchsten (31,5 %), aber auch Raubüberfälle als eine Form von Gewalt werden durch diese Klientel überproportional häufig verübt (16 %).

Nicht allein Statistiken aus dem polizeilichen Hellfeld, sondern auch zahlreiche empirische Dunkelfeldstudien an Jugendstichproben im deutschsprachigen Raum berichten einen Zusammenhang zwischen Drogenkonsum und Gewaltauffälligkeit. So finden zum Beispiel Richter und Settertobulte (2003) für Jungen wie für Mädchen der fünften, siebten und neunten Jahrgangsstufe, dass ein häufiger Substanzkonsum mit der Beteiligung an Schlägereien einhergeht. Dies gilt auch für den Cannabiskonsum, dem nicht selten eine befriedende Wirkung zugesprochen wird. Wetzels, Enzmann, Mecklenburg und Pfeiffer (2001) berichten für eine Stichprobe Münchener Jugendlicher, dass bei jenen, die im letzten Jahr eine Gewalttat begangen haben, der Konsum legaler und illegaler Suchtmittel deutlich verbreiteter ist als unter den nicht gewalttätigen Jugendlichen. So konsumierten 34,5 % der Gewalttäter im

---

der Drogenabhängigkeit und deren Zusammenhang mit Delinquenz eingegangen (s. hierfür Egg u. Rautenberg, 1999; König, 2003). Dies resultiert daher, dass sich im empirischen Teil des Beitrags auf Befragungsergebnisse von Jugendlichen der 9. Jahrgangsstufe bezogen wird, also auf eine Altersgruppe, in der Drogenabhängigkeit bzw. -missbrauch eine eher untergeordnete Rolle spielt.

letzten Jahr regelmäßig Alkohol, aber nur 15,1 % der Nicht-Gewalttäter (Wetzels, Enzmann, Mecklenburg u. Pfeiffer, 2001, S. 228). Auch Fuchs, Lamnek, Luedtke und Baur (2005) bestätigen mit ihren Analysen, dass Drogenkonsum mit Gewalt einhergeht, wobei sie sich auf Befragungen unter bayerischen Kindern und Jugendlichen stützen. Besonders die Konsumenten »harter« Drogen neigen stärker zu gewalttätigem Verhalten.

In Bezug auf den Zusammenhang zwischen Drogenkonsum und Gewalt stellt sich allerdings erneut das Kausalitätsproblem. Die kriminologische Deutung dieses Zusammenhangs rekurriert deshalb auf die bereits erwähnten Ansätze (Ribeaud u. Eisner, 2006). Die erste Perspektive geht von einem kausalen Einfluss des Drogenkonsums aus. Dieser substanzzentrierte Ansatz basiert zum einen auf der Annahme, dass Drogenkonsum die Hemmschwelle zum Begehen ungesetzlicher Taten herabsetzt, das heißt die Urteilsfähigkeit trübt, zu unüberlegten, impulsiven Handlungen motiviert und somit aggressives Verhalten wahrscheinlicher werden lässt. Pharmakologisch betrachtet ist insbesondere bei Alkohol, Crack, GHB, PCB und Kokain die Wirkung erhöhter Aggressivität, Enthemmung und Reizbarkeit belegt (Fuchs et al., 2005, S. 220). Zum anderen ist im Zuge der Aufrechterhaltung weiteren Drogenkonsums deren Beschaffung notwendig. In Bezug auf die legalen Drogen kann dies beispielsweise bedeuten, dass verstärkt Diebstähle dieser Drogen begangen werden oder häufiger versucht wird, das Geld zur Finanzierung unter anderem über Taschendiebstähle oder Raubtaten zu beschaffen. In Bezug auf illegale Drogen ist der Kontakt zu einem Vertriebssystem nötig; hier spielt Gewalt in Verbindung mit Drogenhandel, aber natürlich ebenso mit Drogenbeschaffung eine Rolle. Die vorhandenen empirischen Befunde sprechen allerdings gegen Erklärungen, die in der Beschaffungskriminalität die zentrale Verbindung zwischen Drogenkonsum und Gewaltausübung sehen. Demgegenüber existieren mehrere Studien, die Befunde für die These der abgesenkten Hemmschwelle berichten. Vor allem der Alkoholkonsum steht in diesem Sinne mit erhöhter Gewalttätigkeit in Beziehung (Parker u. Auerhahn, 1998; White, Tice, Loeber u. Stouthammer-Loeber, 2002).

Die zweite Perspektive konzentriert sich weniger auf die konsumierten Substanzen, sondern auf die konsumierenden Personen. Der persönlichkeitsorientierte Ansatz geht davon aus, dass die Personen, die Drogen konsumieren, und diejenigen, die gewalttätiges Verhalten zeigen, mehr oder weniger dieselben Eigenschaften besitzen. Insofern wird nicht von einer kausalen Beziehung, sondern eher von einer korrelativen Beziehung ausgegangen: Drogenkonsum ist neben der Gewalttätigkeit eine weitere Art der Äußerung problematischer persönlicher Eigenschaften beziehungsweise negativer Umstände, das heißt eines allgemein delinquenten Lebensstils (Egg u. Rautenberg, 1999). Ein prominentes Beispiel für diesen Ansatz liefert die Selbstkontrolltheorie (Gottfredson u. Hirschi, 1990): Personen mit niedriger Selbstkontrolle, die also unter anderem impulsiv und risikobereit sind beziehungsweise ein unbeständiges Temperament aufweisen, laufen stärker Gefahr, sowohl Drogen zu konsumieren als auch Gewalt anzuwenden.

Welcher der beiden Ansätze das »Drug-Crime-Link« tatsächlich erklären kann, ist bislang nicht abschließend zu beantworten. Einige Querschnittstudien geben Hinweise darauf, inwieweit Drittvariablen für den Zusammenhang verantwortlich, das heißt Selektionseffekte wirksam sind. So prüfen Ribeaud und Eisner (2006) anhand einer schweizerischen Jugendstudie den von Gottfredson und Hirschi (1990) postulierten Zusammenhang zwischen Selbstkontrolle, Drogenkonsum und Gewalttätigkeit. Ihr zentraler Befund ist, dass es zwar sehr starke Korrelationen zwischen Selbstkontrolle und beiden devianten Verhaltensweisen gibt und dass »self-control significantly reduced the correlation between substance use and delinquency, [but] this reduction was not as substantial as the theory would lead us to expect, and the correlation remained substantially above zero at a high level of statistical significance« (Ribeaud u. Eisner, 2006, S. 58). Fuchs et al. (2005) prüfen deshalb andere Faktoren als die Selbstkontrolle, wie die Gewalteinstellung, die Zugehörigkeit zu einer Clique oder die erfahrene elterliche Gewalt in einem multivariaten Modell. Bei diesen Analysen wird ein Großteil des Effekts der Zugehörigkeit zu einer Drogenkonsumgruppe auf das Gewaltniveau durch Berücksichtigung dieser Faktoren aufgeklärt, was die Vorüberlegung stützt, »dass es sich um Schüler handelt, die in mehreren relevanten Bereichen deviant sind bzw. Devianzerfahrungen aufweisen. Der Drogenkonsum kann daher nicht als isolierter Faktor betrachtet werden« (Fuchs et al., 2005, S. 264). Dennoch bleiben auch hier signifikante Zusammenhänge zwischen dem Drogenkonsum und der schulischen Gewalt bestehen. Insofern scheint zwar der Drogenkonsum ein Resultat schwieriger Sozialisationsumstände zu sein, dennoch existieren auch unabhängig davon Auswirkungen auf das Gewaltverhalten.

Längsschnittuntersuchungen aus dem angelsächsischen Raum belegen einen solchen unabhängigen, ursächlichen Einfluss des Drogenkonsums. Weiner, Sussman, Sun und Dent (2005) stellen heraus, dass vor allem der Gebrauch illegaler Drogen ein Prädiktor für Gewaltausübung ist. Auch Swahn und Donovan (2004) finden, dass Problemtrinken und illegaler Drogengebrauch Risikofaktoren für Gewaltverhalten darstellen, wobei weitere Faktoren wie der schulische Misserfolg zusätzlich berücksichtigt wurden.

Nichtsdestotrotz liest sich eine Liste der Bedingungsfaktoren des Drogenkonsums auch wie die Liste der Ursachen von Gewalttätigkeit (Baier, 2005; Leppin, 2000; Schmidt, 1999). Engel und Hurrelmann (1993) sowie Lösel und Bliesener (1998) berichten beispielsweise Korrelationen zwischen dem Alkohol-/Tabakkonsum und anomischen Gefühlen beziehungsweise geringer Normorientierung. Engel und Hurrelmann (1993) weisen zudem Beziehungen zwischen schulischen Leistungsproblemen und Drogenkonsum nach. Insbesondere für verschiedene Aspekte familienbezogener Interaktionen wurden deutliche Zusammenhänge mit jugendlichem Drogenkonsum diagnostiziert. Dies betrifft einerseits die direkte Transmission von Konsumstilen (u. a. Schmidt, 1999), andererseits auch problematische Erziehungsstile wie den Gewalteinsatz (u. a. Fuchs et al., 2005). Darüber hinaus ist die Peergruppe von entscheidender Relevanz: »Als einer der stärksten und konsistentesten Risikofaktoren hat sich der Substanzkonsum der Peers oder Freunde herausgestellt« (Silbereisen u. Reese, 2001, S. 140). Der Einfluss von Persönlichkeitseigenschaften wie einer niedrigen Selbstkontrolle auf Drogenkonsum und Gewalt wurde bereits angesprochen. Die bisherigen Befunde sprechen zusammengefasst dafür, dass der Drogenkonsum wohl als ein eigenständiger Ursachenfaktor für Gewalttätigkeit betrachtet werden kann, wie es der substanzzentrierte Ansatz annimmt. Zugleich ist das Ausmaß des Drogenkonsums selbst wiederum als Resultat spezifischer Sozialisationsbedingungen und Persönlichkeitsfaktoren zu begreifen.

Nachfolgend soll der Beziehung zwischen dem Drogenkonsum und der Gewalttätigkeit anhand einer Schülerbefragung, die vom Kriminologischen Forschungsinstitut Niedersachsen (KFN) im Jahr 2005 durchgeführt worden ist (Baier, Pfeiffer, Windzio u. Rabold, 2006) und bei der Jugendliche der neunten Jahrgangsstufe (Durchschnittsalter: 15 Jahre) aus zehn Gebieten Deutschlands im Mittelpunkt standen, weiter nachgegangen werden. Insgesamt nahmen 17.021 Jugendliche an der Studie teil. In jedem Gebiet wurden entwder Stichproben auf Schulklassenebene per Zufall mit einer hinreichend großen Fallzahl (N > 2.000) gezogen oder Vollerhebungen durchgeführt. Alle Schulformen sollten entsprechend ihres Anteils in der Grundgesamtheit repräsentiert werden.

Anders als in den meisten bisherigen Studien werden an dieser Stelle nicht isoliert die einzelnen Drogenarten betrachtet, sondern Gruppen von Drogen konsumierenden beziehungsweise nichtkonsumierenden Jugendlichen, da der Zusammenhang zwischen dem Konsum einzelner Drogenarten und dem Gewalthandeln bereits an anderer Stelle betrachtet wurde (Baier, Pfeiffer, Windzio, Rabold, 2006, S. 254 ff.). Diese Strategie wird auch deshalb verfolgt, da zu vermuten ist, dass nicht jede Form des Konsums oder jedes Konsummuster gleichermaßen Gewalt nach sich zieht. Im Jugendalter ist das Erlernen des Umgangs mit Drogen eine Entwicklungsaufgabe (Silbereisen, 1997). Dabei gilt, dass der Großteil der Jugendlichen keine Missbrauchs- beziehungsweise Abhängigkeitssymptome entwickelt und aus dem Konsum »herauswächst«. Nicht infrage gestellt ist damit, dass Drogen bereits in kleinen Mengen beziehungsweise lebensbiografisch sehr früh erstmalig konsumiert körperliche Schäden verursachen. Diese gesundheitlichen Gefahren sind aber insbesondere bei Viel- oder Problemkonsumenten zu erwarten und betreffen nicht die Mehrheit der Jugendlichen. Jugendliche Problemkonsumenten werden ihr Konsumverhalten nicht auf eine Droge beschränken, sondern verschiedene »weiche« wie »harte«, »legale« wie »illegale« Drogen konsumieren (Silbereisen u. Reese, 2001, S. 134). Eine die Konsummuster in den Vordergrund stellende Betrachtungsweise scheint damit dem Jugendalltag und der Analyse des Zusammenhangs von Konsum und Gewalt angemessener.

Zur Verbreitung des Drogenkonsums im Jugendalter

In der KFN-Schülerbefragung 2005 wurde das Ausmaß des Drogenkonsums im zurückliegenden Jahr für zwölf verschiedene Substanzen erfragt. Dieses Ausmaß konnte in fünf Stufen von »nie/kenne ich nicht« bis »wöchentlich bis täglich« eingeschätzt werden. Zudem wurden, um mögliche Antwortmuster sichtbar zu machen, auch zwei nicht existente Drogen (»Turd« und »Knout«) aufgenommen. Neben dem Ausmaß des Konsums wurde zusätzlich das Alter beim Erstkonsum einer Droge abgefragt. Eine Faktorenanalyse der Angaben der Konsumhäufigkeit der zwölf Substanzen (ohne »Turd« und »Knout«) ergab eine Drei-Faktoren-Lösung, nach der zwischen dem Konsum von Alkohol (Bier/Wein, Schnaps/Whisky, Alkopops), Cannabis (Marihuana, Haschisch) und »harten« Drogen (Speed, Ecstasy, Kokain, LSD) zu unterscheiden ist. Das Rauchen von Zigaretten gehört dabei sowohl zum Alkohol-Faktor als auch zum Cannabis-Faktor, weshalb im Folgenden dieser Konsum, gerade weil er recht weit verbreitet ist, gesondert ausgewiesen wird. Das Schnüffeln und der Heroinkonsum (zwei zusätzlich erfragte Substanzen) weisen nur geringe Ladungen auf dem Faktor »harte Drogen« auf und werden nur sehr selten konsumiert, weshalb sie im Folgenden nicht weiter berücksichtigt werden.

Erfasst wurde jeweils die höchste Konsumhäufigkeit einer Substanz. Als seltene Konsumenten wurden jene Jugendlichen klassifiziert, die »ein- oder zweimal« beziehungsweise »drei- bis zwölfmal« im letzten Jahr eine Droge konsumierten; zu den häufigen Konsumenten wurden Befragte mit den Angaben »mehrmals im

Monat« beziehungsweise »wöchentlich bis täglich« zusammengefasst. Eine Ausnahme hiervon betrifft die »harten« Drogen, bei denen bereits die »drei- bis zwölfmaligen« Konsumenten als häufigere Konsumenten klassifiziert wurden. Es zeigt sich, dass nur jeder siebte Jugendliche im letzten Jahr keinen Alkohol getrunken hat (14,1 %). Fast jeder Zweite hat selten, das heißt höchstens einmal pro Monat Bier oder andere alkoholische Getränke konsumiert (46,6 %), mehr als jeder Dritte tat dies noch öfter (39,3 %). Deutlich weniger Jugendliche haben im letzten Jahr zumindest selten zur Zigarette gegriffen (58,3 %). Cannabisprodukte wurden im Gegensatz zu den beiden legalen Drogen von der Mehrheit der Jugendlichen nicht konsumiert (77,1 %). Sehr selten ist der Umgang mit »harten« Drogen: Etwa drei von hundert Jugendlichen berichteten, dass sie eine der vier illegalen Drogen Kokain, LSD, Ecstasy oder Speed zumindest probiert hätten, 1,4 % konsumierten diese dreimal oder noch häufiger im letzten Jahr.

Der jugendliche Suchtmittelkonsum unterscheidet sich nach Geschlecht, Alter, ethnische Herkunft und Schulform. Männliche Befragte konsumieren häufiger Alkohol und Cannabis, aber weniger Zigaretten als Mädchen. Ältere Jugendliche haben alle Substanzen häufiger genutzt, besonders ausgeprägt sind die Zusammenhänge beim Zigaretten- und Cannabiskonsum. Schulformunterschiede sind in erster Linie beim Rauchen zu konstatieren: Hauptschüler rauchen am häufigsten Zigaretten, sind aber beispielsweise beim Alkoholkonsum geringer belastet als Schüler anderer Schulformen. Die verschiedenen ethnischen Gruppen differieren besonders im Hinblick auf den Alkoholkonsum, bei dem deutsche und osteuropäische (inkl. russische) Jugendliche die größte Konsumentengruppe stellen, türkische und arabische Jugendliche hingegen sehr niedrige Quoten aufweisen (siehe Baier et al., 2006, S. 233 ff.).

Neben dem Ausmaß des Konsums wurde auch nach dem Alter des Erstkonsums gefragt. Die Auswertungen hierzu haben ergeben, dass das Erstkonsumalter bei Zigaretten am niedrigsten liegt: Im Mittel haben die Schüler im Alter von 12,5 Jahren zum ersten Mal eine Zigarette geraucht. Beim Alkoholkonsum liegt das Erstkonsumalter bei 12,7 Jahren, beim Cannabiskonsum bei 13,7 Jahren. Wie zu erwarten, fällt dieses bei den »harten« Drogen mit 14,2 Jahren am höchsten aus. Hinzuweisen ist an dieser Stelle darauf, dass diese Altersangaben nicht mit dem durchschnittlichen Einstiegsalter verwechselt werden dürfen, da letztgenanntes nur auf Basis einer alle Altersjahrgänge einer Jugendgeneration umfassenden Studie bestimmt werden kann, nicht anhand einer Studie, die sich allein auf einen Jahrgang bezieht (9. Jahrgangsstufe). Einige Jugendliche werden sicherlich noch während ihrer Jugendzeit, aber erst nach dem 15. Lebensjahr mit dem Konsum beginnen. Hinzu kommt, dass danach gefragt wurde, wann eine Droge zum ersten Mal konsumiert wurde, nicht, ab wann sie zum ersten Mal regelmäßig konsumiert wurde. Die Einstiegsalter, wie sie in anderen Studien berichtet werden, fallen deshalb in der Regel höher aus.

Drogenkonsum und gewalttätiges Verhalten

Welche Beziehungen existieren nun zwischen dem Drogenkonsum und dem Gewaltverhalten? Unterschieden wird zwischen der Gewalt-Prävalenz und der Mehrfachtäterschaft. Im Fragebogen sollten die Jugendlichen beantworten, ob sie im zurückliegenden Jahr eines von vier Gewaltdelikten begangen haben: Raub, Erpressung, Bedrohung mit Waffen und Körperverletzung. Wenn eine Gewalttat begangen wurde, sollte zudem berichtet werden, wie häufig dies geschehen ist. Die Prävalenzrate drückt dabei aus, welcher Anteil an Jugendlichen überhaupt in den letzten zwölf Monaten ein Delikt begangen hat. Inzidenzraten berücksichtigen darüber hinaus, wie häufig ein Delikt begangen wurde. Als Mehrfachtäter werden im Folgenden diejenigen Jugendlichen bezeichnet, die ein Delikt fünfmal oder noch häufiger begangen haben. Insgesamt gaben 16,3 % der Schüler an, eine Gewalttat begangen zu haben, wobei Körperverletzungen am weitesten verbreitet sind (15,1 %), Erpressungen hingegen wurden nur von jedem hundertsten Jugendlichen ausgeführt. Fünf und mehr Gewalttaten haben 3,6 % der Jugendlichen begangen. Vier zentrale Befunde können abgeleitet werden: Erstens zeigt sich, dass ein frühes Einstiegsalter tendenziell mit höheren Gewalt-Prävalenzraten einhergeht (negative Korrelationen)[2]. Im Vergleich mit dem Effekt der Konsumhäufigkeit fallen diese Beziehungen aber deutlich geringer aus; das heißt zweitens, dass ein häufiger Konsum mit höherer Gewalttätigkeit einhergeht, wobei die Zusammenhänge mit der Prävalenz etwas stärker sind als mit der Mehrfachtäterschaft. In Prozentzahlen übersetzt bedeutet beispielsweise die Korrelation zwischen Alkoholkonsum und Gewalttäterschaft ($r = .20^{**}$), dass von den Abstinenten (nie konsumiert) 10,7 % im vergangenen Jahr eine Gewalttat ausgeführt haben, von den häufigen Konsumenten aber 25,2 %. Oder in Bezug auf die Mehrfachtäter ($r = .13^{**}$): Während nur 2,3 % der Abstinenten zu dieser Gruppe gehören, sind es bei den regelmäßigen Trinkern 6,4 %. Deutliche Zusammenhänge gibt es insbesondere beim Cannabiskonsum ($r = .26^{**}$ bzw. $.20^{**}$), was dafür spricht, dass diese Droge nicht als harmlos einzustufen ist. Die Beziehungen zwischen dem Ausmaß des Konsums und der Gewalttätigkeit sind auch, so der dritte Befund, nicht primär auf die Nie-Konsumenten zurückzuführen. Die Korrelationen bleiben weitestgehend erhalten, wenn die Abstinenzler aus der Analyse ausgeschlossen werden. Viertens zeigt sich, dass Jugendliche, die früh den Konsum beginnen, gegenwärtig ein höheres Ausmaß des Drogenkonsums aufweisen. Eine Ausnahme bildet der Zigarettenkonsum, bei dem Erstkonsumalter und Konsumhäufigkeit nur in einer schwachen Beziehung stehen. Für die weiteren Analysen lässt sich damit folgern, dass das Ausmaß des Konsums für die eigene Gewalttätigkeit entscheidender ist als das Erstkonsumalter, weshalb sich auf dieses Maß konzentriert wird. Das Erstkonsumalter hat eine eher indirekte Wirkung, insofern ein frühes Alter ein Risiko für aktuell erhöhten Drogenkonsum darstellt.

Mittels der Angaben zur Häufigkeit des Substanzkonsums können fünf Gruppen von Jugendlichen unterschieden werden. Als abstinent werden jene Jugendlichen eingestuft, die im letzten Jahr

---

[2] Im Text wird bei Zusammenhangsanalysen auf den Korrelationskoeffizienten r (nach Pearson) zurückgegriffen. Dieser kann Werte zwischen 0 (kein Zusammenhang) und 1 bzw. -1 (perfekter positiver bzw. negativer Zusammenhang) annehmen.

keine der zehn Drogen konsumiert haben. Dies trifft auf jeden zehnten Befragten zu (10,5 %). Zur Gruppe mit moderatem Konsum werden Schüler zusammengefasst, die höchstens selten Alkohol getrunken oder Zigaretten geraucht haben (34,4 % der Befragten). Die dritte und größte Gruppe umfasst Jugendliche, deren Drogenkonsum bereits als problematisch einzustufen ist, insofern regelmäßig auf Alkohol oder Zigaretten zurückgegriffen wird oder auch Probier-Erfahrungen mit Cannabis gemacht wurden (38,0 %). Die restlichen beiden Gruppen sind dadurch charakterisiert, dass sie entweder regelmäßig Cannabis konsumierten oder »harte« Drogen probierten (Gruppe 4) oder zu den wiederholten Konsumenten »harter« Drogen zu zählen sind (Gruppe 5). Dieser fünften Gruppe gehören nur 1,2 % der Befragten an.[3] Anhand der letztgenannten beiden Gruppen zeigt sich, dass der Konsum der illegalen Substanzen nicht losgelöst vom Konsum legaler Substanzen zu betrachten ist. Die deutliche Mehrheit der Jugendlichen in diesen beiden Gruppen konsumiert neben Cannabis und »harten« Drogen zusätzlich regelmäßig Alkohol und Zigaretten (über 80 %). Die Gruppeneinteilung bildet deshalb eine Art Eskalationsmodell ab: Mit jeder Gruppe nehmen sowohl Ausmaß als auch Schädlichkeit des Konsums zu. Da bei der Gruppenbildung nur jene Jugendlichen berücksichtigt wurden, die zu allen Drogen die Konsumhäufigkeit einschätzten, konnten Jugendliche mit fehlenden Angaben keiner Gruppe zugeordnet werden (9,1 % aller Befragten). In Bezug auf deren Konsumverhalten zeigt sich, dass sie der dritten Gruppe recht ähnlich sind, das heißt vor allem beim Konsum legaler Drogen ein problematisches Verhalten zeigen. Warum diese Gruppe zu einigen Items keine Antworten abgegeben hat, lässt sich mit den Daten nicht beantworten; womöglich spielt das bewusste Verschweigen eines selbst als problematisch erkannten Konsums hierbei eine Rolle.

---

[3] Dass es sich bei dieser kleinen Gruppe um verlässlich antwortende Jugendliche handelt, zeigt folgender Befund: Bei keinem Jugendlichen aus Gruppe 1 oder Gruppe 2 kam ein kürzlich zurückliegender Polizeikontakt wegen eines Drogendelikts zustande, aber immerhin bei 22 % der Jugendlichen aus Gruppe 5

Das hier gewählte Vorgehen, Konsumentengruppen zu unterscheiden und im Hinblick auf das Gewaltverhalten zu vergleichen, ist in der kriminologischen Literatur eher selten zu finden. In einer der wenigen Studien, die in ähnlicher Weise vorgeht, beziehen sich Fuchs et al. (2005) auf zehn verschiedene Konsummuster, denen ebenfalls ein Eskalationsmodell zugrunde liegt, insofern jede folgende Gruppe eine Droge mehr konsumiert beziehungsweise eine andere Drogen-Kombination als die vorangegangene aufweist (Fuchs et al., 2005, S. 242 ff.). Bei der Ausübung von Gewalt zeigt sich dort, dass Schüler mit einem »harten« Konsummuster am häufigsten verschiedene Formen der schulischen Gewalt ausgeübt haben, gefolgt von Schülern, die zwar keine »harten« Drogen, zusätzlich zu den legalen Drogen jedoch noch Cannabis und Amphetamine und/oder Sedativa nehmen. Am wenigsten Gewalt üben die abstinenten Schüler aus.

Die in der KFN-Schülerbefragung unterschiedenen Gruppen lassen sich folgendermaßen charakterisieren: Der Anteil weiblicher Befragter ist überdurchschnittlich hoch in der Gruppe 2, was damit in Zusammenhang steht, dass sich in dieser Gruppe unter anderem die Zigarettenraucher wiederfinden und das Rauchen unter den Mädchen weiter verbreitet ist. Bei vier Gruppen liegt hingegen der Anteil männlicher Befragter über dem Durchschnitt der Gesamtstichprobe, der bei 49,4 % liegt. Bezüglich der ethnischen Herkunft ist zu konstatieren, dass deutsche und osteuropäische Jugendliche verstärkt in den Konsumentengruppen, türkische Jugendliche hingegen in der Gruppe der Abstinenzler zu finden sind. Deutsche Jugendlichen gehören in erster Linie überproportional häufig den legalen Konsumgruppen an, osteuropäische Jugendliche den illegalen. Gleiches gilt für Hauptschüler, wobei diese auch häufiger der Gruppe 1 angehören. Der Anteil an Gymnasiasten ist demgegenüber etwas erhöht bei Jugendlichen, die einen moderaten Konsumstil pflegen. Diese Gruppe erweist sich zudem durchschnittlich als am jüngsten. Mehr als ein halbes Jahr älter sind die Jugendlichen in der problematischsten Drogenkonsumgruppe 5. Es gibt nun einen deutlichen Zusammenhang zwischen der Gruppenzugehörigkeit und dem Gewaltverhalten: Je eher ein Jugendlicher einer problematischen Konsumgruppe angehört, desto eher ist er auch als Gewalttäter beziehungsweise als Mehrfachtäter in Erscheinung getreten. Dies gilt für beide Geschlechter und alle ethnischen Gruppen. Die Jugendlichen aus Gruppe 1 und 2 unterscheiden sich in der Analyse allerdings noch nicht voneinander. Es scheint sogar der Fall zu sein, dass ein moderater Konsum die Gewaltbereitschaft leicht senkt. Dies könnte einerseits ein Hinweis darauf sein, dass der Umgang mit Drogen im Sinne des Gedankens der zu bewältigenden Entwicklungsaufgabe für die weitere Persönlichkeitsentwicklung funktional ist. Andererseits ist die besondere demografische Struktur dieser Gruppe zu bedenken, in der überproportional viele weibliche Befragte und Gymnasiasten vertreten sind. Die Ergebnisse für die anderen drei Gruppen sind hingegen eindeutig, da sich diese im Vergleich zur Gruppe 1 – aber auch untereinander – deutlich im Gewaltausmaß unterscheiden. Mehr als jeder zweite Jugendliche aus Gruppe 5 hat im letzten Jahr mindestens eine Gewalttat begangen, fast jeder dritte dieser Gruppe ist ein Mehrfach-Gewalttäter.

Um der Frage nachzugehen, ob die Unterschiede bezüglich der Gewalttäterschaft auf einem Selektionseffekt beruhen oder ob sich darin auch Einflüsse der Art und Häufigkeit der konsumierten Drogen (substanzzentrierter Ansatz) zeigen, werden zunächst die unterschiedenen Gruppen im Hinblick auf weitere Variablen aus dem Bereich der Familie, der Persönlichkeit, der Freunde und des abweichenden Verhaltens charakterisiert. Die Befunde lassen sich dabei ebenfalls im Sinne eines Eskalationsmodells interpretieren: Bei fast allen betrachteten Indikatoren erweisen sich die problematischsten Drogenkonsumgruppen 4 und 5 als die belastetsten Gruppen. Die Jugendlichen in diesen Gruppen haben zu über 40 % bereits eine Trennung der Eltern erlebt, sie wurden sehr viel häufiger in der Kindheit schwer gezüchtigt oder misshandelt und haben unter anderem aufgrund dieser Gewalterfahrungen aktuell geringere Selbstkontrollfähigkeiten. Zudem bewegen sie sich in Freundschaftsnetzwerken, in denen der Konsum und der Vertrieb von Drogen zur Tagesordnung gehören. Interessant ist zudem, dass jeder zweite Jugendliche der Gruppe 5 im zurückliegenden Jahr selbst eine Gewalttat erlebt hat, was einerseits darauf hindeutet, dass sich diese Jugendlichen häufiger in risikoreichen sozialen

Kontexten bewegen, andererseits aber auch ein Hinweis darauf ist, dass über den Drogenkonsum Gewalterlebnisse möglicherweise zu verarbeiten versucht werden. Die Auffälligkeiten setzen sich zuletzt mit den sehr hohen Mehrfachschwänzerraten der Gruppen 4 und 5 fort.

Diese Auswertungen sprechen dafür, dass es sich bei den Konsumenten mit problematischem Umgangsstil um multipel belastete Jugendliche handelt und dass der Zusammenhang zwischen der Zugehörigkeit zu einer Konsumgruppe und der Gewalttätigkeit weitestgehend deshalb zustande kommt, weil diese Jugendlichen sowohl verstärkt zu Drogenkonsum als auch zu Gewalt neigen. Prüfen lässt sich diese Schlussfolgerung aber nur anhand multivariater Analyseverfahren. Aus diesem Grund wurden abschließend mehrere logistische Regressionsmodelle berechnet, in die die verschiedenen Variablenblöcke schrittweise eingefügt wurden. Die Ergebnisse geben darüber Auskunft, ob das Risiko steigt oder sinkt, zur Gruppe der Täter zu gehören, wenn bestimmte Umstände vorliegen.

Modell I bestätigt, dass die Gruppen 3, 4 und 5 ein bis zu 13-mal höheres Risiko besitzen, zu den Gewalttätern zu gehören als die Referenzgruppe der abstinenten Jugendlichen[4]. Für die Gruppe 2 gilt dies nicht. Um eventuelle Verzerrungen im Antwortverhalten zu kontrollieren, wurde zudem das von den Befragten angegebene Ausmaß des Turd- und Knoutkonsums (also zweier nichtexistenter Drogen) in die erste Analyse einbezogen. Es zeigt sich, dass diese Variable weder mit dem Gewaltverhalten, noch mit dem Zusammenhang von Gruppenzugehörigkeit und Gewaltverhalten in Beziehung steht, weshalb zu folgern ist, dass Gruppenunterschiede nicht auf differenzielle Antwortmuster zurückgeführt werden können. Die Angaben zu diesen Pseudo-Drogen werden deshalb nicht weiter berücksichtigt.

In den folgenden Modellen II bis V werden jeweils weitere Faktoren eingeführt, von denen aus zahlreichen wissenschaftlichen

---

[4] Tabellen und Abbildungen zur beschriebenen Untersuchung können bei den Verfassern abgefragt werden.

Studien bekannt ist, dass sie mit der Gewalttätigkeit in Beziehung stehen (u. a. Eisner u. Ribeaud, 2003). Zunächst wird dabei die soziodemografische Zusammensetzung der Gruppen kontrolliert. Im Ergebnis zeigt sich, dass das Risiko der Gewalttäterschaft für jede Gruppe deutlich ansteigt. Dies ist, wie zusätzliche Auswertungen belegen, vor allem auf den Einfluss der ethnischen Zugehörigkeit zurückzuführen: Weil zur Gruppe 1 überproportional viele türkische und arabische Jugendliche gehören, diese aber deutlich gewalttätiger sind als andere ethnische Gruppen (Baier, Pfeiffer u. Windzio, 2006), werden die Risiken der anderen Gruppen im Vergleich zur Gruppe 1 unterschätzt. Dies zeigt sich auch im Vergleich der Gruppen 1 und 2, denn wie sich herausstellt, ist bereits der moderate Konsum von Drogen problematisch, wenn die Gruppenzusammensetzung berücksichtigt wird; das Risiko der Gewalttäterschaft der Gruppe 2 liegt nun 1,5-mal höher als bei Gruppe 1. Vergleicht man dementsprechend das Gewaltniveau männlicher Hauptschüler deutscher Herkunft der Gruppe 1 mit dem der Gruppe 2, so erweisen sich letztgenannte als gewalttätiger (10,3 zu 15,4 %).

Neben den demografischen Faktoren werden in den weiteren Modellen die erlebte elterliche Gewalt in der Kindheit, verschiedene Selbstkontrolldimensionen, der Kontakt mit gewalttätigen Freunden sowie die Einstellung, dass der Gewalteinsatz ein legitimes Mittel der Selbstbehauptung und -durchsetzung ist (Gewaltaffinität), eingeführt. Die Zusammenhänge mit der Gewalttäterschaft stellen sich mit Ausnahme des Effekts der Impulsivität so dar, wie dies vermutet werden konnte: Im Vergleich mit Jugendlichen, die keine Gewalt in der Kindheit erfahren haben, weisen die gezüchtigten beziehungsweise misshandelten Jugendlichen ein mindestens 1,3-mal so hohes Risiko eigener Gewalttäterschaft auf. Jugendliche mit niedriger Selbstkontrolle führen sehr viel häufiger Gewalttaten aus. Die Bekanntschaft mit gewalttätigen Freunden erhöht das Gewaltrisiko um mindestens das 2,5-fache; wenn mehr als zehn solche Beziehungen existieren, ist das Risiko 13,7-mal so hoch. Gewaltaffine Einstellungen erhöhen ebenfalls das Risiko eigener Gewalttäterschaft deutlich.

Der Vergleich der Effekte der Gruppenzugehörigkeit in Modell

II und Modell V spricht nun einerseits dafür, dass tatsächlich ein Großteil des Zusammenhangs zwischen Drogenkonsum und Gewalttäterschaft darauf zurückzuführen ist, dass es sich um dieselbe problembelastete Gruppe Jugendlicher handelt. Immerhin reduziert sich das Risiko der Schüler aus Gruppe 5, im letzten Jahr mindestens eine Gewalttat begangen zu haben, vom 23-fachen auf das 4,5-fache nach Kontrolle diverser persönlicher und sozialer Umstände. Es ließe sich also folgern, dass sich Präventionsarbeit nicht eigens auf den Verhaltensbereich des Drogenkonsums erstrecken müsste. Die Prävention der Ursachen von Gewalt ist zugleich Prävention von Drogenkonsum und Prävention von drogeninduzierter Gewaltausübung.

Andererseits weisen alle Konsumgruppen im Modell V weiterhin ein signifikant höheres Risiko der Gewaltausübung auf als die abstinenten Jugendlichen. Insofern können die berücksichtigten Faktoren keine vollständige Erklärung des Zusammenhangs von Drogenkonsum und Gewalt leisten. Analysen haben darüber hinaus ergeben, dass sich – mit Ausnahme der Gruppe 3 und der Gruppe der nicht klassifizierten Jugendlichen (jeweils 1,9-faches Risiko) – jede Gruppe von jeder anderen Gruppe signifikant unterscheidet. Selbst wenn zusätzliche Faktoren wie beispielsweise die Gewaltopfererfahrung im zurückliegenden Jahr ins Modell aufgenommen werden, bleiben die Unterschiede zwischen den Konsumgruppen bestehen. Und auch im Hinblick auf die Mehrfachtäterschaft sind ganz ähnliche Befunde zu berichten.

Fazit

Drogenkonsum, so die zentrale Schlussfolgerung aus den vorgestellten Analysen, muss deshalb auch als unabhängiger Risikofaktor der Gewaltentstehung betrachtet werden. Dabei ist nicht erst der Missbrauch problematisch, wie er in erster Linie durch die Jugendlichen in Gruppe 5 abgebildet wird; auch die moderaten Konsumenten sind aufgrund ihres Konsums häufiger als Gewalttäter in Erscheinung getreten. Obwohl mit den zugrunde liegenden Querschnittsdaten streng genommen keine Aussage über

Ursache und Wirkung getroffen werden kann, lässt sich das Ergebnis, dass nach Kontrolle zahlreicher anderer Risikofaktoren ein Zusammenhang zwischen dem Konsum und der Gewalt bestehen bleibt, in diese Richtung interpretieren. Dies bedeutet: Je stärker das Ausmaß des Drogenkonsums ist und je häufiger insbesondere illegale Substanzen konsumiert werden, desto höher fällt das Risiko des Gewalthandelns aus. Insofern würden Maßnahmen zur Prävention jugendlichen Drogenkonsums unmittelbar Maßnahmen zur Prävention von Jugendgewalt darstellen.

Kehren wir abschließend zurück zur eingangs zitierten »Henne-Ei-Frage«, so lassen sich sowohl substanzzentrierte als auch persönlichkeitsorientierte Ansätze mit den präsentierten Daten bestätigen. Drogenkonsum schafft also zum einen Möglichkeiten der Gewaltanwendung (u. a. durch die Absenkung von Hemmschwellen, durch das Aufsuchen bestimmter Konsumorte), zum anderen sind aber auch Selektionseffekte für das »drug-crime-link« verantwortlich. Die empirische Bestätigung beider Ansätze korrespondiert mit der Lebenslaufperspektive, wie sie derzeit in der kriminologischen Forschung recht prominent ist (Sampson u. Laub, 2003). Mit dieser lässt sich das Verhältnis von Drogenkonsum und Gewalttätigkeit als ein sich gegenseitig beeinflussender Prozess auffassen und zwar in mindestens zweifacher Hinsicht: Einerseits erhöhen bereits in der Kindheit bestehende Problemkonstellationen und Frühauffälligkeiten das Risiko, deviante Lernerfahrungen zu sammeln, entsprechende Einstellungen zu entwickeln und Handlungen auszuführen. Der Kontakt mit Drogen ist ein weiterer Schritt, in dessen Folge eine bestehende Karriere verfestigt und das Hinauswachsen aus dieser verzögert wird (König, 2003, S. 189). Die Lebenslaufperspektive weist aber andererseits zugleich darauf hin, dass dies nicht allein bei frühauffälligen Personen einsetzen muss, sondern dass aktuelle Lebensereignisse eine ähnliche Wirkung hervorrufen können. Die Ergebnisse unterstreichen diese Überlegung, insofern sie deutlich machen, dass bei Weitem nicht alle Jugendlichen der problematischen Konsumgruppen in der Kindheit Gewalt erfahren haben; das heißt, negative Sozialisationsumstände oder Frühauffälligkeiten sind nur für einen Teil der Konsumenten zu berichten. Gerade für diese Gruppe der »späten Starter« kann der Drogenkonsum auch den Einstieg in die weitere Delinquenz darstellen. Mit der Lebenslaufperspektive verbindet sich schließlich aber auch eine optimistische Einsicht: Zu jedem Zeitpunkt einer Karriere ist ein »Ausstieg« möglich. Entscheidend hierfür sind Veränderungen in der informellen Sozialkontrolle und damit in der sozialen Einbindung der Individuen.

Literatur

Baier, D. (2005). Abweichendes Verhalten im Jugendalter. Ein empirischer Vergleich verschiedener Erklärungsansätze. Zeitschrift für Soziologie der Erziehung und Sozialisation, 25, 381–398.
Baier, D., Pfeiffer, C., Windzio, M., Rabold, S. (2006). Schülerbefragung 2005: Gewalterfahrungen, Schulabsentismus und Medienkonsum von Kindern und Jugendlichen. Abschlussbericht über eine repräsentative Befragung von Schülerinnen und Schülern der 4. und 9. Jahrgangsstufe. Hannover: KFN.
Baier, D., Pfeiffer, C., Windzio, M. (2006). Jugendliche mit Migrationshintergrund als Opfer und Täter. In W. Heitmeyer, M. Schröttle (Hrsg.), Gewalt. Beschreibungen, Analysen, Prävention (S. 240–268). Bonn: Bundeszentrale für politische Bildung.
Baier, D., Wetzels, P. (2006). Freizeitverhalten, Cliquenzugehörigkeit und Gewaltkriminalität: Ergebnisse und Folgerungen aus Schülerbefragungen. In A. Dessecker (Hrsg.), Jugendarbeitslosigkeit und Kriminalität (S. 69–98). Wiesbaden: Krimz.
BKA (Hrsg.) (2006). Polizeiliche Kriminalstatistik Bundesrepublik Deutschland. Berichtsjahr 2005. Wiesbaden.
Egg, R., Rautenberg, M. (1999). Drogenmissbrauch und Kriminalität. Ergebnisse einer vergleichenden Literaturanalyse. In R. Egg (Hrsg.), Drogenmissbrauch und Delinquenz – Kriminologische Perspektiven und praktische Konsequenzen (S. 139–148). Wiesbaden: Krimz.
Eisner, M., Ribeaud, D. (2003). Erklärung von Jugendgewalt – eine Übersicht über zentrale Forschungsbefunde. In J. Raithel, J. Mansel (Hrsg.), Kriminalität und Gewalt im Jugendalter. Hell- und Dunkelfeldbefunde im Vergleich (S. 182–206). Weinheim u. München: Juventa.
Engel, U., Hurrelmann, K. (1993). Was Jugendliche wagen. Weinheim: Juventa.
Fuchs, M., Lamnek, S., Luedtke, J., Baur, N. (2005). Gewalt an Schulen 1994–1999 – 2004. Wiesbaden: VS Verlag für Sozialwissenschaften.

Gottfredson, M. R., Hirschi, T. (1990). A General Theory of Crime. Stanford: University Press.

König, J. M. (2003). Drogen und Delinquenz. Über den Zusammenhang von Drogenabhängigkeit und Kriminalität. Bewährungshilfe, 50, 182–191.

Leppin, A. (2000). Alkoholkonsum und Alkoholmissbrauch bei Jugendlichen: Entwicklungsprozesse und Determinanten. In A. Leppin, K. Hurrelmann, H. Petermann (Hrsg.), Jugendliche und Alltagsdrogen. Konsum und Perspektiven der Prävention (S. 64–94). Neuwied u. Berlin: Luchterhand.

Lösel, F., Bliesener, T. (1998). Zum Einfluss des Familienklimas und der Gleichaltrigengruppe auf den Zusammenhang zwischen Substanzgebrauch und antisozialem Verhalten von Jugendlichen. Kindheit und Entwicklung, 7, 208–220.

Parker, R. N., Auerhahn, K. (1998). Alcohol, Drugs, and Violence. Annual Review of Sociology, 24, 291–311.

Ribeaud, D., Eisner, M. (2006). The ›drug-crime link‹ from a self-control perspective: An empirical test in a Swiss youth sample. European Journal of Criminology, 3, 33–67.

Richter, M., Settertobulte, W. (2003). Gesundheits- und Freizeitverhalten von Jugendlichen. In K. Hurrelmann, A. Klocke, W. Melzer, U. Ravens-Sieberer (Hrsg.), Jugendgesundheitssurvey. Internationale Vergleichsstudie im Auftrag der Weltgesundheitsorganisation WHO (S. 99–157). Weinheim u. München: Juventa.

Sampson, R. J., Laub, J. H. (2003). Shared beginnings, divergent Lives: Delinquent boys to age 70. Havard: University Press.

Schmidt, B. (1999). Wie kommt es zum Konsum und Mißbrauch von illegalen Substanzen? In M. Freitag, K. Hurrelmann (Hrsg.), Illegale Alltagsdrogen: Cannabis, Ecstasy, Speed und LSD im Jugendalter (S. 65–80). Weinheim u. München: Juventa.

Silbereisen, R. (1997). Konsum von Alkohol und Drogen über die Lebensspanne. In R. Schwarzer (Hrsg.), Gesundheitspsychologie (S. 189–208). Göttingen: Hogrefe.

Silbereisen, R. K., Reese, A. (2001). Substanzgebrauch Jugendlicher: Illegale Drogen und Alkohol. In J. Raithel (Hrsg.), Risikoverhaltensweisen Jugendlicher. Formen, Erklärungen und Prävention (S. 131–153). Opladen: Leske + Budrich.

Swahn, M. H., Donovan, J. E. (2004). Correlates and predictors of violent behavior among adolescent drinkers. Journal of Adolescent Health, 34, 480–492.

Weiner, M. D., Sussman, S., Sun, P., Dent, C. (2005). Explaining the link between violence perpetration, victimization and drug use. Addictive Behaviors, 30, 1261–1266.

Wetzels, P., Enzmann, D., Mecklenburg, E., Pfeiffer, C. (2001). Jugend und Gewalt. Eine repräsentative Dunkelfeldanalyse in München und acht anderen deutschen Städten. Baden-Baden: Nomos.

White, H. R., Tice, P. C., Loeber, R., Stouthammer-Loeber, M. (2002). Illegal Acts Commited by Adolescents under the Influence of Alcohol and Drugs. Journal of Research in Crime and Delinquency, 39, 131–152.

Wilmers, N., Enzmann, D., Schaefer, D., Herbers, K., Greve, W., Wetzels, P. (2002). Jugendliche in Deutschland zur Jahrtausendwende: Gefährlich oder gefährdet? Baden-Baden: Nomos.

Wolfgang Bergmann

Computerspiele – im Bann des Phantasmas, erfahrungsarm und sehr allein

Die Welt der Computerspiele

Etwas seltsam sieht das schon aus: groß gewachsene, oft leicht klobig wirkende Jugendliche und junge Männer, die wie gebannt mit dem hungrigen Blick eines Kindes vor den Monitoren hocken und darauf starren – stundenlang. So war es im August 2006 wieder zu beobachten auf der Computerspielmesse in Leipzig, der zweitgrößten der Welt. Jedenfalls eine Messe, die Jahr für Jahr die Zahl der Aussteller und Besucher massiv steigert – wie der Computerspielmarkt insgesamt allein 2005 um über 15 Prozent zunahm und inzwischen höhere Umsätze erzielt als die Filmindustrie. Immer mehr beeindruckende Zahlen aus den Marketing- und Werbeabteilungen der zwei, drei großen weltumspannenden Spielehersteller. Ansonsten bleibt alles beim Alten. Wie können wir die Wohnzimmer und Kinderzimmer noch perfekter dominieren? Das war auf den Podien allenthalben das Thema. Doch ein Blick auf die Hunderte von Spielmonitoren verriet: inhaltlich und ästhetisch nichts Neues! Wieso auch? Der Markt boomt, und die Psyche der Jungen und jungen Männer wird von ihm ergriffen wie nie zuvor.

Und damit hatte die Spielmesse auch ihr heimliches Thema. Es war fast gespenstisch. Wer mit den Eltern, die oft hilflos neben ihren pubertierenden und spätpubertierenden Jungen standen – die Zahl der spielenden Mädchen wächst ebenfalls rasant –, wer sich auf ein Gespräch mit den Jugendlichen selber einließ, wenn sie am Cola-Stand ermattet eine Pause einlegten, oder mit einem der wenigen kritischen Journalisten oder Mitarbeitern pädagogischer Einrichtungen sprach, wurde mit einem ganz anderen Stichwort konfrontiert: Computerspielsucht.

Es sind vor allem die Online-Spiele, die die Jugendlichen in ihren Bann ziehen. Per Handy und Online-Telefon, Chat und natürlich der Spielvorlage auf dem Monitor werden sie »durchgespielt«. 24 Stunden, rund um die Uhr. »World of Warcraft« und »Age of Empire« sind im deutschen Sprachraum trotz Neuerscheinungen weiter angesagt. Die Jungen bewegen sich wie selbstverständlich im Strom der elektronischen Daten, das Handy oder dem »Stöpsel« der *Voice-Mail* am Ohr, chattend im Forum und zugleich in den Spiellandschaften agierend – so kämpfen und töten sie, bilden Gemeinschaften und verlassen sie wieder; brüten Taktiken aus, die die gegnerischen Heerscharen aus dem Feld schlagen. Und dann reicht ein »Klick«, um all das – die Kontakte, die Feinde, die Phantasmen und die Stimmen – verschwinden zu lassen, als hätte es sie nie gegeben. Die Grenze zwischen Erscheinung und Verschwinden, zwischen Sein und Nicht-Sein verläuft in diesen Techniken durchlässiger als irgendwo sonst auf der Welt (von altenglischen Spukschlössern einmal abgesehen).

Einerseits folgt er bieder und gehorsam den Vorgaben der Spielkonstruktion, zugleich fühlt er sich in den Motiven aus Magie und Tod wie ein allmächtiger Herrscher. Er ist Erbauer und Vernichter, Erschaffer und Zerstörer und folgt doch penibel der Intelligenz und den Befehlen des Spielmachers, dessen Erfindungen sich nun freilich rund um den Globus fortschreiben, verändern, mit neuen Phantasmen vollsaugen. Kein Sinn weit und breit. Sinnhaftigkeit würde die allmächtigen streunenden und narzisstischen Gefühle nur hemmen und in eine vernunftgebundene Logik zwingen. Hier herrscht eine seelische und inhaltliche Leere, in der alles zu jeder Zeit möglich ist.

Der Spieler ist nicht »er selbst«. Im Netz ist man immer ein »Anderer«. Ein der Fantasie Entsprungener, ein Geistwesen. So wie die Figur, die als Spieler-Ich durch die Szenarien hüpft und kämpft, ja auch nur eine Fiktion aus Lichtpunkten ist, eine flüchtige, durchscheinende Existenz. Mit ihr verbindet sich, nein verschmilzt der Spieler. Dieser Ich-Stellvertreter, der gar nicht das

»Ich« repräsentiert, sondern ein Tagtraum ist, wird nun freilich aus einer Reihe von inneren und äußeren Merkmalen zusammengestellt. Diese wiederum sind einer Reihe von vorgegebenen Kleidungsstücken, Fähigkeiten und Charaktermerkmalen entnommen, die in der Spielkonstruktion bereits vorgegeben waren. Der Ich-Stellvertreter oder das »Nicht-Ich« auf dem Monitor ist also zum einen des Spielers eigene Erfindung, zum anderen passt sie sich präzis in die Spielfolge ein. Eine merkwürdige selbstsüchtige und zugleich gehorsam seelische Verfassung ist es, in der der junge Spieler sich da vor dem Monitor befindet: Er agiert fast omnipotent, erschafft per Mausklick ganze Spiellandschaften, verbreitet Tod und Vernichtung – und zugleich ist seine Allmacht angewiesen auf seine Anpassung an all die Zeichen und Signale der Datenströme, die seine Ideen und seine Stimme, seine Spiel-Aktionen und seine Sehnsüchte rund um den Globus transportieren.

Unser junger Spieler ist Teil einer virtuellen Gemeinschaft. Im Rahmen dieser Virtualität träumt er seinen Tagtraum eines perfekten Ich. Er versinkt mit seinem Selbstgefühl in eine paradoxe, magische Spiellandschaft, die rings um den Globus gespielt und verändert, neu erfunden und wieder verändert wird – ein Gleiten und Fliegen in eine Welt ästhetischer Weite und Endlosigkeit. Dabei – und dies ist mehr als auffällig – begegnet er fortwährend Motiven, die kindlichen Urängsten nachgebildet sind. Wie in den Volksmärchen geht es auch hier um »Ausgesetzt-Sein« wie bei Hänsel und Gretel, Verschlungen-Werden wie bei Rotkäppchen oder dem »bösen Wolf und den sieben Geißlein«, um Misstrauen gegenüber einer feindseligen, erfinderischen Welt wie in »Schneewittchen«. Durch diese Ur-Fantasien streift der Online-Spieler und wehrt sich seiner Haut, die gar nicht seine Haut ist, sondern die des narzisstischen Ich-Stellvertreters, des »Ich bin nicht Ich«. (Diese Überlegungen finden sich in ausgeführter Form in Bergmann, 1995a; 1995b; 2003.)

Keiner soll meinen, diese Spiele seien simpel. Ihre Motive sind banal, wie aus schlechten Kinderbüchern oder aus Massenmythen wie dem »Herrn der Ringe«, aber ihre seelische Tiefenwirkung ist enorm. In jedem Detail, jedem Spielabschnitt finden die Spieler Freunde, Nähe und Kommunikation, die ihnen oft sonst in der modernen Schul- und Freizeitwelt verwehrt bleibt; zugleich treten ihre Tagträume in Aktion und fordern zum intensiven Mitmachen auf. Sie handeln ganz einsam und sind doch ihren tiefsten Befriedigungen näher als irgendwo sonst.

Diese Spiele kommunizieren mit den Ängsten und den halluzinativen Allmachtsgefühlen der frühen Kindheit – und setzen sie in einem hochfunktionalen Zusammenhang fort, mitten im Datenstrom, im dichten Geprassel der Informationen, die aus den Satelliten auf den Bildschirm gleiten.

Die soziale Welt, die »Nah-Welt«, wie die Soziologen sagen, verschwimmt hinter der Mächtigkeit dieser Eindrücke. Aus Asien kommen die ersten Nachrichten von Jugendlichen, die sich vom Computer nicht mehr lösen können, die sich außerhalb ihrer autistischen Kammer kaum mehr zu bewegen wissen und in jedem Fall keinen Sinn darin sehen, ihre kleinen Spielräume zu verlassen. Manche vergessen den Körper buchstäblich, vergessen das Schlafen, sogar das Essen und Trinken, bis sie erschöpft zusammenbrechen. Von ersten jungen Toten wird berichtet. In Deutschland gibt es eine erste Klinik für Computer- und Internetsucht, eine Untersuchung der Berliner Charité vermutet 400.000 bis 600.000 spielsüchtige Jugendliche und junge Männer. Und man muss ja nur die Augen aufmachen, dann sieht man es selbst (siehe auch Grüsser u. Thalemann, 2006).

Im kinderpsychologischen Gespräch erzählte ein 14-Jähriger von seinen Spielen.
»Wann spielst du denn?«, fragte ich.
»Na«, sagte er, »nachmittags, ab drei ungefähr.«
»Und dann?«
Er zögerte, prüfte kurz, ob er mir wohl trauen könne – er konnte! »In den Ferien spiele ich durch«, erwiderte er.
»›Durch‹ heißt bis etwa vier, fünf Uhr morgens, ja?«
»Aber nur in den Ferien«, beeilte er sich zu wiederholen.
Ich nickte: Ja, ja, ich weiß, aber manchmal auch in der Schulzeit, gestern Nacht zum Beispiel.«
»Ja«, sagte er.
»Und manchmal immer«, sagte ich.

Ganze Klassen von Gymnasiasten – es sind keineswegs die bildungsfernen Jungen – kommunizieren vormittags über Szenen wie aus kindlich-pubertären Träumen und kehren widerwillig in die Bildungswelt von Buch und Schrift zurück. Gewiss, diese Jugendlichen wissen sehr wohl zwischen der realen Welt und ihrem wirklichen Ich und ihren virtuellen Identitäten und den suggestiven Kontakten zu unterscheiden – aber ihr Real-Ich erscheint immer aufgebbarer. Eine Idealvorstellung manifestiert sich in halluzinativer Weise auf dem Monitor, sie überspringt Zeit- und Raumgrenzen und setzt die Enge des vernünftigen geordneten Handelns außer Kraft. Narzisstische Träume greifen Platz, sie schließen innerseelisch an die frühesten symbiotischen Gefühle der Kindheit an und verknüpfen sie mit der Lust am Funktionieren, am gehorsamen Kämpfen und Töten und Wieder-Auferstehen. Ja, das war gespenstisch auf dieser eifrigen, hastigen Geschäftsmesse: Ganz am Rande standen die Eltern und manche Pädagogen. Sie wissen alle Bescheid, aber sie machen den Mund nicht auf. Man will sich doch nicht lächerlich machen! Soll man angesichts dieser umtriebigen Geschäftigkeit, dieses enormen Marktes plötzlich »Halt« rufen und von seelischen Gefahren reden? Wie spießig das klingt! Soll man angesichts der perfekten glatten Bilder vom Töten etwa von moralischen Grenzen reden? Dazu braucht man eine Menge Mut.

Der »spielende« Jugendliche

Bernhard hat viele Freunde – oder gar keine, das kann man sehen, wie man will. Natürlich, in seiner Schule, einem angesehenen Gymnasium, trifft er den einen oder anderen Gleichgesinnten. Manchmal ist es auch ein Mädchen. Das macht für Bernhard, der inzwischen immerhin 17 Jahre alt ist, kaum einen Unterschied. Junge oder Mädchen: Wichtig ist nur, dass sie sich mit ihm in seine Welt einklinken. Und diese Welt ist eine virtuelle, die keine Geschlechter kennt. Manchmal kommt einer oder eine dieser Gleichgesinnten in sein Zimmer hochgestiegen, das, von der elterlichen Wohnung getrennt, unter dem Dachboden liegt. Dann hockt man sich sofort vor den Computer, spielt Rollenspiele – »mehr als immer nur das müde Real-Ich!« –, setzt fort, was in den Chat-Räumen oder anderswo im virtuellen Raum begonnen wurde. Reale Begegnung oder virtuelle – für Bernhard und die anderen ist das gleich!

Vor einiger Zeit hat sich einer in Bernhards wichtigstem Forum umbringen wollen (vielleicht hat er es getan, woher soll man das wissen?). Das hat sie alle in fiebrige Spannung versetzt, einen Abend lang. Am nächsten Abend fragte der eine oder andere nach dem, der seinen Selbstmord angekündigt hatte. Er war nicht mehr da, oder war er unter einem neuen Namen anwesend? Was war aus ihm geworden? Es gab überhaupt keine Möglichkeit, dies in Erfahrung zu bringen. Er war verschwunden im Grenzbereich von Realität und Schein, im virtuellen Leben oder Nicht-Leben. Er war nicht mehr existent in der virtuellen Kommunikation. Das bedeutet wenig, vielleicht hat er einfach das Interesse verloren. Vielleicht lebte er, vielleicht auch nicht.

So prägt sich das Soziale ein. Das träumende Ich oder Nicht-Ich, die Kontakte in einen leeren, unendlichen Raum hinein, die Vermengung mit Spiel und Gemeinschaften rund um den Erdball, außerhalb von Zeit und Raum, die sich beide auf dem Monitor nicht darstellen lassen – eine neue Sozialität reift heran.

Es ist eine fließende, weiche Gemeinschaft, die zugleich voller tödlich-abrupter Gefahren und Aktionen ist. Wer sich hier nicht total anpasst, wird schnell ausgegrenzt. Viel Geduld gibt es im Netz nicht. Wer nicht mitfließt und -schwimmt im Strom der Kontakte und Handlungen, hoch angepasst, der soll doch gleich für sich bleiben! Widerspruchsgeist und Außenseitertum werden hier kaum geduldet. Sie werden nicht als Tugenden empfunden, sondern als Störfaktoren. Sie gehen auf die Nerven. Diese strömende Sozialität erträgt keinen Bruch, keine Dysfunktionen, auch keine Disharmonie. Im Chat wird schnell geschrieben und schnell geantwortet. Im Spiel kommt es so und so auf jede Sekunde an. Wenn einer da mit komplizierten Fragen oder Antworten kommt, dann dauert das. Dafür fehlt den großen und kleinen Spielern die Ausdauer. So viel Konzentration für einen anderen Menschen bringen sie nicht auf. Sie werden unruhig. Können wir nicht über etwas anderes reden, etwas anderes beginnen? Die Gruppe stimmt zu, und derjenige, der auf seinen Fragen beharrt, wird mitsamt seinem Eigensinn ausgeschlossen. Er bleibt einfach zurück. Wie übergangen, als gäbe es ihn nicht. Irgendwann wird er schon verschwinden. Die anderen atmen auf. Der Störenfried ist weg. Gut so. Vielleicht wird er sich mal wieder melden. Vielleicht nicht.

Der soziale Rahmen

Sie spüren, diese Jungen, Jugendlichen und junge Männer, dass ihr Verhalten einer allgemeinen Kulturentwicklung unserer Zivilisation entspricht. Sie haben die Hektik, die Isolation mitten auf belebten Plätzen, die laut herausgeplauderte Intimität per Handy im Gedränge einer Straßenbahn, die Rücksichtslosigkeit gegen alles, was schwach ist, sozusagen inhaliert. Zugleich weht ein Kältewind der wirtschaftlichen Neuordnung rund um den Globus und erschüttert alte Gewissheiten. Lebensvorsorge wird unsicher, Planung in Beruf und Familie erscheint angesichts globaler Umwälzungen nahezu naiv. Zugleich werden Bilder vom persönlichen Erfolg, von Schönheit perfekter Art und dem uneingeschränkten Glück über alle Medien global ausgebreitet. Diese Glücksbilder fixieren die Sehnsüchte und machen zugleich deutlich, dass sie von der Realität nicht erfüllt werden. Die Jungen spüren es genau. Noch nie gab es eine junge Generation, die so umfassend informiert, so weltweit kommunizierend aufwuchs wie diese, und noch nie eine, die so müde, leer und wie in einem permanenten Schwebezustand existierte. Die Computer und ihre Identitätsangebote haben den Atem dieser Kulturwende, zu der unsere Zivilisation sich auf den Weg gemacht hat. Ihre Botschaft an die Jungen lautet: Nichts ist gewiss. Nur, dass die alten Bindungen, die Werte der Väter, der Name der Familie und die Sehnsucht nach symbiotischem Geborgensein zu Hause nicht mehr »aktuell« sind – das ist sicher.

Ihre Sucht freilich entsteht dadurch, dass sie in den Computerspielen letztlich auch nicht finden, was sie gesucht haben. Sucht ist gierig und maßlos, weil sie keine Befriedigung kennt.

Erfahrungen aus der therapeutischen Praxis

Bei allen computersüchtigen Jugendlichen, die meine Praxis aufsuchen – ähnlich wird es auf Kongressen oder Weiterbildungen berichtet –, findet sich ein zweifaches Merkmal in ihrer Lebensgeschichte; eine hoch ambivalente, ungelöste Bindung zur Mutter und ein hybrides Ich-Ideal, das den Kontakt mit der Alltagsrealität scheut, schließlich eine aus beidem folgende Depressionsneigung. Viele dieser Jungen verfügen zwar über eine mindestens durchschnittliche, oft sogar überdurchschnittliche Intelligenz, weisen aber Defizite in ihrer Fähigkeit zu selbstverständlichen, fließenden Kontakten auf, verlässliche Bindungen und dauerhafte Freundschaften kennen sie gar nicht oder allenfalls aus der frühen Kindheit. Überhaupt fällt ihnen der Kontakt mit Menschen schwer, sie werden schnell unruhig, wirken erschöpft nach einem Gespräch. Das Maß an Empathie, das jeder Kontakt benötigt, führt sie an die Grenze ihrer Belastbarkeit. Leicht und fließend wird die Kommunikation mit ihnen erst, wenn man sie nach ihren Spielen fragt oder auch nach weiterführenden, oft mit Mitspielern aus der eigenen »Gilde« initiierten, ästhetischen Projekten im Netz: Dann fließt die Sprache, dann sind Syntax, Sprachklang, Gesichtsausdruck und Körper endlich im Gleichklang, dann »schwingt« das Gespräch und sie entfalten mit ihrer Begeisterung eine gewisse anziehende Personalität.

Der Rekurs auf frühe Bindungsstörungen[1] liegt nahe, ebenso ist erkennbar, dass diese Jugendlichen Defizite in der frühkindlichen symbolischen Erfassung der Welt, im Erlernen von Raum- und Zeitstrukturen, in der Konstitution ihres Selbst »als Körper im Raum«, schließlich in ihrer Sprachentwicklung aufweisen.[2] Diese sind allerdings in der ärztlichen Diagnose ebenso wie in der therapeutischen Kur und erst recht in pädagogischen Situationen nur unpräzis zu erfassen, auf der rein kognitiven Ebene wirken diese

---

[1] Vgl. die empirisch ausführlichen Untersuchungen zur frühkindlichen Bindung zuletzt bei Grossmann und Grossmann (2003).
[2] Vgl. meine Darstellung von Hyperaktivität, Computererfahrungen und frühkindlichen Symbolerwerb (in: Ahrbeck, 2006).

Jungen zunächst unauffällig. Ihre Mängel sind emotionaler Art. Sie beherrschen Sprache, auffällig ist jedoch ihr übermäßig gewählter, gezierter Sprachgebrauch, sie orientieren sich in Zeit und Raum und wirken doch immer wieder wie abwesend. Tagträumerisch oder in leichte Absenzen versinkend verlassen sie die Strukturen der Realitätserfassung gleitend. In zahlreichen Gesprächen berichten mir Grundschullehrerinnen ebenso wie Berater oder Therapeuten, dass sie in beunruhigender Weise fühlen, ihr jugendliches Gegenüber nicht erreicht zu haben und von ihm nicht beantwortet zu werden. Ihre Freundlichkeit ist eine Spur zu glatt, dem Blickkontakt fehlt Intimität, diese kindlichen Jugendlichen (und oft jungen Erwachsenen) sind auch immer schnell gelangweilt.

Interpretation: Sie behandeln ihr Selbst und ihre geistigen Fähigkeiten wie fungible Gegebenheiten, wie »Selbst-Objekte«, in denen das seelisch-körperliche Selbst sich selber zum Gegenstand nimmt und es mit überhöhter Bewusstheit »ausstellt«. Sie zeigen sich und ihre Fähigkeiten, ihre Höflichkeit ohne ein gleichzeitiges authentisches Selbstempfinden, das macht die Integration von komplexen Eindrücken eines Gespräches oder einer Situation schwer. Sie erinnern Ausschnitthaftes, Details, diese aber übergenau. Der Mangel an innerer Authentizität scheint zu einer kaum überschreitbaren Grenze im emphatischen Erfassen des »Anderen« und in der Integration komplexer Sachverhalte gleichermaßen zu führen. In gewisser Weise bleiben sie unberührt.

Meine Erfahrung lässt die Vermutung zu, dass sie sich während des frühkindlichen Erwerbs ihrer seelisch-kognitiven Fähigkeiten zu keinem Zeitpunkt aus dem mütterlichen Bannkreis lösen konnten.

Jenseits des symbolischen Aufbaus von Realitätswahrnehmung – der oftmals schon früh überbewusst erschien, altklug, während ihm zugleich kindliche Abenteuerlust und Freude an den Dingen, das beglückte Entfalten der Geschicklichkeit des Tastens, der Fingerspitzen, der Empfindsamkeit der eigenen Hände, schließlich des Körper-Ganzen nur unzureichend gelang, »faul« war er immer schon«, berichtet eine Mutter dann, »ließ sich immer lieber tragen, als selber zu laufen, hatte wenig eigene Initiative«! – entfalten sie, wie abgespalten, ein hybrides »inneres Bild«. Ein »Ich-Ideal« in freudianischer Diktion, das sich dagegen sperrt, sich von den Stimmen und Blicken der Anderen, den Normen des Alltags, der Nähe anderer Menschen erschüttern und durchdringen zu lassen. Es scheint gegen jede Kränkung abgesichert, und hat zum Ideal-Ich kein begrenzendes Über-Ich entwickelte.

Alles, was anders ist, behält den Anklang von Fremdheit, ja, eine gewisse Bedrohlichkeit. Das sich entfaltende Selbst ist unter den Zwängen des Ideal-Ich immer wie auf dem Sprung, immer abwehrbereit, mal maulig, besonders bei herausfordernden neuen Aufgaben oder Spielen, mal offen aggressiv, mal verklemmt-traurig. Eine intuitive Berührungsfurcht hält sie auf Distanz, das Selbsterleben will sich mit der Existenz des »ganz Anderen«, des gleichberechtigen Gegenüber nicht abfinden. Noch einmal: Ich-Ideal und Über-Ich sind zerfallen. Oft wirkten diese Jungen schon im Kindergarten schüchtern, sehr zurückgenommen, zugleich von einer halsstarrigen Selbstbezogenheit, die auch von freundlichen Aufforderungen, an Spielen teilzunehmen, nicht zu erschüttern war.

Familiäre Konstellation

Wie erklärt sich diese seelisch so befremdliche Konstellation? Im Rahmen der modernen Kleinfamilie wächst, anders als in früheren Großfamilien, anders selbst als in den bürgerlichen Familien noch der Fünfziger- und Sechzigerjahre, eine neuartige Befindlichkeit des Aufeinander-angewiesen-Seins heran. Familien heute sind Gefühlsgemeinschaften. Mann und Frau müssen ihre im Rahmen einer hoch individualisierten Kultur herausgebildeten Bedürfnisse immer erneut miteinander austarieren. Kein normativ verregeltes oder gar mystisch überhöhtes Bild, keine übergeordnete »Idee« von Ehe trägt ihre Beziehung. Zugleich sind beide Partner meist getragen von einem sehnsuchtsvollen Ideal der heilen konfliktfreien Familie. Solche Paare neigen zu kollusiven Bindungen, unter denen alle Differenzen verborgen bleiben sollen – bis die Bedürftigkeiten und Kränkungen, die zu lange dem Schein der vollkommenen Harmonie weichen mussten, unversöhnlich aufeinander prallen. Das Kind ist nun das einzig »Dritte«, das gemeinsame, über das Selbst hinausweisende und insofern das unsichere Miteinander stabilisierende »Objekt«. Dieses Kind trägt nach innen und außen die Beweislast: Dies ist eine »heile« Familie, eine gute Mutter, ein liebevoller Vater. Kinder werden gemeinhin in modernen Familien verwöhnt. Jedes Wochenende steigert sich zu einer Art Event-Management, um es zufriedenzustellen. Konflikte mit dem Kind werden kaum ausgehalten, sie stellen ja die fein austarierte Gefühlsbalance auf eine Probe, die oft nicht bestanden wird. Zugleich muss dieses Kind gefälligst ein kluges, kreatives, durchsetzungsfähiges Kind sein, die Leistungs- und Rivalitätsnormen sind eng gezogen.

Anders formuliert: Das Kind wird zu einem »idolisierten Objekt«.[3] Als solches erwirbt und verinnerlicht es seine frühkindlichen »Weltbezüge« und will später nicht davon lassen. Im Aufbau seiner symbolischen und emotionalen Strukturen konstituiert es sich – die Erwartungen der Eltern verinnerlichend – als ideales Selbst-Objekt. Irgendwo, insgeheim in ihm verborgen ist es etwas »Besonderes«, Herausragendes, muss es sein, solange es die innere Bindung an Mama und Papa nicht zerreißen will. Abgespalten werden Realerfahrungen, die dem idealen Selbst widersprechen. Schmutz und eigene schmutzige erotische Neugier, Lärm und das eigene »Lärmen-Wollen«, überhaupt ein ungehemmtes, uneingeschüchtertes Selbstempfinden, alles durchläuft eine permanente hemmende Selbstprüfung. Die Realität ist nicht genug, und damit genügt auch dieses Kind in seinem alltäglichen Handeln niemals ausreichend seinem idolisierten Selbst. Dies ist gemeint, wenn ich vom Bannkreis der Familie, besonders des Mütterlichen sprach, den diese Kinder nie ganz verlassen haben, auch als 18- oder 19-Jährige nicht.

---

[3] Zur Theorie der »Idolisierung« analytisch profund bei Khan (1978).

Umgang mit der Realität

Freilich drängt die Realität sich wieder auf, mit jedem Balletttraining oder dem Eintritt in einen Sportverein, einer Gesangsgruppe, jeder Freundschaft und erst recht der Schule wird die Eigenart des Realen zur Bedingung des eigenen Handelns, Fühlens, Denkens. Unser idolisiertes Kind kann ihnen nicht genügen, also wird der Realitätsanspruch entwertet, gleichgültig und übererregt zugleich zur Seite geschoben, vergessen, übergangen. Das Kind und später der Jugendliche wirkt antriebsarm, desinteressiert, gefühlsarm und dabei immer wie gekränkt und verwöhnt. Es signalisiert sich selber und Anderen: Ihr erkennt mich nicht, meine Besonderheit bleibt euch verborgen, ihr berührt mich kaum! Dabei ist er von einer permanenten Bedrohung der Selbstentwertung durchzogen.

Diese Angst vor dem Absturz ins Reale ist allen computersüchtigen Jugendlichen gemeinsam (bis hin zu Panikattacken, wenn sie sich genötigt fühlen, angstbesetzte Schultests oder zum Beispiel Studienaufgaben anzugehen).

Die Trennung von »Mama« findet verspätet und unter traumatischen Bedingungen statt, sie wird – oft von beiden Seiten – geleugnet, solange die körperliche Reifung und das soziale Umfeld dies eben noch zulassen. Regelmäßig findet sich bei den spielsüchtigen Jugendlichen eine schwach ausgeprägte Pubertät. Die als »pubertär« interpretierten Konflikte treten erst dann in Erscheinung, wenn Vater oder Mutter schließlich doch die Realitätsansprüche an den Sohn weitergeben, dabei immer ungeduldiger und enttäuschter erscheinen: Ihr Kind sollte doch ein besonders begabtes, besonders leistungsfähiges Kind sein. So war es gedacht. Gemeinsam mit dem verstörten Jungen beginnen sie oft ein Erstgespräch mit der Frage, ob ihr Sohn nicht doch hochbegabt sei – etwas ganz Eigenes eben, eine Besonderheit, ein Leistungsidol der, wie es neuerdings in der Pädagogensprache heißt, »early excellence«.

Der Jugendliche wird in einer inneren Zerreißprobe zwischen den verinnerlichten Elternbildern, die seine Selbst-Idolisierung stimulierten, und den realen Elternforderungen zerrissen, die Konflikte nehmen gerade bei dieser Vorgeschichte nach einer als

»traumhaft innig« erlebten Kindheit extrem harte Züge an. Besonders die innige Mutter-Kind-Bindung endet in einen schier unlösbaren Konflikt, der von beiden Seiten als Kränkung erlebt wird und sich bis zur offenen Feindseligkeit steigert.

Das internalisierte Selbst-Idol wird dadurch freilich nicht berührt, es kann um den Preis einer seelischen Zerreißprobe, die in eine psychotische Problematik verlaufen kann, gar nicht aufgegeben werden. Die kindlich gebliebenen Jugendlichen fliehen nunmehr endgültig in die virtuellen Räume, in denen sie erleichtert in harmonisierenden Lichtszenarien, in harmonisch-magischen Spielaktionen wieder zum allmächtig Handelnden, zum versöhnt in Lichtwelten funktionierenden Akteur werden dürfen. In den neueren Online-Spielen gewinnen diese Bedürftigkeiten durch begleitende Internet-Telefonie und Chat eine Art kommunizierter Realitätsvergewisserung.

Das Bemühen, sie aus den virtuellen Allmachtsspielen herauszuführen, stößt auf massive Angstabwehr. Diese jungen Menschen leben ein eigenartig asexuelles, emotionsarmes, gleichwohl ein als intensiv empfundenes egozentriertes und auf banale Codierungen begrenztes kommunikatives Leben. Gäbe es die Alltagsrealität nicht, wäre ihre seelische und kommunikative Welt ebenso wie das schnelle und gewandte Funktionieren ihrer Intelligenz in Spiel und Planung befriedigend. Das Reale ist der Feind. So erscheinen sie im Gespräch freundlich, offen, zugewendet, oft sehr sympathisch, bis man sie aus ihrer hybriden Selbstverschlossenheit herauslenken will. Der kleinste Fehler, die geringste Parteinahme weg vom Kontakt hin zur Realerwartung, dann erkaltet der Kontakt, ihr Blick wird abwesend und leer. Die Bedrohung, die der therapeutische oder beratende Ansatz für sie bedeutet, ist unübersehbar.

Das erzeugt bei unerfahrenen Therapeuten und oft bei Lehrern, die diese Jugendlichen zunächst als sehr zugewandt erlebten und sich um sie bemühen, eine gehörige Verstörung, sobald sie auf die oftmals kränkende Selbstsucht und Starrheit stoßen, mit denen die scheinbar so freundlichen jungen Menschen plötzlich den Abbruch aller Bindungen fast mühelos in Kauf zu nehmen bereit ist. Therapeutisch versagen die tradierten Therapiemodelle, wir müssen uns entlang der Ästhetik der Bildwelten ebenso wie der Frühgeschichte dieser jungen Menschen ganz neu orientieren lernen – aber das ist ein weites Feld.

Eine biologisch-gehirnorganische Skizze[4]

Die neuere Gehirnforschung hat aufgeräumt mit einer lange tradierten Einschätzung, dass elementare Grundlagen der Gehirnentwicklung spätestens mit Abschluss der Pubertät wesentlich unveränderlich seien, eben damit, dass biologische Voraussetzungen nur begrenzt erweitert oder verändert werden könnten. Neue Experimente und klinische Erfahrungen erweisen dagegen die unendliche Plastizität des menschlichen Bewusstseins, auch auf organischer Ebene. Die durch Aktivitäten stimulierten Vernetzungen und die nutzungsabhängigen Stabilisierungen synaptischer Netzwerke ist niemals »zu Ende«, sie geht unter vernachlässigenden Umweltbedingungen zugrunde, und sie erweitert und differenziert sich unter günstigen Voraussetzungen unermüdlich. Die für diese Fähigkeiten verantwortlichen hochkomplexen Nervenzellenverschaltungen benötigen der permanenten Zufuhr, das gilt besonders für den vorderen, zuletzt ausreifenden Bereich, den Stirnlappen. Hier werden »Selbstwirksamkeitskonzepte« festgeschrieben, Motivation und Impulskontrolle werden im Frontallappen stabilisiert. Dies geschieht freilich nicht von allein, sie müssen fortwährend berührt, seelisch und sinnlich gespeist werden. Wo dieser Zufluss neuer Erfahrungen in der Selbsterstarrung der oben beschriebenen Art unterbrochen wird, setzt eine sich zunehmend organisch verfestigende Selbstlähmung ein. Früh entwickelte, fest eingefahrene Denk- und Verhaltensmuster führen bei der Berührung mit ängstigenden Außenerfahrungen zu Verhaltensweisen, die auf sterile Weise immer wieder aktiviert werden: Schreien, Schlagen oder resignativer Rückzug mit starken selbstdestruktiven Anteilen. Die anfangs noch lockeren Verschaltungsmuster des Ge-

---

[4] Die folgenden Anmerkungen sind angeregt und folgen den Analysen von Gerald Hüther (Bergmann u. Hüther, 2006).

hirns benötigen Dauer und Schutz, Wiederholbarkeit und Erwartbarkeit äußerer Umstände, um sich neuronal zu festigen. Dazu gehört das Vertrauen in die Sinnhaftigkeit der Welt ebenso wie ein quasi natürliches Geborgensein. Dies alles ist modernen Kindern insgesamt, den oben skizzierten in besonderer Weise versagt.

Konsequenterweise suchen sie nach dem »Kick«, der immer schneller, immer heftiger einsetzen muss. Kicks gibt es in der Jugendkultur zahlreiche, vom Koma-Saufen bis zur ungehemmten Aggressivität auch innerhalb der eigenen Peergroup, Kicks gibt es in hoher Zahl in Computerspielen. Aktion und Erfolg folgen aufeinander in schnellem Wechsel, Botenstoffe wie Dopamin nähren das Belohnungssystem und setzen begleitende endogene Rauschstoffe frei. Von Kick zu Kick steigert sich die Unruhe und die Wiederholbarkeit der Befriedigung, die nie ein Ende findet – so, wie die Computerspiele selber, anders als alle stoffliche Objekthaftigkeit in der realen Welt, weder Anfang noch Ende haben. Sie sind maßlos und unerschöpflich, wie Kinderwünsche, und führen letztlich nur in ein weltleeres, erfahrungsverarmtes Ich.

Wenn wir uns etwas vorstellen oder vor uns hin träumen, greifen wir immer auf die assoziativen Verknüpfungen und komplexen assoziierenden Netzwerke unseres Gehirns zurück, und damit ist alles gesagt, was man wissen muss, um zu verstehen, was im Gehirn der Jugendlichen passiert, die täglich stundenlang vor ihren Spielen sitzen: Einige wenige assoziative Verknüpfungen werden enorm und intensiv benutzt – und entsprechend ausgeformt. Die fast ausschließlich über den Sehsinn zum Gehirn weitergeleiteten Signalmuster werden also immer dichter mit den dabei erzeugten Vorstellungen und Bewertungen verbunden. Alles andere bleibt ungenutzt. Weder kommt es zur Aktivierung der Verknüpfungen mit anderen Sinneseingängen – der Spieler spürt seinen Körper ja kaum noch. Das Körperliche tritt zurück gegenüber dem Allraum des Spieles, in denen die gelernten Symbolordnungen von Zeit und Raum und »Angeschaut-Werden« nicht mehr gültig sind und nichts das ist, was es darstellt. Aus den assoziativen Netzwerken im Assoziationskortex wird eine Kümmerversion dessen, was bei komplexerer Nutzung hätte daraus werden können. Vor dem Monitor freilich ist es genau diese Überfokussierung, die dem Spieler Vorteile verschafft, seine enorme visuelle Konzentration und rasche Reaktionsfähigkeit, sein oft unbegrenzt erscheinendes Assoziationsvermögen ist die Grundlage seines Erfolges – und stabilisiert das Bindungsverhalten an die Maschine.

Die Leistungen des Frontalhirns sind dafür zuständig, uns im Leben zu ordnen, planvolle Entscheidungen zu treffen und bei Misserfolgen nicht unverhältnismäßig frustriert aufzugeben oder in Wut zu geraten – Metakompetenzen also, denen frontokortikale Netzwerke zugrunde liegen, die durch Lernprozesse herausgebildet werden. Bei dem exekutiven Frontalhirn handelt es sich um kognitive Kontrollfunktionen, die unterschiedlich gehirnphysiologisch repräsentiert sind: Im dorsolateralen Frontalkortex werden Handlungskonzepte entworfen, Planung und zeitliche Organisation sowie das Vorausschauen von Konsequenzen vorbereitet. Hier wird gleichsam ein »Erfahrungsschatz« niedergelegt, der späteres Verhalten selbstregulierend mitlenkt. Der orbitale Frontalkortex ist die Region, die für die Aufmerksamkeit zuständig ist. Die Fähigkeit zur Konzentration, das Ausblenden störender Impulse wird hier ausgeübt. Die Impulse werden, wie skizziert, auf tieferen subkortikalen Hirnregionen generiert, sie machen sich als basale Bedürfnisse bemerkbar und durchkreuzen das Planungsverhalten. Das Zusammenwirken der genannten Frontalhirnregionen ist also für das planmäßig-aufmerksame Arbeitsverhalten zentral. Im dorsomedialen Frontalkortex schließlich werden synaptische Netzwerke herausgebildet, die an der Regulation der Motivation beteiligt sind, wenn neue Aufgaben aufgenommen werden. Kontrolle und Bewertung des eigenen Handelns, Motivation aus basalen Bedürfnissen umgeformt zu realitätsangemessenen eigenen Motivationslagen – dies alles ist die »Zuständigkeit« der frontokortikalen Netzwerke. Planung und Selbststeuerung werden auch in den Computerspielen eindringlich geübt – weshalb sie etwa in der Therapie übermäßig impulsgesteuerter Kinder durchaus eine begrenzte Funktion einnehmen können. In den Computerspielen ist es nun freilich so, dass die Ästhetik des Spiels und der Spielinhalte zwar ein hoch konzentriertes und planvolles Vorgehen erfordert, aber nur in Verbindung mit den Abspaltungsprozessen, die weiter oben angedeutet wurden. Insofern gibt es Vernetzungen mit den tiefer liegenden Gehirnregionen, in denen die frühkindlichen Fantasiebilder und -träume die Bedürftigkeiten so dominieren, dass der Bereich der Selbstkontrolle und -regulation gleichsam in ihren Bannkreis verbleibt und ihn niemals in Richtung einer komplexen Realität überschreitet. Das Gebunden-Sein an das frühkindliche Geschehen, das sich in den hier skizzierten Vernetzungen und Funktionen des Gehirns abspiegelt, beschreibt die Dramatik der und die schwierige Annäherung an die computerspielabhängigen Kinder und Jugendlichen.

Literatur

Ahrbeck, B. (Hrsg.) (2006). Hyperaktivität. Kulturtheorie, Pädagogik, Therapie. Stuttgart: Kohlhammer

Bergmann, W. (1995a). Zwischen Schock und Trance. DIE ZEIT.

Bergmann, W. (1995b). Fliegen im Internet. Süddeutsche Zeitung.

Bergmann, W. (2003). Erziehen im Informationszeitalter. München.

Bergmann, W., Hüther, G. (2006). Computersüchtig. Kinder im Sog der Medien. Düsseldorf.

Grossmann, K. E., Grossmann, K. (Hrsg.) (2003). Bindung und menschliche Entwicklung. Stuttgart: Klett- Cotta.

Grüsser, S. M., Thalemann, R. (2006). Computerspielsüchtig? Rat und Hilfe. Bern: Huber.

Khan, M. (1978). Entfremdung bei Perversionen. Frankfurt a. M.: Suhrkamp.

Heinz Kaufmann

Die Bedeutung von Erziehung, Pädagogik und Schule in Bezug auf Prävention und Ursachen des Suchtmittelmissbrauchs im Jugendalter

»Nur im Doppelpack«: Verhaltens- und Verhältnisprävention

Es gibt kein menschliches Verhalten, dem nicht ein Hintergrund zugeordnet werden könnte. Diese Erkenntnis gilt natürlich auch für den Umgang mit Suchtmitteln. War der Pro-Kopf-Bierkonsum der Männer in der DDR zu Wendezeiten ähnlich hoch wie in der Bundesrepublik, so wurden in der DDR fast doppelt so viele Spirituosen getrunken (Deutsche Hauptstelle für Suchtfragen, 1994). Demgegenüber bauten sich die Berührungsängste gegenüber illegalen Substanzen wie Cannabis und Heroin langsamer ab als erwartet. Die »Drogenwelle« überrannte nicht wie ein Tsunami die ostdeutschen Bundesländer, das »Unbekannte« erzeugte über lange Zeit Angst und Abwehr. Auch die Inhalte und Ziele von Erziehung und Pädagogik in Schule und Elternhaus haben ihren spezifischen gesellschaftlichen Hintergrund. Während Ostdeutschland beim Spirituosenkonsum eher russische Verhältnisse annahm, folgte die westdeutsche Gesellschaft im Umgang mit Sucht und Suchtmitteln eher amerikanischen Modellen. Offizielle deutsche Suchtpräventionsansätze und -programme in Schule und Jugendarbeit zielten in den letzten Jahren besonders auf die Verhaltensprävention (Klasse 2000, »Be Smart – Don't Start«, »Kinder stark machen«). In der heutigen Presse können wir verstärkt eine Beachtung der Verhältnisprävention auf europäischer Ebene erkennen: Rauchverbote in der Öffentlichkeit, Werbeverbote und Steuererhöhungen zum Beispiel auch für Alkohol im Sinne einer

Vereinheitlichung werden partei- und staatsübergreifend immer populärer, verhelfen zu einem Rückgang des Konsums und gestalten einen allgemein sensibleren Blick auf Gefahren (vgl. BZgA, 2006).

Verhaltens- und Verhältnisprävention gehören untrennbar zusammen, nur im »Doppelpack« vergrößern sie sich und gewinnen an Effektivität. Suchtprävention ist demnach nie als abgegrenzte Einzelaktion sinnvoll und Erfolg versprechend: in Familie und Schule ebenso wie in der Jugendarbeit oder der Gesetzgebung.

»Grafisch ganz einfach«: Das Ursachen-/Präventionsmodell

Das klare, prägnante Modell für Suchtursachen von Kielholz und Ladewig (1973) hat an seiner Stimmigkeit nichts eingebüßt. Dass Suchtentwicklung beim Menschen multifaktoriell zu betrachten ist, ist mittlerweile ein Gemeinplatz geworden. Das Sucht-*Ursachenmodell* beschreibt, aus welchen Faktoren sich Suchtverhalten und Sucht entwickeln kann. Das Sucht-*Präventionsmodell* (Kaufmann, 2001) dreht die Pfeile um – grafisch ganz einfach zu gestalten, aber praktisch immer wieder mühsam umzusetzen (s. Abb. 1).

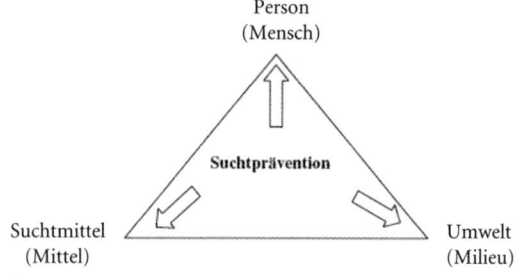

Abbildung 1: Suchtpräventionsmodell

Suchtpräventionsbemühungen wurden immer wieder eindimensional betrieben. So etablierte sich erst in den Siebzigerjahren des letzten Jahrhunderts eine ursachenorientierte Suchtprävention.

Vorher gab es hauptsächlich Abschreckungsstrategien, die aktuell weiterleben. Ließ man damals auf Plakaten in Schuleingangshallen den Junkie auf der dreckigen Toilette sterben, so lesen wir heute den Warnaufdruck auf Zigarettenschachteln oder loben Besuche einer Thoraxklinik für Schüler inklusive Live-Lungenspiegelung (Lehrer-Online, 2004). Der Unterschied zwischen damals und heute besteht allerdings darin, dass Abschreckung nicht mehr als Nonplusultra angesehen wird, sondern (umstrittener) Teil eines Gesamtkonzeptes geworden ist. Der Kampagnen-Slogan »Keine Macht den Drogen« hat sich fest in der Kenntnis der Bevölkerung verankert, bis er in der Jugendsprache verballhornt (»Keine Macht den Doofen«, »Keiner macht mir Drogen«) wurde. Er transportiert per se ein Suchtpräventionsmodell der Siebzigerjahre, das die Droge in den Fokus stellt und nicht die Suchtfaktoren als interdependente Gestalt.

Die Grafik macht deutlich, dass Einzelaktionen wie ein Vortrag, ein Film oder ein Projekttag kaum suchtpräventive Effektivität haben können. So klingt in der lokalen Presse (Landkreis Limburg-Weilburg, 2006) oder einer Schulhomepage (Marion-Dönhoff-Realschule, 2005) der Bericht über einen Klinikbesuch sehr eindrucksvoll, belässt den Laien aber in der Bestätigung, dass hier wieder einmal Suchtprävention durch eine einmalige Aktion gelungen und nachahmenswert ist. Aufklärung kann und darf aber nur Teil einer vernünftigen Gesamtkonzeption sein. Angst als pädagogischer Ratgeber ist gefährlich, Lernen in Angst ist ineffektiv oder wird zumindest stark beeinträchtigt. Erst durch die Beachtung und Bearbeitung *aller* Suchtfaktoren-Felder ist ein Präventionsanspruch einzulösen – mit möglichst geringen Reibungsverlusten.

»Vom Knirschen und Ölen«: Das Zusammenspiel der Zahnräder

In den letzten zwei Dekaden gab es in allen Faktorengruppen des Präventionsdreiecks hervorragende Angebote. Von der kommunalen Suchtprävention bis zum Rauchverbot an Schulen, vom Ansatz »Alle Lehrer/-innen sind für Suchtprophylaxe verantwortlich«

(Senatsverwaltung für Schule, Berlin, 1997) bis zum »Be Smart – Don't Start«-Wettbewerb (IFT Nord), von Elternhomepages (http://www.starke-eltern.de) bis zur Internet-Beratung ist ein großes »Räderwerk der Suchtprävention« entstanden, das allen Verantwortlichen in Erziehung, Pädagogik und Schule zur Verfügung steht. Ob allerdings die alleinerziehende Mutter, der einzelne Klassenlehrer, der Mitarbeiter im Jugendheim oder die Gesamtelternkonferenz einer Schule Kenntnis über das breit gefächerte Angebot erhält, ist häufig von der Findigkeit und dem lokalen Organisations- und Kooperationsgrad der Verantwortlichen abhängig. Darüber hinaus erschweren unterschiedliche Landesgesetze, falsch positionierte Liberalität oder Lobbyismus die flächendeckende Umsetzung verhältnispräventiver Arbeit. Das Zusammenspiel der Zahnräder knirscht an vielen Stellen, könnte aber durch punktuelles Ölen, sprich durch verstärkte Anstrengung in Richtung auf koordinierte und kooperative Suchtprävention verbessert werden. An einigen guten Beispielen und schwierigen Bedingungen der Nikotinprävention lässt sich dies verdeutlichen:

- In den Jahren 2004 bis 2006 haben sieben von 16 Bundesländern beschlossen, die rauchfreie Schule als Programm umzusetzen. Ein flächendeckendes Rauchverbot für Schüler und Schülerinnen könnte den jungen Menschen Signale aufzeigen, Schule als Ort der Gesundheit zu erkennen.
- Rauchverbote in Krankenhäusern, Ämtern und Restaurants verringern die Gesundheitsgefährdung, die durch aktives und passives Rauchen ausgeht. Neben der Senkung der Mortalitätsgefahr beziehungsweise der Gefährdungsrate allein schon durch das Passivrauchen der Angestellten und Gäste wäre ein Rauchverbot ein deutliches Signal des Staates in Richtung auf verantwortliche Vorbildwirkung für die jüngere Generation. Eine parteienübergreifende Initiative zur radikalen Gesetzesänderung (Herbst 2006) in Richtung Rauchverbot fand zwar spontan viele Anhänger bei den Abgeordneten, das Gegenargument »Arbeitsplätze in Gefahr« wird laut durch Lobbyisten und ihnen zugeneigten Abgeordneten vertreten. Ein »Kompromiss«, der alle Lager berücksichtigt, auch die der Zigarettenindustrie, ist in

Deutschland eher wahrscheinlich als der Mut zum klaren Schutz der Nichtraucher.
- »Zigaretten rauchen Menschen mit niedriger Bildung, geringem Einkommen und wenig beruflichem Erfolg bis zu sechs Mal so häufig wie besser Gestellte, hat das Deutsche Krebsforschungszentrum herausgefunden (DKFZ). Das trifft vor allem den Nachwuchs, weil ›die Kinder in Giftschwaden spielen‹, sagt DKFZ-Forscherin Pötschke-Langer. Gerade haben sie gemessen: In manchen Sozialwohnungen ist die Passivrauch-Belastung höher als in der Gastronomie« (Berliner Zeitung, 21.10. 2006). Die Tatsache, dass Kinder aus sozial schwachen Familien mit erhöhtem Suchtmittelkonsum der Eltern konfrontiert sind, ist hinlänglich bekannt. Ein verantwortungsvoller Umgang mit dem Thema Passivrauchen ist bei rauchenden Eltern ebenso wie in der deutschen Gesetzgebung schwer zu verankern. Hier müsste die Schule eine Vorbildrolle übernehmen, indem auf Elternabenden Modelle zum besseren Schutz der Kinder diskutiert und entwickelt würden: rauchfreie Zimmer, Rauchen nur noch vor der Tür oder auf dem Balkon, Rauchverbot für Gäste in allen geschlossenen Wohnräumen. Ein Aufruf zum Vorbildverhalten beträfe aber auch das Rauchverhalten der Lehrer/-innen an den Schulen. Trotz Rauchverbots in einigen Bundesländern gibt es in diesen immer noch (heimliche) Raucherlehrerzimmer, die von der Schulleitung und den Kollegien im klassischen Co-Verhalten aufrechterhalten und geduldet werden.
- Der 1997 ins Leben gerufene europäische Wettbewerb »Be Smart – Don't Start« erfreut sich immer größer werdenden Zulaufs. Die Zahl der teilnehmenden Klassen, die sich in Deutschland für ein halbes Jahr Rauchfreiheit verpflichten, wuchs bis 2006 kontinuierlich von 462 bis 12.425. Diese immense Entwicklung zeigt, dass die Kommunikation zwischen Veranstalter (Institut für Therapieforschung), den Kultus- und Bildungsministerien, den Schulen und den Klassenlehrer/-innen funktioniert und immer besser wird. Fast 70 Prozent der teilnehmenden Klassen erreichten ihr Ziel, eine angestrebte Periode der Rauchfreiheit. Mehr als ein Viertel der Klassen wiederholen

ihre Teilnahme aus dem letzten Jahr. Gerade in der kritischen Zeit der Pubertät gibt es eine Vielzahl von Motiven für Suchtmittelkonsum, da der Wert Gesundheit von anderen Werten wie Abenteuerlust, Konkurrenz, Gruppenerlebnis oder Individualität in den Hintergrund gedrängt wird. Schule kann durch den Wettbewerb diejenigen Jugendlichen positiv verstärken, die sich sonst über das Suchtmittel Nikotin definiert hätten. So heißt dann das Motto: Ich bin etwas Besonderes – ich rauche nicht!

- Mehr als 60 Prozent der rauchenden Jugendlichen hat schon einmal versucht, den Nikotinkonsum zu reduzieren oder auszusteigen. Die Rauchausstiegsangebote für Jugendliche, die es in Deutschland nur sehr sporadisch gibt, die aber beispielsweise in Hessen oder Berlin durchgeführt werden, wurden bisher nur von relativ wenigen Schülern/-innen wahrgenommen. Auch große Schulen berichten von kleinen Kursfrequenzen. Verbesserte Eigenwerbung, Berichte in Schulzeitungen, Jahrbüchern, Elternbriefen sowie Mund-zu-Mund-Propaganda könnten helfen.

- Oberschulen mit Rauchverbot in Räumen und innerhalb des Schulgeländes berichten von rauchenden Schülerpulks vor dem Schultor. Wenn es nur die Schüler/-innen wären, die dort rauchten, wäre dies durchaus verständlich und nachvollziehbar: Jeder geht gerne den Weg des geringsten Widerstands; wenn er in der Schule nicht mehr rauchen darf, dann raucht er eben außerhalb der Schule. Schulordnungen und Vereinbarungen könnten beschreiben, welche Verhaltensweisen erwünscht, angemessen und zur Regel gemacht werden. Aber wie sieht es mit den rauchenden Lehrern und Lehrerinnen aus, die rauchend mit ihren Schülern/-innen vor dem Schultor stehen? »Wir lassen uns doch als Lehrer nicht das Privatrecht verbieten«, lautet ein viel gehörter Entschuldigungssatz. Er zeugt allerdings nicht von reflektiertem Vorbildverhalten oder Einsicht in Gesundheitsverantwortung.

- Im Alltag lässt sich nicht immer pädagogisch wertvolles Handeln beobachten. Eltern, die im Auto rauchend ihre Kinder chauffieren, begehen eigentlich eine Vernachlässigung ihrer Er-

ziehungspflichten und eine fahrlässige Körperverletzung. Wahrscheinlich hat bisher kein Richter dafür einen Vater oder eine Mutter verurteilt, kein Polizist die Eltern verwarnt. Eltern, die ihre Kleinkinder bei Sommerhitze im verschlossenen Auto auf dem Parkplatz warten lassen, haben dagegen schwere Strafen zu erwarten. In unserer Gesellschaft wird häufig mit zweierlei Maß gemessen – durch Laien, aber auch durch Profis.
- Die Bedeutsamkeit der Elternarbeit in der Suchtprävention wird zunehmend als wichtiger Teil des Schullebens erkannt. So wird den Berliner Kontaktlehrer/-innen für Suchtprophylaxe empfohlen, sich regelmäßig auf Klassenelternversammlungen vorzustellen. Darüber hinaus ist eine Handreichung für Elternabende in Erarbeitung, in dem Themen wie Rauchen, Selbstwertgefühl, Pubertät, Entwicklungsaufgaben, Suchtursachen exemplarisch aufgearbeitet werden. Ziel ist es, Klassenlehrern und Kontaktlehrern mehr Sicherheit bei der Behandlung erziehungsrelevanter Themen mit Elterngruppen zu geben.
- Die Bundeszentrale für gesundheitliche Aufklärung hat eine umfangreiche Handreichung, einen Leitfaden für Pädagogen zum Umgang mit dem Rauchen herausgegeben: »Auf dem Weg zur rauchfreien Schule«. Die Materialsammlung gibt Schulkollegien praxiserprobte Anregungen, pädagogische Maßnahmen gegen den Tabakkonsum Jugendlicher zu ergreifen (BZgA, 2003).

Wie an der Aufstellung dieser präventiven Beispiele zur Droge Nikotin zu erkennen ist, existiert bereits eine Maschinerie, deren Knirschen geringer geworden ist, die aber immer noch Ölung, sprich weitere Anstrengung verträgt. Das Räderwerk befindet sich also gut in Bewegung – eine vorantreibende Richtung zeigt: Erfolge sind bereits abzulesen. So ist erstmals der Nikotinkonsum Jugendlicher im Jahr 2005 signifikant gesunken. Einen Teilerfolg daran könnten neben der Tabaksteuererhöhung auch die gebündelten, vielfältigen pädagogischen Bemühungen haben. So sank erstmals nach vielen Jahren in 2005 die Zahl der jugendlichen 12- bis 17-jährigen Raucher um 13 Prozent und erreichte damit einen relativen Tiefstand (Die Tageszeitung, 12.05.2005). Und die Tendenz ging positiv weiter abwärts: Auch in den drei folgenden Jahren sank die Zahl jugendlicher Raucher kontinuierlich (BZgA, 2007).

»Zu kalt an den Polen«: Erziehung zwischen Hilflosigkeit und Rigidität

Nicht erst bei Vermutung oder Kenntnis von Suchtmittelmissbrauch reagieren viele Eltern und Lehrer/-innen inadäquat. Die größten Fehler werden begangen, wenn sich Erziehung an einem der gegensätzlichen Pole Hilflosigkeit oder Rigidität bewegt. Wie an den kalten Erdpolen könnten wir hier vom Effekt der Erstarrung sprechen: Erziehungsbemühungen sind ineffektiv oder sie bewirken höchstens das Gegenteil.

Ähnlich wie beim berühmten Kaninchen vor der Schlange können wir einen Erstarrungseffekt beobachten, wenn Erwachsene von negativen Verhaltensweisen in Bezug auf Suchtmittelkonsum erfahren. Dieses Nicht-Reagieren-Können ist, wenn es nur kurze Zeit anhält, natürlich verständlich. Oft wird es allerdings zum Dauerzustand und ist von Versagensgefühlen, Schuldgefühlen oder andauernder Hilflosigkeit ohne Suche nach Hilfe geprägt. Diese Gefühle behindern dann die eigentlich wichtigen Schritte. Wer sich trotzdem durchringt, eine offizielle Beratungsstelle aufzusuchen, fühlt sich oft alleingelassen, wenn das Konsumverhalten wie folgt beschrieben wird: normal, vorübergehend oder nicht behandelbar, solange die Einsicht des Jugendlichen fehlt. Hinzu kommt die Erwartungshaltung der Eltern an die Beratungsstellen, diese könnten dafür sorgen, dass der Missbrauch verhindert wird. Leicht entstehen Enttäuschungen, weil Heilserwartungen nicht schnell erfüllt werden können, die Hilflosigkeit bleibt. Elternarbeitskreise kennen diese Beschreibungen und bieten in erster Linie den Austausch durch Leidensgenossen an. Wenn Scham und Schuld durch Aussprache und den Vergleich mit Berichten anderer abgebaut werden können, ist Erziehung mit klaren Positionen und Grenzsetzungen wieder möglich. Fachgerechte Frühintervention wird durch Kooperation mit Modellprojekten wie dem Früh-

Die Bedeutung von Erziehung, Pädagogik und Schule

erkennungsprojekt FreD durch etliche regionale Beratungsstellen wirkungsvoll angeboten. Der Bekanntheitsgrad professioneller Unterstützungsangebote könnte durch Suchtpräventionsfachkräfte und schulische Fachleute noch umfassender an Eltern und Lehrer herangetragen werden. In der Berliner Senatsverwaltung wurde dazu ein Datenbank- und Kommunikations-Intranet eingerichtet, das entsprechende Informationen für die Fachkräfte bereithält. Die zögerliche Haltung, für professionelle suchtpräventive Arbeit neue Medien einzusetzen, verringert sich aber erst allmählich. Für die technische Hilflosigkeit der Lehrer/-innen werden Kursangebote bereitgestellt.

Auf der anderen Seite findet sich in Elternhaus und Schule auch eine genügend große Fraktion, die Suchtprävention mit Rigidität gleichsetzt. Immer noch verbreitet ist die Meinung, dass ein hohes Maß an Kontrolle, Schreckensbildern, Verfolgung oder Strafen die Jugendlichen vor Suchtmittelgebrauch oder Missbrauch abhalten könnte. So kann man in Elternversammlungen oder sogar in schulpraktischen Ausbildungsgruppen Stimmen hören, die einen Drogentest bei Vermutung von illegalem Suchtmittelkonsum befürworten. »Engagierte« Klassenlehrer laden Patienten mit Kehlkopfoperationen ein, um drastisch vorzuführen, wohin das Rauchen führen könnte. Wie pädagogisch sinnlos solche Aktionen sein können, zeigen Schülerreaktionen wie »Darauf muss ich erst mal eine rauchen« oder »Mein Opa ist über achtzig, raucht und trinkt und ist topfit.« Meist lockt Rigidität Widerspruchsbedürfnis, Abgrenzungsbemühung oder Omnipotenzgehabe hervor. Die pädagogische Bemühung erreicht höchstens einige wenige kurzfristig oder sie verpufft spontan. Man muss nicht erst die Hirnforschung bemühen, um zu beweisen, dass Lernen unter Angst wenig effektiv ist. Der Vertrauensverlust, den Eltern erleiden, die durch einen Drogentest beweisen wollen, dass ihr Kind Cannabis konsumiert hat, wird eher Wut, Rückzug und Abwendung provozieren und damit Suchtursachen verstärkend wirken.

Neben diesen konträren Positionen, die sich als ineffektiv oder kontraproduktiv in Erziehung und Pädagogik erweisen, gibt es in der »Mitte« noch mehr Fallen: Ignoranz, Doublebind-Botschaften, Indifferenz, Verdrängung, Liberalität und Panikhandlungen, die pädagogisch fragwürdig und gefährlich sind. Hier sind einige alltägliche Beispiele aus Elternhaus und Schule, die für sich selbst sprechen:

- Ignoranz: Rauchende Schüler werden von der Pausenaufsicht »nicht gesehen«, ein schneller Gang täuscht Geschäftigkeit vor, man braucht sich daher nicht zu kümmern (»Ich hatte es eilig«).
- Doublebind-Botschaft: Der Biologielehrer, dessen Atemluft nach Nikotin riecht, beugt sich über die Schülerin, die eine Tabelle über die Schadstoffe im Zigarettenrauch von der Tafel abschreibt (»Das hast du schön gemacht – jetzt weißt du, was da alles drinsteckt«).
- Indifferenz: Eine Lehrerin lässt in der 10. Klasse ein Alkoholverbot unterschreiben, toleriert aber auf der Italien-Klassenreise pro Schüler einen Drink in der Disco (»Einmal ist keinmal«).
- Verdrängung: Eine Mutter, selbst Raucherin, droht mit Strafe, falls sie die 15-jährige Tochter beim Kiffen erwischen würde, erlaubt ihr aber eine abendliche Zigarette im Wohnzimmer (»Damit sie es nicht heimlich tun muss«).
- Liberalität: Ein Vater, der als 18-Jähriger selbst Cannabis-Konsumerfahrungen gemacht hat, findet es nicht so schlimm, wenn sein 16-jähriger Sohn zum Wochenende immer wieder kifft (»Das haben wir doch alle mal gemacht«).
- Panikhandlung: Ein 16-jähriger Schüler wird von der Klassenfahrt nach Hause geschickt, die Klassenkonferenz beschließt eine Umsetzung an eine andere Schule. Er hatte auf dem Jugendherbergsgelände einen »Joint« geraucht. Andere pädagogische Maßnahmen wurden nicht besprochen. Der Schulleiter verlangte hartes Durchgreifen, damit der Ruf der Schule nicht beschädigt würde (»Wehret den Anfängen, wir müssen den anderen gegenüber ein Zeichen setzen«).

In Abwandlung eines Werbeslogans könnte man die Entscheidung als »Fort! Wir tun was!« benennen. Andere Verhaltensweisen erinnern an den Vogel Strauß, der den Kopf in den Sand steckt. Wer sich der pädagogischen Schwierigkeit entledigt, hat an der Oberfläche erst einmal keine mehr. Schnelle, scheinbar einfache Lösungen sind momentan entlastend, sie können aber auch zur Vergrößerung der Problematik führen: Auflösung von Regeln, Verstärkung des Konsums, Verharmlosung der Gefahren, Vergrößerung des Widerstandes gegen die Institution und deren Vertreter. All dies kann nicht im pädagogischen Interesse der Ausführenden liegen und dient auch nicht dem Wohl der betroffenen Jugendlichen.

Im zuletzt zitierten Fall lässt sich auch gut nachvollziehen, wie Schule selbst zum Risikofaktor für mögliche Suchtentwicklung werden kann. Der Schüler, der aufgrund eines unüberlegten Fehlverhaltens von der Schule verwiesen wurde, hat wahrscheinlich das Vertrauen in seine Lehrer/-innen verloren. Dazu wurde er auch noch aus seinen gewohnten sozialen Zusammenhängen gerissen. Er braucht eine gute Portion Selbstvertrauen, Selbstwertgefühl und Kontaktfähigkeit, um sich an der neuen Schule eine Position aufzubauen. Wenn sein Regelverstoß auf der Klassenfahrt dazu noch Ausdruck eines übersteigerten Anerkennungsbedürfnisses war (»Ich traue mich etwas, seht her, was ich für ein toller Typ bin!«), das seine Ursachen in der Familiengeschichte hat, dann verstärken sich die Risikofaktoren. Der Schüler muss seinen Misserfolg mit wenig Unterstützung erwachsener Vertrauenspersonen verkraften. Wenn er dabei über geringe Resilienz verfügt, dann könnte die »pädagogische« Aktion der Schule à la longue zu gesteigertem Suchtmittelkonsum führen.

Eltern, Erzieher und Pädagogen können die pädagogischen Möglichkeiten, die ihnen zur Verfügung stehen, geschickt nutzen. Neben einer tragfähigen Beziehung, die sie vorleben, können sie Konfliktfähigkeit und Lebenskompetenz von klein auf trainieren. So kann der Jugendliche auf ein inneres und äußeres Netzwerk bauen, das sein Risikoverhalten immer wieder abfedert und ihm in Achtsamkeit eine Richtung mit geringer »Absturzgefahr« vorgibt.

»Die Gratwanderung«: Risiko zulassen, Schutz geben, Grenzen zeigen

Die Erziehung junger Manschen, ob in der Familie, der Schule oder in anderen Institutionen, lässt sich gut mit dem Bild einer Bergführung auf einer Gratwanderung vergleichen. Abgründe, Gefahrenstellen sind zu erkennen und zu vermeiden. Halt gebende Beziehungen zwischen allen Beteiligten sind dazu wichtig, Darüber hinaus gilt es, praktisch zu lernen, Respekt vor der Person und der gefährdenden Umwelt zu haben. Ziele sollten, angepasst an die jeweilige Leistungsfähigkeit, erreichbar sein, Risiken sollten kalkulierbar sein und sich in Grenzen halten. Zum Schutz gibt es haltende Seile, die aber nicht einschnüren dürfen. Es braucht jemanden, der Begrenzungen vor allzu viel Leichtsinn ausspricht und überwacht. Von Vorteil sind Schutzhütten und eine Ausrüstung, die auch ungünstiger Witterung standhält.

Diese Aufzählung mit allegorischem Charakter lassen sich in der Suchtprävention gut mit positiven und negativen Beispielen aus dem jeweiligen (Berufs-)Alltag füllen. Einige davon seien hier genannt:

- Abgründe erkennen: Bevor Pädagogen den Jugendlichen benennen, wo überall Gefahren durch Suchtmittel lauern, sollte die Chance genutzt werden, auf der Information, die bereits bekannt ist, aufzubauen und sie kritisch reflektieren zu lassen. Eine geschickte Fragestellung gegenüber experimentierfreudigen Jugendlichen ist zum Beispiel: »Hast du in deinem Bekanntenkreis beobachtet, dass sich jemand durch Alkohol- oder Cannabiskonsum zu seinen Ungunsten verändert hat?«
- Alters- und leistungsgemäße Zielformulierung: Es gibt Eltern, die versprechen ihren 12-jährigen Kindern einen Führerschein zum 18. Geburtstag und hoffen, damit einen tollen Anreiz zum Nichtrauchen gegeben zu haben. Das »Be-Smart – Don't Start«-Programm (IFT Nord) arbeitet mit kleineren Zeitabschnitten. Die Klasse kann einen Preis gewinnen, die es schafft, ein halbes Jahr nicht zu rauchen, eine 10-prozentige Ausbrecherzahl wird gerade noch toleriert.

Die Bedeutung von Erziehung, Pädagogik und Schule

- Gute Ausrüstung: Neben der alltäglichen suchtprophylaktischen Arbeit gehören an einer Vielzahl von deutschen Schulen Projekte und Initiativen zum selbstverständlichen Zyklus der Schulkultur. Am Berliner Beispiel wird das große Angebot allein für Schulklassen, zum Teil auch für einzelne Schüler/-innen sichtbar: »Gute Gesunde Schule«, Nichtraucherwettbewerb »Be Smart – Don't Start«, Klasse 2000, Lions Quest – Erwachsen werden, PuSch – Pubertät und Schule, Rauchausstiegskurse für Schüler/-innen, Buddy-Projekt (Gewalt- und Suchtprävention an Grundschulen), Früherkennungsprojekt FreD, Jungenarbeit, Kinder suchtbelasteter Familien, Übergänge (Grundschule/Oberschule).
- Gute Beziehungen: Ein Kind, das gestörten Beziehungen in der Familie ausgesetzt ist, hat ein signifikant hohes Risiko, süchtig zu werden. Lang anhaltende Missstimmung, ständige Spannungen, Alkohol- und Drogengebrauch der Eltern, Beziehungen mit mangelnder Wärme, Fehlen von Verständnis und Akzeptanz, alles wird erlaubt, hohe Strafen, fehlende klare Regeln – dies alles sind Risikofaktoren, die so kaum in Kombination anzutreffen sind. Eine Stoffsammlung dieser Begriffe, die nach dem Impuls »Wodurch ein Kind in der Familie süchtig werden kann« entstand auf einem Tafelbild im Zuge eines Elternabends. Die Suche nach gegenteiligen Begriffen kann bei den Beteiligten manchen Aha-Effekt auslösen: »Da geht es lang, so können wir unsere Kinder schützen« (zitiert nach einem unveröffentlichten Bericht eines Elternabends an einem Gymnasium).
- Schutzhütten: Auf einer Diskussionsrunde einer Klassenelternversammlung verglich ein Mitglied eines Elternkreises suchtmittelabhängiger und -gefährdeter Kinder das Elternhaus mit einem Hafen, in den Kinder immer wieder einlaufen können, bei Sturm fänden sie Schutz und Sicherheit, aufgetankt könnten sie den Hafen immer wieder verlassen. Nicht überall ist diese Idee schon in der Schule angekommen, die heute zunehmend Erziehungsarbeit der Eltern übernehmen muss.
- Grenzen erkennen, Grenzen zeigen: »Moderne Eltern setzen meist auf die sanfte Erziehung. Verbote sind verpönt. Um ihre

Kinder vor einer der ganz großen gesundheitlichen Gefahren zu schützen, sollten sie aber doch bereit sein, deutlich zu werden – notfalls sogar autoritär. Eine Befragung von über 3000 Schülern, die Peter Raschke vom Zentrum für interdisziplinäre Suchtforschung in Hamburg kürzlich machte, hat nämlich gezeigt, dass Eltern ihre Kinder wirksam vom Rauchen abhalten können, indem sie es ihnen verbieten – wirksamer sogar, als wenn sie selbst keine Zigarette anrühren. Ein rauchender Vater, der seinem Sohn das Rauchen verbietet, habe bessere Karten, einen Nichtraucher heranzuziehen, als ein nicht rauchender Vater, der nichts unternimmt« (Der Tagesspiegel, 28.08.2006).

- Abgleiten vermeiden: Langzeituntersuchungen zeigen, dass Kinder und Jugendliche gerade dann einer erhöhten Suchtgefährdung ausgesetzt waren, wenn folgende Bedingungen oder Umstände zutrafen: Vorhandensein von größeren emotionalen Störungen, häufiges Auftreten von aggressivem oder antisozialem Verhalten, häufige Konfrontation mit schulischen Misserfolgen, frühes Experimentieren mit Suchtmitteln, Suchtmittelmissbrauch und -abhängigkeit durch Peers und im Elternhaus, ständiges Erleben und Aushalten von familiären Konflikten, inkonsequente Erziehungsstile und Vernachlässigung. In vielen dieser Prädispositionen haben entweder die Erziehungsbemühungen in der Familie versagt oder Hilfe von außen wurde nicht angenommen. In einer besonders riskanten Lage befinden sich Kinder und Jugendliche aus suchtbelasteten Lebensgemeinschaften sowie mit Dispositionen zu psychischen Krankheiten (auch der Eltern).

Um Erziehungsdefizite auszugleichen, wird ein professioneller Blick benötigt, besondere Angebote zur Gefährdungsverringerung müssen bekannt gemacht und angenommen werden. Lehrer/ -innen haben dichteren Kontakt zu Kindern als Haus- oder Amtsärzte, müssten aber über ein Mindestmaß an diagnostischen Fähigkeiten verfügen. Hier könnte ein verstärkter frühzeitiger kollegialer Austausch hilfreich sein. Konferenzen müssten nicht erst stattfinden, wenn in der Schule keiner mehr weiß, wie dem Kind zu helfen ist. Pädagogisch initiierte und koordinierte Angebote könnten in vielen Fällen zwangsläufig erscheinende Entwicklung des Abgleitens in Suchtmittelmissbrauch und Sucht verhindern. Von den verschiedenen Institutionen sollten kooperativ folgende Interventionen durchgeführt werden: Gesprächs- und Beratungsangebote mit Kindern/Jugendlichen und Eltern, Suche der Zusammenarbeit mit dem Schulpsychologischen oder Kinder-Jugendpsychiatrischen Dienst, der Erziehungs- und Familienberatung, dem Jugendamt, Betroffenenorganisationen, Institutionen der Frühintervention (FreD), Früherkennungs- und Therapie-Zentren (fetz). Die Schwellen, entsprechende Fachstellen aufzusuchen, sind für bestimmte Elternklientel sehr hoch. Die sensible, aber klare Haltung, beispielsweise der Lehrer/-innen, die erste Informationen und Gesprächsbegleitung geben kann, ist hier besonders notwendig und hilfreich.

»Rudern gegen den Strom« oder »Gestaltung eines Flussbettes«? Bemühungen an der Basis

Beratungsstellen wenden sich in der Regel an Konsumenten. Schule braucht dagegen Konzepte, die die Unterstützung aller Kinder und Jugendlichen berücksichtigen: die Gefährdeten und die Nichtgefährdeten, die Konsumenten und die Abstinenten, die Probierer, die Experimentierer und die Abhängigen.

Pädagogische Laien verstehen Suchtprävention häufig lediglich als notwendig werdende Intervention bei Vorfällen in Verbindung mit Suchtmittelkonsum. Diese wird den verantwortlichen Fachleuten überlassen. Erfahrungen zeigten, dass diese Haltung nicht produktiv war. Als Konsequenz dessen wurde im Rundschreiben II 20 1997 der Berliner Senatsverwaltung für Bildung, Jugend und Sport festgelegt, dass *alle* Lehrerinnen und Lehrer für die Suchtvorbeugung verantwortlich sind. Bereits seit 1988 gehört dafür ein Einführungslehrgang in die Suchtprävention zum Pflichtteil der Schulpraktischen Ausbildung in Berlin. Auch wenn es nicht zutrifft, dass die Anzahl der Suchtmittelkonsumenten ständig steigt (BZgA, 2006), so hat trotzdem eine Vielzahl von Pädagogen subjektiv das Gefühl, mit den eigenen suchtpräventiven Bemühungen gegen den Strom rudern zu müssen. Wäre als Arbeitsaufgabe, eine passende Rolle für alle Erziehenden zu finden, nicht eher das Bild der Gestaltung des Flussbettes als anzustrebendes Ziel angebracht: »Wir bringen gemeinsam etwas in Fluss«?

Es gibt bereits eine Reihe guter Initiativen, die zuversichtlich stimmen. Aber nicht nur bewährte Projekte und interessante neue Ansätze helfen, Missbrauch zu verhindern und Sucht vorzubeugen. Oft sind es die alltäglichen kleinschrittigen Ansätze, die notwendig sind, Aufmerksamkeit verdienen und dabei Wirksamkeit und Nachhaltigkeit versprechen. A. Engel, Lehrer und Lehrerausbilder an einer kombinierten Haupt- und Realschule, formulierte seinen Wunsch nach einem suchtprophylaktischen Arbeitsansatz der Gelassenheit in Schule und Erziehung wie folgt:

»Der Bereich der Primärprävention, also der frühzeitigen Prävention ohne den einengenden Blick auf die Suchtmittel sollte mehr in unsere Wahrnehmung kommen. Ich erlebe es so, dass wir in unserer Gesellschaft zurzeit immer in einem hohen Tempo leben, alles geht sehr schnell, Fehlentwicklungen müssen schnell mit einem ›Sofortprogramm‹ abgestellt werden, der Urlaub soll ›Last Minute‹ gebucht werden, der Buchhändler soll möglichst alle Bücher da haben, morgen ist es oft schon ›zu spät‹. Geburtstagskarten schreiben wir per E-Mail, da die dann gleich da sind und noch rechtzeitig kommen. Ich wäre sehr dafür, im Bereich der Erziehung und Bildung dem schönen schweizerischen Ausdruck der ›Entschleunigung‹ zu folgen.

Erziehung geht nicht nach dem Prinzip ›Last Minute‹, sondern bedeutet auf Zeit zu setzen. Kinder in ihrer Entwicklung zu begleiten und zu unterstützen ist der gesunde und auch präventiv wirksame Weg und das gilt auch für die Suchtprävention. Frühzeitigkeit und Kontinuität sind deshalb auch in diesem Zusammenhang wichtige Grundsätze. […] So wie jeder Lehrer sich als guter *Kontaktlehrer* für seine Schüler fühlen sollte, so sollten alle Eltern auch gute ›*Kontakteltern*‹ für ihre Kinder sein. Auch wenn der Kontakt gerade in Zeiten der Pubertät den Eltern sehr ungenügend erscheint« (Kaufmann, 2003).

Prävention ist pädagogische Aufgabe der verschiedenen am Erziehungsprozess beteiligten Parteien, die nur mit Weitsicht und in

Kooperation geleistet werden kann. Viel wurde schon erreicht, aber noch nicht genug. Damit Resignation, Verunsicherung, Lobbyeinfluss oder Rigidität nicht zu handlungsbestimmenden Parametern werden, sind auf allen Ebenen weiterhin Anstrengungen notwendig. Durch Elternarbeit (z. B. Elternabende, Elternseminare), Lehrerfortbildung (z. B. Motivierende Gesprächsführung, Sekundärprävention: Umgang bei Kenntnis von riskanten Konsummustern, Rauchausstiegskurse, Einsatz der Internetangebote), Vernetzung und Austausch mit Kooperationspartnern aus Beratung, Suchthilfe, Therapie und Medizin sowie durch mutige Gesetzgebung zum Schutz der Kinder und Jugendlichen könnte Suchtprävention noch wirkungsvoller werden.

Literatur

Berliner Zeitung (21.10.2006). Der Code der Armen. Der Lebensstil der sozial Schwachen.
BZgA (2003). Auf dem Weg zur rauchfreien Schule. Ein Leitfaden für Pädagogen zum Umgang mit dem Rauchen. Köln.
BZgA (2005). Curriculum Anti-Rauchkurs. Pädagogische Intervention für rauchende Schüler. Vorläufige Arbeitsmaterialien. Köln.
BZgA (2006). Förderung des Nichtrauchens. Eine Wiederholungsbefragung der Bundeszentrale für gesundheitliche Aufklärung Köln.
BZgA (2007). Förderung des Nichtrauchens bei Jugendlichen 2007, Kurzbericht. Köln.
Der Tagesspiegel (28.08.2006). Zug um Zug in die Sucht. Berlin.
Deutsche Hauptstelle für Suchtfragen (Hrsg.) (1994). Zeitschrift SUCHT 2/1994.
Deutsche Herzstiftung 2005 im Informationsdienst Wissenschaft. Zugriff unter http://idw-online.de/pages/de/news113 995.
Deutsches Ärzteblatt (05.07.2006). Früher Alkoholkonsum macht Teenager schneller abhängig. http://www.aerzteblatt.de.
Die Welt (26.06.2006). Einstiegsalter von Cannabis bei Jugendlichen sinkt weiter. Zitat Elisabeth Pott, BZgA.
Die Tageszeitung (taz) (12.5.2005) Nr. 7662, S. 14.
Fachstelle für Suchtprävention im Land Berlin (2006). Unabhängig bleiben! Suchtprävention, Informationen der Berliner Fachstelle.

Früherkennungs- und Therapiezentrum für beginnende Psychosen Berlin Brandenburg (fetz). Zugriff am 10.10.2006 unter http://www.charite.de/fetz.

Institut für Prävention und psychosoziale Gesundheitsforschung (FU Berlin). Zusammenfassung des Forschunsauftrags »Cannabiskonsum: Entwicklungstendenzen, Konsummuster und Risiken (D. Kleiber, R. Soellner)« 1997. Zugriff am 22.09.06 unter http://ipg.psychologie.fu-berlin.de/projekte/cannabis.html.

Institut für Therapieforschung, Kiel: Abschlussbericht über den Wettbewerb im Schuljahr 2005/2006. Zugriff am 22.09.06 unter http://www.ift-nord.de/ift/neu-ift/projtxt/besmart/material/besmart_bericht05_06.pdf.

Kaufmann, H. (2001). Suchtvorbeugung in Schule und Jugendarbeit. Ein Arbeitsbuch mit 11 Übungen und Anregungen. Weinheim u. Basel.

Kaufmann, H. (2003). Suchtprophylaktische Grundschule – suchtprophylaktische Oberschule: Gibt's das überhaupt? Zwei Interviews. Zugriff am 31.12.2003 unter http://www.suchtprophylaxe-berlin.schule.de/index.php?id=537.

Kaufmann, H. (2004). Glotze, Pommes, Drogen und dann? Kinder gegen Süchte stärken. Berlin.

Kielholz, P., Ladewig, D. (1973). Die Abhängigkeit von Drogen. München.

Kleiber, D., Soellner, R. (1998). Cannabiskonsum. Entwicklungstendenzen, Konsummuster und Risiken. Weinheim.

Landkreis Limburg-Weilburg, Pressedienst (2006). Jugendliche aus Weilburg informierten sich in Heidelberger Klinik über die Gefahren des Rauchens. Limburg.

Landschaftsverband Westfalen-Lippe, Gesundheitsabteilung, Koordinationsstelle Sucht (Hrsg.) (2003). Handbuch, Frühintervention bei erstauffälligen Drogenkonsumenten – FreD. Münster.

Lehrer-Online 2004: Zugriff am 29.08.06 unter http://www.lehrer-online.de/dyn/9.asp?url=424 602.htm.

Marion-Dönhoff-Realschule, Brühl/Ketsch (2005). Beeindruckende Suchtprävention. Besuch der Thoraxklinik in Heidelberg mit der Klasse 8b. Zugriff am 29.08.06 unter http://www.mdrs.hd.schule-bw.de/Thoraxklinik.htm.

Nikolaus-August-Otto-Schule, Berlin: Elternseminare, Berichte auf der Schulhomepage. Zugriff am 29.08.06 unter http://www.nao.be.schule.de/schule/eltern/eltern.html und http://www.nao.be.schule.de/schule/presse/presse.html.

Ravens-Sieberer, U., Thomas, C. (2003). Gesundheitsverhalten von Schülern in Berlin. Ergebnisse der HBSC-Jugendgesundheitsstudie 2002 im Auftrag der WHO. Eine RKI-Schrift. Berlin.

Senatsverwaltung für Bildung, Jugend und Sport Berlin (SenBJS). Website Zugriff am 29.09.06 unter http://www.berlin.de/sen/bjs, Intranet für Kontaktlehrer/innen: http://www.suchtprophylaxe-berlin.schule.de (passwortgeschützt).

Theodor-Haubach-Oberschule, Berlin: Profil Rauchfreie Schule auf der Schulhomepage. Zugriff am 10.10.2006 unter http://www.tho.cidsnet.de/Profil/Rauchfrei/Rauchfrei.htm.

Zeitung, Nr. 20, Hamburgische Landesstelle für Suchtfragen e. V., Büro für Suchtprävention. 2004. Hamburg.

Markus Backmund

Drogennotfälle im Jugendalter

Erstmaßnahmen

Die notfallmedizinische Diagnostik und Behandlung bleibt gleich, unabhängig, ob den Notfall Jugendliche oder Erwachsene erleiden. Die allgemeine Notfallbehandlung für die kardiopulmonale Reanimation (CPR) des Instituts für Notfallmedizin und Medizinmanagement des Klinikums der Universität München (2005, 2006), die auf europäischen (European Resuscitation Council, 2005a, 2005b) und amerikanischen (American Heart Association, 2005a, 2005b) wissenschaftlichen Konsens und Leitlinien basiert, wird auch bei allen sogenannten Drogennotfällen angewandt. Alle im Suchthilfesystem Arbeitenden sollten diese Erste Hilfe regelmäßig trainieren.

Beabsichtigte oder unbeabsichtigte Überdosierungen mit psychotropen Substanzen können zum Atem- und Kreislaufstillstand führen. Der Kreislaufstillstand wird als Sistieren der Sauerstoffversorgung lebenswichtiger Organe oder Organsysteme definiert, dem ein Stillstand der Herzaktivität, eine akute Verminderung der Herzauswurfleistung, ein peripheres Kreislaufversagen oder eine akute Verminderung des Sauerstoffangebots (Atemstillstand) zugrunde liegen kann. Die drei Leitsymptome sind Bewusstlosigkeit, Atemstillstand und Zirkulationsstillstand. Eine Bewusstlosigkeit liegt vor, wenn der Betroffene keine Reaktion auf Ansprache, Schütteln oder Schmerz zeigt. Ein Atemstillstand oder eine Schnappatmung wird durch fehlende Atembewegungen, fehlende Atemgeräusche und fehlendem Luftstrom festgestellt. Ein fehlender Puls, untersucht über fünf Sekunden nacheinander an beiden Carotiden, bedeutet Zirkulationsstillstand.

Bei Auffinden einer bewusstlosen Person wird sofort mit der Elementardiagnostik begonnen: Die leblose Person wird angesprochen; reagiert sie nicht, wird sie an der Schulter geschüttelt. Bei fehlender Reaktion wird die Atmung überprüft. Wenn keine Atembewegungen zu sehen sind, keine Atemgeräusche zu hören sind und kein Atemstrom am vor Mund und Nase gehaltenen Handrücken zu spüren sind, wird vom geschulten Ersthelfer der Puls nacheinander fünf Sekunden an beiden Carotiden getastet. Der medizinische Laie beginnt ohne Pulskontrolle sofort mit der Herzdruckmassage.

Kann ein Puls getastet werden, wird unverzüglich die Atmung sichergestellt. Diese Situation wird relativ häufig bei Drogenintoxikationen vorgefunden: Bei noch bestehender Zirkulation hat die Atmung zum Beispiel durch eine Überdosis Opioide oder eine Mischintoxikation aus Benzodiazepinen und Opioiden ausgesetzt. Unverzüglich muss die Person auf den Rücken auf eine feste Unterlage gelegt werden, der Kopf wird rekliniert und die Mundhöhle wird mit den Fingern nach Fremdkörpern – nicht selten haben sich Intoxikierte erbrochen – abgesucht und ausgeräumt. Setzt nach zweimaliger Beatmung die Atmung nicht spontan ein, wird in der Regel endotracheal intubiert und mit Beutel und 100 % Sauerstoffzufuhr kontrolliert beatmet. Die sofortige suffiziente Beatmung verhindert bei intoxikierten Patienten in der Regel den Zirkulationsstillstand.

Alle, die mit Suchtkranken zu tun haben, sollten regelmäßig die Erstmaßnahmen trainieren.

Begriffe

Als Droge werden im weiteren Text alle psychotrop wirksamen Substanzen bezeichnet, unabhängig davon, ob sie legal oder illegalisiert worden sind.

Zur besseren Verständlichkeit werden die Begriffe »schädlich« und »gefährlich« in Bezug auf unterschiedliche Drogen definiert:

- Als »schädlich« gilt eine Droge dann, wenn ihr Konsum körperliche und organische Schäden hervorruft, wenn sie zelltoxisch ist. Der Schaden kann nach einmaligem Konsum oder aber durch kontinuierlichen, langfristigen Konsum hervorgerufen werden.
- Als »gefährlich« gilt eine Droge, wenn der einmalige Konsum zum Tode führen kann.

Die Tragik des frühen Beginns

Das kindliche und jugendliche Gehirn ist noch nicht ausgereift und besonders anfällig für psychotrope Substanzen. Während dieser vulnerablen Phase der Gehirnreifung kann durch Exposition mit psychotropen Substanzen das Abhängigkeitsrisiko extrem erhöht werden. Im Tierversuch konnte dies bei Nagetieren beispielhaft gezeigt werden: Werden jugendliche Tiere Nikotin ausgesetzt, führt dies zu einem Nikotinrezeptoranstieg und späterem höheren Abhängigkeitsrisiko, wenn sie erneut Nikotin ausgesetzt werden. Nicht so bei erwachsenen Tieren (Adriani et al., 2003). Dass nicht nur allein die Substanz unweigerlich zur Abhängigkeit führt, sondern eine psychische Verletztheit besonders anfällig macht, zeigen folgende Arbeiten: Frühkindlicher Stress ist mit einem hohen Risiko assoziiert, übergewichtig zu werden (Johnson et al., 2002) oder suchtkrank zu werden (Dube et al., 2003). Anfälligkeit und Widerstandskraft gegenüber Sucht (Kreek u. Koob, 1998) und Übergewicht (Dallman, Pecoraro u. la Fleur, 2005) hängen sehr stark mit der Sensibilität gegenüber Stressoren zusammen und mit der Frage: Wie kann ich mit Stress umgehen?

Mindestens jeder zehnte Notarzteinsatz wird wegen einer lebensbedrohlichen Überdosierung gefahren. Von 110.473 Einsätzen wurde bei 12.563 (11,4 %) eine Intoxikation mit Alkohol, Medikamenten, Drogen oder anderen Substanzen diagnostiziert. Von allen Intoxikationen ist mit 46,3 % die Alkoholintoxikation die häufigste, gefolgt von Medikamenten – meist Benzodiazepinen – mit 35,1 % und Drogen mit 10,4 %.

Drogennotfälle im Jugendalter 171

Alkohol

Die überproportional häufigen Berichte in den Tageszeitungen, Journalen, in Funk und Fernsehen über illegalisierten Drogenkonsum dürfen nicht darüber hinwegtäuschen, dass gerade unter Kindern und Jugendlichen (bis 18 Jahre) Alkohol die mit Abstand am meisten konsumierte Droge ist. Beispielhaft sei erwähnt, dass in Frankfurt mehr als 90 % der 15- bis 18-jährigen Schülerinnen und Schüler mindestens einmal in ihrem Leben Alkohol getrunken haben. 70 % haben im letzten Monat vor der Befragung Alkohol konsumiert (Werse, Müller u. Bernard, 2006).

Alkohol ist sowohl schädlich als auch gefährlich. Alkohol ist ein Zellgift. Jede Zelle und somit jedes Organ können geschädigt werden. Kontinuierlicher Konsum kann daher zu schweren Erkrankungen führen. Leberzirrhose, akute und chronische Pankreatitis mit konsekutivem Diabetes mellitus, Gastritis, Ösophagitis, Magenulkus, Karzinome, Polyneuropathien, Kardiomyopathie, Wernicke-Enzephalopathie, Korsakow-Syndrom stellen eine unvollständige Liste von durch Alkohol mitverursachten Syndromen und Krankheiten dar.

Pro Jahr sterben 40.000 Menschen aufgrund des Alkoholkonsums. Von allen Intoxikationen sind die durch Alkohol verursachten am häufigsten.

Exemplarisch für die Gefährlichkeit des Alkohols gerade bei Kindern und Jugendlichen sei die Arbeit von Kuttler (2006) erwähnt. Sie beschreibt eine besorgniserregende Zunahme von Alkoholintoxikationen bei Kindern und Jugendlichen: Im südbadischen Lörrach war zwischen 1999 bis 2002 die Zahl von zu behandelnden komatösen Alkoholintoxikationen im Alter von 12–17 Jahren von 16 auf 56 gestiegen. Über die Hälfte der Eingelieferten im Jahr 2002 waren Mädchen.

Im Rahmen der wissenschaftlichen Begleitung des Projekts »Hart am Limit« (HaLT) wurde im Jahr 2003 erstmals eine bundesweite Erhebung durchgeführt, die den ansteigenden Trend in Lörrach auf Bundesebene bestätigte.

»Es scheinen sich unter Teenagern Trinkrituale entwickelt zu haben, bei denen der Rausch nicht ein mehr oder weniger erwünschter Nebeneffekt des ›Party machens‹ darstellt, sondern der Hauptzweck eines Treffens ist. Es geht darum, innerhalb kurzer Zeit große Mengen an Alkohol zu sich zu nehmen und sich massiv zu betrinken. Dieses Phänomen lässt sich unter dem Begriff des ›Binge-drinking‹ einordnen, das im letzten Jahrzehnt nicht nur in der Bundesrepublik, sondern in allen europäischen Ländern zugenommen hat. Die Gründe liegen wahrscheinlich in den Veränderungen der gesellschaftlichen Gestaltung von Kindheit und Jugendalter, gleichzeitig ist zu vermuten, dass auch ›Moden‹ eine Rolle spielen. Veränderte Erziehungsstile, die auf eine größere Autonomie von Kindern und Jugendlichen abzielen, auf ihre frühere eigenständige Gestaltung der Freizeit außerhalb der Familie, verkürzen die Phase Kindheit und können für manche überfordernd sein. Eine Konsequenz der Tatsache, dass Kinder sich immer früher außerhalb des Schonraumes ›Familie‹ ausprobieren ist, dass der Einstieg in den Alkoholkonsum sich von der Familie in die Öffentlichkeit verlagert hat. Eine deutliche Reglementierung durch fremde Erwachsene bleibt dort meist aus mit der Konsequenz, dass die familiäre Regelungsfunktion nahezu ersatzlos weggefallen ist. Das Jugendschutzgesetz, das für einen altersgestuften Umgang mit Alkohol den Rahmen schaffen könnte, wird nicht konsequent umgesetzt, wie Testkäufe immer wieder belegen. Betrunkene Jugendliche werden von Erwachsen nicht angesprochen, aus Desinteresse oder auch aus Angst vor aggressiven Reaktionen.

Die allgemeine gesellschaftliche Beschleunigung, eine immer kürzere Halbwertszeit von Trends und die hohe Bedeutung von Statussymbolen, die sich nicht alle leisten können, stellen darüber hinaus für viele Heranwachsende – und häufig auch für ihre Eltern – eine Belastung dar. Die Identitätsentwicklung im Jugendalter wird erschwert durch einen vor allem von den Medien propagierten Lifestyle der Superlative und des Außergewöhnlichen, an dem Heranwachsende ihre eigene Biographie und ihre Perspektiven messen. Neue Trinkspiele (z. B. Eimertrinken), Leeren der Flasche in einem Zug, gerade auch des Modegetränkes Wodka und – bis zur Einführung der Sondersteuer – die besonders für Mädchen attraktiven Alcopops haben vermutlich diese Problematik weiter gepuscht. Zudem ist gerade hochprozentiger Alkohol im Einzelhandel relativ günstig zu kaufen, die finanzielle Hürde für den schnellen Rausch ist gering« (Kuttler, 2006).

Klinik der Alkoholintoxikation

Schematisch werden vier verschiedenen Blutalkoholkonzentrationsbereichen klinische Symptome zugeschrieben, die allerdings aufgrund der individuellen Alkoholtoleranz insbesondere bei Kindern und Jugendlichen nicht verlässlich sind. Anders als bei Erwachsenen gilt die Faustregel: Werden bei Kindern oder Jugendlichen Symptome wahrgenommen, die im Zusammenhang mit einer Alkoholeinnahme stehen könnten, so sollten sie stationär überwacht werden. Neben der oben erwähnten Möglichkeit der schnellen Alkoholaufnahme durch Sturztrinken und der Gefahr der sich noch entwickelnden lebensbedrohlichen Intoxikation, sollte jede Gelegenheit genutzt werden, die hinter dem Alkoholtrinken liegende Problematik zu erfassen. So kann es gelingen, einen Kontakt mit den Kindern und Jugendlichen zu knüpfen und ein Vertrauensverhältnis aufzubauen, das für die weitere Entwicklung sehr wertvoll werden kann.

Der Nichttolerante beginnt bereits bei 0,5 Promille Blutalkoholkonzentration (BAK), verwaschen und mehr als sonst zu reden. Teilweise wirkt er distanzlos und benommen. Der Gang kann unsicher und ataktisch sein. Oft sind die Menschen in diesem Stadium 1 (BAK 0,5–1,5 Promille) leicht reizbar und aggressiv. Ab Stadium 2 (BAK 1,5–2,5 Promille) wird überwiegend zusätzlich zur eben beschriebenen Symptomatik ein Glücksgefühl empfunden. Allerdings kann die Stimmung auch sehr gereizt-aggressiv werden. Ein Gehen ist nur noch mühsam, schwankend möglich. Stadium 3 wird einer Blutalkoholkonzentration zwischen 2,5 und 3,5 Promille zugeschrieben. Die Intoxikierten benötigen dringend medizinische Hilfe. Im Vordergrund stehen Verwirrtheit, Somnolenz oder Bewusstlosigkeit. Es werden keine Schmerzen mehr empfunden. Befinden sich die Intoxikierten im Freien, sind sie von Unterkühlung und Tod durch Erfrieren bedroht. Im Stadium 3 treten auch lebensbedrohliche Hypoglykämien auf. Koordination und Gang, falls überhaupt noch möglich, sind schwer gestört. Über einer Blutalkoholkonzentration von 3,5 Promille ist der Nichttolerante komatös und in höchster Lebensgefahr. Die Reflexe sind erloschen, auch auf Schmerzreize ist der Intoxikierte nicht mehr erweckbar. Der Tod kann auch durch Erbrechen und Aspiration eintreten. Durch Erbrechen und Aspiration sind besonders auch Kinder und Jugendliche im intoxikierten Zustand auch in niedrigeren Stadien der Intoxikation bedroht. Im Stadium 4 kann die flache, hochfrequente Atmung in eine Cheyne-Stokes-Atmung und eine Atemlähmung mit konsekutivem Kreislaufstillstand übergehen.

Therapie der Alkoholintoxikation

Die Patientinnen und Patienten im Stadium 1 und 2 sind unter Umständen leicht reizbar und aggressiv. Entscheidend ist es daher, durch empathisches Vorgehen dennoch einen Kontakt herzustellen, um zu erreichen, dass sich die Kinder oder Jugendlichen freiwillig überwachen lassen. Denn sie haben möglicherweise rasch sehr viel Alkohol getrunken, sodass die Alkoholkonzentration noch lebensbedrohlich ansteigen kann. Bereits im Stadium 1 und 2 besteht vor allem im Winter die Gefahr, im Freien einzuschlafen und zu erfrieren. Beim Einschlafen besteht die Gefahr des Erbrechens und des Erstickens an dem Erbrochenen.

Der Blutzucker muss bestimmt werden, um bei einer Hypoglykämie 20–40%ige Glukose intravenös zu infundieren.

Bewusstlose Patientinnen und Patienten müssen in stabile Seitenlage gebracht werden und beobachtet werden. Bei Bewusstlosen, auch wenn sie nach Alkohol riechen, muss mittels cerebralen Computertomogramm (CCT) ein Schädelhirntrauma mit Blutung ausgeschlossen werden.

Per Nasensonde werden 4–6 Liter Sauerstoff pro Minute insuffliert. Falls keine Hypoglykämie vorliegt, wird über eine Venenverweilkanüle Elektrolytlösung infundiert. Die beste Therapie einer Ateminsuffizienz ist die Intubation und maschinelle Beatmung primär mit reinem Sauerstoff. Bewusstlose und reflexlose Patienten sollten prophylaktisch intubiert und beatmet werden, auch um vor einer möglichen Aspiration bei Erbrechen zu schützen. Intubierte Patienten sollten bei noch nicht ausgeschlossenem Schädelhirntrauma in 30 Grad Oberkörperhochlage gebettet werden.

Nicht intubierte Patienten werden in stabiler Seitenlage beobachtet und transportiert. In der Klinik sollten sowohl Urin zum Screening auf psychotrope Substanzen als auch Blut zur Routinediagnostik, Bestimmung psychotroper Substanzen und der Blutalkoholkonzentration abgenommen werden. Ein Computertomogramm muss rasch ein Schädelhirntrauma bei bewusstlosen Patienten ausschließen. Auch bei Jugendlichen sollte bereits an chronischen Alkoholkonsum gedacht werden. Liegen Hinweise dafür vor, so können Vitamin B_1 und Vitamin B_6 infundiert werden. Bei schweren Intoxikationen kann eine Azidose vorliegen, die durch Hämo- oder Peritonealdialyse behoben werden kann (s. Tab. 1).

Tabelle 1: Therapie der Alkoholintoxikation (aus Backmund, 2006)

Situation und Symptome	Diagnostik und Therapie
Benommenheit, Verwirrtheit, Somnolenz, Koma bei erhaltenen Vitalfunktionen	• Venenverweilkanüle legen, dabei Blutzucker bestimmen
	• Elektrolytlösung infundieren
	• Stabile Seitenlage
	• Eventuell Guedel-Tubus
	• Sauerstoffgabe 2–4 l/min über Nasensonde oder Maske
Bei Hinweisen für chronischen Alkoholkonsum	• Multivitamine per infusionem vor allem Vitamin B_1 und B_6
Hypoglykämie	• Glukose 20–40 % intravenös applizieren
Hypokaliämie	• Kaliumsubstitution
Unterkühlung	• Zudecken; Raum heizen
Ateminsuffizienz; Atemstillstand	• Beatmung mit Maske und Beutel
	• Intubation und assistierte Beatmung mit reinem Sauerstoff
Verdacht auf Schädel-Hirn-Trauma	• Frühzeitige Intubation
	• 30 % Oberkörperhochlage
Herz-Kreislauf-Versagen	• Kardiopulmonale Reanimation
Schwere Azidose (pH 7) und BAK > 4	• Eventuell Hämo- oder Peritonealdialyse

Benzodiazepine

Benzodiazepine werden von Ärzten sehr häufig verschrieben, auch an Kinder und Jugendliche. Grund hierfür sind die unmittelbaren Wirkungen nach Einnahme, insbesondere die angstlösende Wirkung. Die vorher noch bedrückenden Probleme werden als »leichter« angesehen, wie durch eine rosarote Brille. Wenn Jugendliche, die schüchtern und kontaktscheu darunter gelitten haben, dass sie sich nicht trauen, andere Schulkameraden anzusprechen und dadurch isoliert und alleine gewesen sind, nach Benzodiazepineinnahme diese Angst und Scheu nicht mehr spüren und dadurch mit den anderen in Kontakt treten können, sind sie hochgradig gefährdet, benzodiazepinabhängig zu werden.

Klinik der Benzodiazepinintoxikation

Aus Unerfahrenheit können sich Kinder und Jugendliche unbeabsichtigt überdosieren. Andererseits muss immer daran gedacht werden, dass sie große Mengen Benzodiazepine in suizidaler Absicht einnehmen.

Bei einer Benzodiazepinintoxikation fallen eine lallende und verwaschene Sprache, Gang- und Koordinationsstörungen auf. Es können Doppelbilder gesehen werden. Der fehlende Foetor alcoholicus sollte den Verdacht auf eine Benzodiazepinintoxikation wecken. Schließlich treten Schläfrigkeit, Somnolenz und Bewusstlosigkeit auf. Im Gegensatz zur Alkoholintoxikation bleiben die Reflexe, die Atemfunktion und der Herzkreislauf stabil. Dies gilt jedoch nur für reine Monointoxikationen. Zusätzlicher Konsum anderer psychotroper Substanzen kann unberechenbar zu Reflexlosigkeit, Atem- und Herzkreislaufstillstand führen. Auch kann bei vorgeschädigten, kranken Menschen eine Benzodiazepinintoxikation zum Tode führen. Dies gilt insbesondere für die rasche intravenöse Applikation von Benzodiazepinen bei alten Menschen, die einen Atemstillstand auslösen kann.

Therapie der Benzodiazepinintoxikation

Bei reiner Benzodiazepinintoxikation wird der Patient in stabiler Seitenlage überwacht. Sollte die Atemfrequenz reduziert sein, wird Sauerstoff über Nasensonde insuffliert. Eine Venenverweilkanüle sollte gelegt werden und dabei der Blutzucker überprüft werden.

Elektrolyte können langsam infundiert werden. Bei Hypoglykämie wird 20–40% Glukose intravenös appliziert. Eine Magenspülung bringt in der Regel keinen Vorteil; sinnvoll kann sie bei einer gesicherten Einnahme kürzer als einer Stunde sein und wenn zusätzlich zum Beispiel in suizidaler Absicht trizyklische Antidepressiva eingenommen worden sind oder hochprozentiger Alkohol gerade zusätzlich in großer Menge getrunken worden ist. Bei Nichtabhängigen kann das Antidot Flumazenil (Anexate®) erfolgreich eingesetzt werden. Bei Benzodiazepinabhängigen sollte es vermieden werden, da ein schweres Entzugssyndrom mit Krampfanfall, Erbrechen, Aspiration, akutem Verwirrtheitszustand ausgelöst werden kann und der Zustand dadurch lebensbedrohlich werden kann (Backmund, 1999). Besteht bereits eine lebensbedrohliche Situation, meistens bei Mischintoxikationen, sollte Flumazenil langsam intravenös verabreicht werden (s. Tab. 2).

Tabelle 2: Therapie der Benzodiazepinintoxikation

Situation und Symptome	Diagnostik und Therapie
Somnolenz und Koma bei erhaltenen Vitalfunktionen	• Stabile Seitenlage
	• Eventuell Guedel-Tubus
	• Venenverweilkanüle legen
	• Elektrolyte infundieren
	• Blutzucker bestimmen
	• Sauerstoffgabe 2–4 l/min über Nasensonde oder Maske
	• Eventuell vorsichtig Flumazenil intravenös applizieren (Cave: Entzugssyndrom bei Benzodiazepinabhängigen)
Hypoglykämie	• Glukose 20–40 % intravenös applizieren
Ateminsuffizienz	• Flumazenil langsam intravenös applizieren
	• Bei Nichtansprechen: Intubation und Beatmung mit reinem Sauerstoff zuerst assistiert, dann kontrolliert oder
	• Sofort ohne Flumazenilgabe Intubation und Beatmung mit reinem Sauerstoff zuerst assistiert, dann kontrolliert

Cannabis

Der Cannabiskonsum ist bei den 15- bis 18-Jährigen in den letzten Jahren eher zurückgegangen (Weser et al., 2006). Nach wie vor ist es jedoch die illegale Droge, die am häufigsten konsumiert wird. Sie ist nicht die Einstiegsdroge für Heroin oder Kokain, wie vielfach immer wieder postuliert wird. Die als erste konsumierte psychotrope Substanz ist Tabak, gefolgt von Alkohol. Jeder zehnte Jugendliche hat schon mal Cannabis probiert. Von diesen konsumieren allerdings nur 6 % mindestens einmal pro Woche. Wird Cannabis als Joint geraucht, treten in der Regel keine Intoxikationen mit lebensbedrohlichen Zuständen auf. Durch das Trinken von Cannabis-Tee oder das Essen von Cannabis-Kuchen oder -Plätzchen können toxische Dosierungen aufgenommen werden, die vor allem bei vorgeschädigten Menschen zu somatisch lebensbedrohlichen Situationen führen können. Psychisch können sie bei allen psychotische Syndrome mit inadäquatem und damit lebensgefährdendem Verhalten auslösen.

Klinik der Cannabisintoxikation

Problematisch sind Angstzustände, Panikattacken, psychotische Syndrome mit akustischen und optischen Halluzinationen. Somatisch kann eine hypertensive Krise vor allem bei vorgeschädigten Personen, zum Beispiel bei Jugendlichen mit Herzfehlern, zu Angina pectoris führen.

Therapie der Cannabisintoxikation

Meistens stehen bei Kindern und Jugendlichen die psychiatrischen Symptome im Vordergrund. Hier muss versucht werden, durch empathisches, zugewandtes, vertrauenerweckendes Zureden (Talk down) beruhigend auf die Patientinnen und Patienten einzuwirken. Wenn der Kontakt so positiv hergestellt werden kann, dass der Patient den Arzt als Helfer erkennt, können Benzodiazepine, zum Beispiel Diazepam 10 mg, langsam intravenös appliziert werden. Wird eine Venenverweilkanüle oder eine Spritze nicht toleriert, kann primär auch ein Versuch mit Lorazepam expedit (Tavor expedit®) versucht werden, insbesondere dann, wenn die Angstsymptomatik stark im Vordergrund steht. Bei optischen und/oder akustischen Halluzinationen oder einem Wahn wird primär Haloperidol intravenös appliziert. Gezielt müssen Fremd- und Selbstgefährdung abgeklärt werden (s. Tab. 3).

Tabelle 3: Therapie der Cannabisintoxikation

Situation und Symptome	Diagnostik und Therapie
Psychiatrische Symptome und Syndrome	
• Angstzustände	• Kontakt herstellen
• Panikattacken	• Talk down
	• Lorazepam expedit 2 mg
	• Diazepam 10 mg intravenös
• Optische und akustische Halluzinationen bis zum Wahn	• Haloperidol 5–10 mg intravenös
Somatisch	
• Hypertensive Krise	• Nitrolingualspray 2 Hub
	• Urapidil 25 mg intravenös
• Angina pectoris	• Nitrolingualspray 2 Hub

Heroin

18 Jahre sind die späteren Heroinabhängigen durchschnittlich alt, wenn sie das erste Mal Heroin zu sich nehmen (Backmund, Meyer, Eichenlaub u. Schütz, 2001). 10 % der Intoxikationsnotfälle (1306 von 12.563) werden durch Heroin oder andere Opioide (D, L-Methadon, Levomethadon) verursacht. Im Jahrbuch Sucht 2006 wird ein Rückgang von erstmals Heroinauffälligen im Vergleich zum Vorjahr um 0,2 % angegeben, wogegen insgesamt die harten Drogen im Jahr 2004 gegenüber 2003 um 18 % zugenommen haben (Deutsche Hauptstelle für Suchtfragen, 2006, S. 19).

Klinik der Heroinintoxikation

Klassischerweise sind bei einer reinen Heroinintoxikation die drei Leitsymptome Miosis, Bewusstseinseinschränkung bis Koma und Atemdepression bis Atemstillstand zu sehen. Bei längerer Intoxikation können die Pupillen aufgrund der Hypoxie wieder weiter werden. Auch eine Speedballinjektion (Heroin plus Kokain) kann eine Miosis verhindern. Ergänzend zu den Leitsymptomen sind bei einer Heroinintoxikation die Reflexe vermindert oder nicht auslösbar, die Patienten reagieren nicht auf Schmerzreize, die Herzfrequenz ist vermindert, der Blutdruck systolisch meist unter 100 mmHg. Auch die Körpertemperatur ist erniedrigt. Möglicherweise haben die Patienten auch durch die emetische Heroinwirkung in der Frühphase erbrochen und in der Folge aspiriert.

Therapie der Heroinintoxikation

Gerade bei der Heroinintoxikation ist die Aufklärung über Hilfe von Betroffenen und Angehörigen besonders effektiv, da bei richtigem Handeln bis zum Eintreffen des Notarztes die Patienten am Leben gehalten werden können, ohne dass sie einen bleibenden Schaden davontragen. Werden die Patienten mit verlangsamter Atmung oder Atemstillstand bei noch tastbarem Carotispuls angetroffen, rettet eine sofortige suffiziente Beutel-Maske-Beatmung das Leben. Falls, wie oben beschrieben, der Patient erbrochen haben sollte, muss der Mund- und Rachenraum unverzüglich freigeräumt werden, um dann zu intubieren und mit Beutel, später maschinell mit 100% Sauerstoff zu beatmen. Sollte eine Bradykardie festgestellt werden, wird 0,5 mg Atropin intravenös appliziert; bei ausbleibendem Erfolg wird Adrenalin 1 mg intravenös injiziert. Sollte beim Eintreffen sowohl ein Atemstillstand als auch eine Asystolie diagnostiziert werden, wird sofort mit der kardiopulmonalen Reanimation (CPR) begonnen (Institut für Notfallmedizin und Medizinmanagement des Klinikums der Universität München, 2005/2006). Falls eine suffiziente Beatmung nicht gelingt oder der Kreislauf nicht zu stabilisieren ist, kann erwogen werden, das Antidot Naloxon 0,4 mg 1:10 in 0,9 % NaCl verdünnt langsam intravenös zu injizieren. Dabei muss man damit rechnen, dass bei Abhängigen durch die Gabe von Naloxon ein akutes Entzugssyndrom mit Erbrechen und Aspirationsgefahr, Krampfanfall, akutem Erregungszustand mit Fremdgefährdung ausgelöst werden. Frühere Arbeiten beschreiben auch Komplikationen einer

Asytolie oder eines toxischen Lungenödems (Osterwalder, 1996). Zu berücksichtigen ist die kürzere Halbwertzeit von Naloxon. Dies führt dazu, dass nach Wiedererlangen des Bewusstseins und Spontanatmung erneut ein Atemstillstand eintreten kann, wenn die Naloxonwirkung bereits nachlässt, die Heroinwirkung oder die noch längere Methadonwirkung weiter anhält. Eine mancherorts geübte Praxis, überdosierten Patienten eine halbe Ampulle Naloxon intravenös und eine halbe Ampulle intramuskulär zu injizieren, scheint fragwürdig: Eine hohe Suizidalität unter suchtkranken Menschen fordert eine Abklärung (Krausz, Degwitz, Haasen u. Verthein, 1996; Backmund, 2006). Jeder Notfall beinhaltet die Möglichkeit der empathischen Kontaktaufnahme und das Hereinholen gerade eines jungen Abhängigen in das Suchthilfesystem. Diese Chancen sind durch Gespräche auf der Intensivstation und anschließend auf der Station zu ergreifen (s. Tab. 4).

Tabelle 4: Therapie der Heroinintoxikation

Situation und Symptome	Diagnostik und Therapie
Atemstillstand bei noch tastbarem Carotispuls	Suffiziente Maske-Beutel-Beatmung mit 100 % Sauerstoff; evtl. Intubation und Beutelbeatmung mit 100 %, dann maschinelle Beatmung
Bradykardie	0,5 mg Atropin intravenös, bei Erfolglosigkeit 1 mg Adrenalin intravenös
Atem- und Herzkreislaufstillstand	Kardiopulmonale Reanimation
Alternativ Versuch mit	Naloxon 0,4 mg 1:10 mit 0,9 % NaCl verdünnt langsam intravenös (Cave: akutes Entzugssyndrom bei Abhängigen)

Amphetamine, Ecstasy und Kokain

Die Zahl erstmalig auffälliger Konsumenten von Amphetaminen, Ecstasy und Kokain steigt in den letzten Jahren deutlich an. Im Vergleich zu 2003 wurden 2004 40 % mehr Amphetaminkonsumenten entdeckt, 17 % mehr Ecstasy- und 11 % mehr Kokainkonsumenten (Deutsche Hauptstelle für Suchtfragen, 2006, S. 19). Die Wirkungen der drei Substanzen ähneln sich sehr. Kokain hemmt die Wiederaufnahme von Dopamin, Noradrenalin und Serotonin im zentralen Nervensystem (ZNS), Amphetamin und Amphetaminderivate setzen Noradrenalin, Dopamin und Serotonin indirekt aus präsynaptischen Vesikeln frei. Alle Substanzen wirken nicht nur im Zentralnervensystem, sondern auch peripher. Hier ähneln die Wirkungen denen von Noradrenalin, Adrenalin und Dopamin. Sie führen zur Steigerung der Herzfrequenz, Erhöhung des Blutdrucks und Steigerung der Leistung. Der Motor läuft im roten Bereich (Backmund, 2006).

Klinik der Amphetamin-, Ecstasy- oder Kokainintoxikation

Die führende Symptomatik kann sehr variieren. Im Notfall kann ein zerebraler Krampfanfall beziehungsweise Status epilepticus, eine hypertensive Krise mit Hirnblutung, Herzrhythmusstörungen bis zum Kammerflimmern, Angina pectoris, ein Myokardinfarkt, eine Rhabdomyolyse, ein manisch-aggressives Syndrom oder aber auch ein Atemstillstand im Vordergrund stehen. Differenzialdiagnostisch sollte bei Kindern und Jugendlichen beim Vorliegen dieser Syndrome eine Überdosierung mit in die Überlegungen einbezogen werden. Häufiger als bei anderen Intoxikationen unterliegt die Notfallsituation einer nicht berechenbaren Dynamik. So kann es sein, dass bei Eintreffen ein psychotisches Syndrom im Vordergrund steht und plötzlich ein Krampfanfall auftritt oder der Patient bewusstlos wird und Kammerflimmern diagnostiziert wird.

Therapie der Amphetamin-, Ecstasy- oder Kokainintoxikation

Bei Atemstillstand und Herzkreislaufversagen wird entsprechend dem CPR-Algorithmus vorgegangen (Institut für Notfallmedizin und Medizinmanagement des Klinikums der Universität München, 2005/2006).

Ein manisches oder paranoid-halluzinatorisches Syndrom kann allein schon wegen der schwierigen Kontaktaufnahme, aber auch der Fremdgefährdung und der möglichen somatischen Komplikationen sehr schwierig sein. Eine vertrauenerweckende Kontaktaufnahme und ruhiges Zureden sind die wichtigsten Therapeutika (Talk down). Falls es gelingt, eine Venenverweilkanüle zu platzieren, sollte nach der Blutzuckerbestimmung (eine Hypoglykämie kann ein gleiches Syndrom erzeugen) Sauerstoff 2–4 l/min insuffliert werden und Diazepam 10 mg injiziert werden. Bei der Amphetamin- oder Kokainintoxikation ist Diazepam das Mittel erster Wahl. Es können bis zu 40 mg Diazepam notwendig werden (s. Tab. 5).

Wie bei allen Notfällen, bei denen der Patient noch bei Bewusstsein ist, kommt der Kontaktaufnahme bei Intoxikierten eine überragende Bedeutung zu (Talk down). Meist haben die Patienten Angst und sind erregt. So auch bei der hypertensiven Krise, die durch Amphetamine, Ecstasy oder Kokain ausgelöst worden ist. Eine hypertensive Krise mit Übelkeit, Kopfschmerzen, Erbrechen, Sehstörungen und Verwirrtheit bei Blutdruckwerten systolisch über 220 mmHg kann komplizierend zu Herzinsuffizienz, Angina pectoris, Myokardinfarkt, Lungenödem, Nierenversagen oder aber zu zerebrovaskulären Ereignissen, insbesondere einer Hirnmassenblutung oder Ischämie mit entsprechenden neurologischen Ausfällen führen. Im Unterschied zur üblichen Behandlung einer hypertensiven Krise wird als Mittel der ersten Wahl bei einer durch Amphetamine, Ecstasy oder Kokain ausgelösten hypertensiven Krise Diazepam 10 mg intravenös über Venenverweilkanüle injiziert. Bleibt der Blutdruck hoch und die Symptomatik bestehen, werden 2 Hub Glyceroltrinitrat sublingual verabreicht. Schließlich können nochmals 10 mg Diazepam injiziert werden. Besteht die hypertensive Krise weiterhin, so werden 10–25 mg Urapidil intravenös appliziert (s. Tab. 5). Dabei ist darauf zu achten, dass der Blutdruck nicht unter 220/200 mmHg systolisch gesenkt wird.

Im Unterschied zum einfachen generalisierten Krampfanfall unklarer Ursache wird beim zerebralen Krampfanfall infolge Amphetamin-, Ecstasy- oder Kokaineinnahme sofort 10 mg Diazepam intravenös verabreicht, nachdem eine Venenverweilkanüle gelegt worden ist und der Blutzucker bestimmt worden ist. Der Krampfanfall wird durch eine meist bestehende Exsikkose nach körperlicher Aktivität (Tanzen) gefördert, weswegen Elektrolytlösungen infundiert werden sollten. In der Klinik muss ein kraniales Computertomogramm eine Ischämie oder Blutung oder ein Schädelhirntrauma ausschließen. Ein Status epilepticus wird mit 10–40 mg

Diazepam intravenös behandelt. Kann der Status nicht durchbrochen werden, wird mit Thiopental 125 mg intravenös eine Barbituratnarkose eingeleitet. Der Patient wird intubiert und kontrolliert beatmet (s. a. Backmund u. Eichenlaub, 2006).

Tabelle 5: Therapie der Amphetamin-, Ecstasy- und Kokainintoxikation

Situation und Symptome	Diagnostik und Therapie
Logorrhoe, Verwirrtheit, Angst, Erregtheit, manisches Syndrom, paranoid-halluzinatorisches Syndrom	• Talk down • Blutzucker bestimmen • 2–4 l/min Sauerstoff sufflieren • Diazepam 10 – 40 mg intravenös • Haloperidol 5–10 mg intravenös • Evt. Levomepromazin 25–50 mg als Kurzinfusion in 100 ml 0,9 % NaCl
Hypertensive Krise	• Talk down • Blutzucker bestimmen • 2–4 l/min Sauerstoff insufflieren • Diazepam 10 mg intravenös • 2 Hub Glycerotrinitrat • Diazepam 10 mg intravenös • Urapidil 10–50 mg intravenös (Cave: RR nicht unter 200 mmHg systolisch) • Diazepam 10 mg intravenös • Bei Verdacht auf Ischämie oder Blutung Kontakt mit Stroke unit
Zerebraler Krampfanfall, Status epilepticus	• Blutzucker bestimmen • 10–40 mg Diazepam intravenös • Elektrolytlösung infundieren • Falls Status epilepticus nicht zu durchbrechen ist, erneute Blutzuckerkontrolle und Barbituratnarkose mit Thiopental 125 mg intravenös • Intubation und kontrollierte Beatmung • CCT zum Ausschluss Ischämie, Blutung, Schädel-Hirn-Trauma
Angina pectoris	• Sauerstoff 2–4 l/min per Nasensonde oder Maske sufflieren • Venenverweilkanüle legen • Blutzucker bestimmen • Diazepam 10 mg intravenös • 2 Hub Glyceroltrinitrat bei RR > 100 mmHg
Verdacht auf Myokardinfarkt	• Wie bei Angina pectoris, dann • 500 mg Azetylsalizylsäure intravenös • Morphin 10–30 mg intravenös, alternativ Fentanyl 0,5–1,5 mg, bis Schmerzfreiheit erreicht worden ist • 5000 IE Heparin als Bolus • Verapamil 5 mg intravenös (keine Betablocker) • Transport ins Krankenhaus

Hinweis: Die in diesem Beitrag angegebenen Dosierungen gelten für das Alter ab 16 Jahren. Für Kinder können andere Dosierungen gelten.

Literatur

Adriani, W., Spijker, S., Deroche-Gamonet, V., Laviola, G., Le Moal, M., Smit, A. B., Piazza, P. V. (2003). Evidence for enhanced neurobehavioral vulnerability to nicotine during periadolescence in rats. The Journal of neuroscience, 23, 4712–4716.
American Heart Association (2005a). Circulation, 112 (3), 1–136.
American Heart Association (2005b). Circulation, 112 (4), 1–211.
Backmund, M. (1999). Drogen- und Alkoholnotfälle im Rettungsdienst. Edewecht: Verlagsgesellschaft Stumpf & Kossendey.
Backmund, M. (2006). Allgemeine Notfallbehandlung. In M. Backmund (Hrsg.) (1999), Suchttherapie (9. Ergänzungslieferung 2006). Landsberg/Lech: Ecomed.
Backmund, M., Eichenlaub D. (2006). Drogennotfälle. In H.-R. Zerkowski, G. Baumann (Hrsg.), Herzakutmedizin (S. 591–599). Darmstadt: Steinkopff.
Backmund, M., Meyer, K., Eichenlaub, D., Schütz, C. G. (2001). Predictors for completing an inpatient detoxification program among intravenous heroin users, methadone substituted and codeine substituted patients. Drug and alcohol dependence, 64, 173–180.
Dallman, M. F., Pecoraro, N. C., la Fleur, S. E. (2005). Chronic stress and comfort foods: self-medication and abdominal obesity. Brain, behavior, and immunity, 19, 275–80.
Deutsche Hauptstelle für Suchtfragen e.V. (Hrsg.) (2006). Jahrbuch Sucht 06. Geesthacht: Neulandverlag.
Dube, S. R., Felitti, V. J., Dong, M., Chapman, D. P., Giles, W. H., Anda, R. F. (2003). Childhood abuse, neglect, and household dysfunction and the risk of illicit drug use: the adverse childhood experiences study. Pediatrics 111, 564–572
European Resuscitation Council (2005a). Consensus on Science. Resuscitation, 67, 2–3.
European Resuscitation Council (2005b). Consensus on Science. Resuscitation, 67, S1-S189.
Institut für Notfallmedizin und Medizinmanagement des Klinikums der Universität München (2005/2006). Farbcodierter, modularer Handlungsablauf für die cardiopulmonale Reanimation. Zugriff unter http://www.inm-online.de/pdf/Wissen/Reanimation/algorithmus2005.pdf
Johnson, J. G., Cohen, P., Kasen, S., Brook, J. S. (2002). Childhood adversities associated with risk for eating disorders or weight problems during adolescence or early adulthood. Am. J. Psychiatry, 159, 394–400.
Krausz, M., Degkwitz, P., Haasen, C., Verthein U. (1996). Opioid addiction and suicidality. Crisis, 17, 175–181.

Kreek, M. J., Koob, G. F. (1998). Drug dependence: stress and dysregulation of brain reward pathways. Drug and alcohol dependence, 51, 23–47.

Kuttler, H. (2006). HaLT. Suchtmedizin in Forschung und Praxis 8 (im Druck).

Osterwalder, J. J. (1996). Naloxone – for intoxications with intravenous heroin and heroin mixtures – harmless or hazardous? A prospective clinical study. J. Toxicol. Clin. Toxiciol., 34, 409–416.

Werse, B., Müller, O., Bernard, C. (2006). Drogentrends in Frankfurt am Main 2005. Suchtmedizin in Forschung und Praxis 8 (im Druck).

Martin D. Ohlmeier

Aufmerksamkeitsdefizit-/ Hyperaktivitätsstörung und komorbide Suchterkrankungen bei Jugendlichen und Erwachsenen

Die Aufmerksamkeitsdefizit-/Hyperaktivitätsstörung (ADHS) galt in Deutschland nach schulmedizinischer Auffassung bisher vorwiegend als Erkrankung des Kindes- und Jugendalters. Im Zuge der steigenden Verschreibung von Stimulanzien – insbesondere von Methylphenidat (z. B. Ritalin®) – ist ADHS jedoch inzwischen zunehmend in den Mittelpunkt des öffentlichen Interesses gerückt (Caspers-Merk, 2002; Krause, Krause u. Trott, 1998). Die Häufigkeit der Persistenz der ADHS im Erwachsenenalter ist bislang unklar. Nach epidemiologischen Studien ist in 35–80 Prozent von einem Persistieren von zumindest einigen Symptomen der ADHS auszugehen (Barkley, 1997; Wender, 1995). Die Diagnose der ADHS bei Erwachsenen wird anhand der amerikanischen DSM-IV-Kriterien gestellt. Die Kernsymptome der Erkrankung sind durch *Aufmerksamkeitsstörungen, erhöhte Impulsivität, Hyperaktivität, Desorganisation und emotionale Instabilität* gekennzeichnet und müssen bereits in der Kindheit vor dem siebten Lebensjahr begonnen haben. Als eine mögliche Ursache der ADHS wird derzeit eine genetisch determinierte Dysfunktion des Katecholaminstoffwechsels angenommen, die insbesondere das frontostriatale System des Gehirns betrifft (Lou, Henriksen, Bruhn, Borner u. Bieber Nielsen, 1989). Der mit Hilfe bildgebender Verfahren (Positronenemissionstomografie, PET, und Singlephotonenemissionstomografie, SPECT) geführte Nachweis einer erhöhten Dopamintransporterdichte im Striatum lässt im engeren Sinne eine Störung der dopaminergen Funktionen vermuten (Dougherty et al., 1999; Dresel et al., 1999; Ernst, Zametkin, Matochik, Jons u. Cohen, 1998). Neurobiologisch ist demzufolge auch die Rede von der »Dopaminmangelhypothese«. Inzwischen gibt es einige Untersuchungen, die auch die Beteiligung anderer Neurotransmittersysteme – insbesondere des noradrenergen Systems – postulieren. Die pharmakologische Behandlung der ADHS wird derzeit vor allem durch die Medikamentengruppe der Stimulanzien – insbesondere von Methylphenidat (z. B. Ritalin®) – bestimmt. Darüber hinaus gibt es einige Alternativsubstanzen wie Pemolin (Tradon®) (wegen z. T. schwerer unerwünschter Nebenwirkungen nur noch selten eingesetzt), selektive Serotonin- oder Noradrenalin-Wiederaufnahmehemmer, trizyklische Antidepressiva und Betarezeptorenblocker. Seit einiger Zeit ist in Deutschland der selektive Noradrenalin-Wiederaufnahmehemmer Atomoxetin für die Behandlung der ADHS im Kindesalter zugelassen. Die Pharmakotherapie sollte im Sinne eines »multimodalen Therapiekonzeptes« grundsätzlich in Kombination mit psychotherapeutischen Therapieverfahren erfolgen.

Aufmerksamkeitsdefizit- /Hyperaktivitätsstörung und Suchterkrankung

Verschiedene Studien konnten zeigen, dass die ADHS einen Risikofaktor für die Entwicklung einer Suchterkrankung darstellt. Eine Komorbidität von ADHS und Alkoholismus beziehungsweise Substanzmissbrauch wurde in bis zu 71 Prozent beschrieben (Wilens, Biederman, Mick u. Faraone, 1997). Bei Patienten mit ADHS und Substanzmissbrauch kommt es zu einem früheren Beginn und einer stärkeren Ausprägung des Substanzmissbrauchs als bei Suchtpatienten ohne ADHS. Das Durchschnittsalter bei Beginn eines Substanzmissbrauches bei ADHS-Patienten wurde in einer Studie mit 19 Jahren angegeben, während in einer Kontrollgruppe von Suchtpatienten ohne ADHS die Suchterkrankung im Durchschnitt erst im 22. Lebensjahr begann (Wilens et al., 1997). Andere

Autoren beschrieben für ADHS-Patienten ein verdoppeltes Lebenszeitrisiko für eine Suchterkrankung und stellten fest, dass ADHS in Verbindung mit einer komorbiden Störung (Persönlichkeitsstörung, Depression, Angststörungen etc.) zusätzlich das Risiko einer Suchtentwicklung erhöht (Biedermann et al., 1995). In diesem Zusammenhang wurde auch berichtet, dass bei einer Komorbidität von ADHS und Suchterkrankung in bis zu 71 Prozent auch eine Persönlichkeitsstörung diagnostiziert werden kann (Schubiner et al., 2000).

Hinsichtlich einer Kokainabhängigkeit konnte gezeigt werden, dass bei ADHS in Verbindung mit Suchterkrankungen eine Prävalenz von 35 Prozent vorliegt und dass der Kokaingebrauch in dieser Patientengruppe deutlich ausgeprägter ist und früher beginnt als bei Kokainabhängigen ohne ADHS (Caroll u. Rounsaville, 1993).

Das Risiko einer Nikotinabhängigkeit scheint bei ADHS-Patienten ebenfalls erhöht zu sein. Die Koinzidenz einer Nikotinabhängigkeit bei Erwachsenen mit ADHS wird mit 40–75 Prozent (vs. 19–26 % in der Normalpopulation) angegeben (Pomerleau, Downey, Stelson u. Pomerleau, 1995). Pathophysiologisch könnte die hohe Prävalenz von Nikotinabhängigkeit bei ADHS- Patienten dadurch erklärbar sein, dass Nikotin die Neurotransmitterausschüttung (Azetylcholin, Dopamin, Serotonin) stimuliert und dadurch die Aufmerksamkeit erhöht. Nikotin scheint einen ähnlichen Effekt auf den Nucleus accumbens zu haben wie Amphetaminderivate (Pontieri, Tanda, Orzi u. Di Chiara, 1996). In einer Studie konnte eine ähnliche Wirkung auf die Dopamintransporter belegt werden, wie sie von Methylphenidat bekannt ist (Krause et al., 2002). Verschiedene dopaminerg und noradrenerg wirksame Medikamente wie Bupropion (Zyban®, Wellbutrin®), Nortriptilen (Nortilen®), Moclobemid (Aurorix®) wirken sich interessanterweise sowohl bei der Behandlung der Nikotinabhängigkeit als auch der ADHS günstig aus. Klinischen Beobachtungen zufolge vermindert Nikotin signifikant die Symptome bei ADHS und wird verschiedentlich sogar als mögliches Therapeutikum diskutiert (Conners et al., 1996; Levin et al., 1996; Levin u. Rezvani, 2000).

Behandlung bei ADHS und Suchterkrankungen

Bei ADHS und komorbidem Substanzmissbrauch sollte zunächst eine Behandlung der Suchterkrankung erfolgen, welche bei entsprechender klinischer Ausprägung im stationären Setting durchgeführt werden sollte. Begleitend können Selbsthilfegruppen, Psychoedukation und Psychotherapie hilfreich sein. Im Verlauf wird die pharmakologische Behandlung der ADHS und der gegebenenfalls vorliegenden komorbiden Störungen (Depression, Angststörungen etc.) empfohlen (Riggs, Mikulich, Whitmore u. Crowley, 1999). Verschiedene Studien belegen, dass die Behandlung von suchterkrankten ADHS-Patienten mit Stimulanzien den Substanzmissbrauch und das Craving reduziert (Levin, Evans u. Kleber 1998; Levin, Evans, McDowell u. Kleber, 1998; Riggs, Leon, Mikulich u. Pottle, 1998). Unter Therapie mit Methylphenidat wurde bei ADHS-Patienten, die einen Kokainabusus betrieben, ein vermindertes Kokain-Craving sowie eine Besserung der ADHS-Symptomatik beschrieben (Levin et al., 1998; Schubiner et al., 2002). In anderen Untersuchungen konnte nachgewiesen werden, dass die Behandlung von Kindern mit ADHS mit Methylphenidat (MPH) die Gefahr eines späteren Substanzmissbrauchs vermindert (Biederman, Wilens, Mick, Spencer u. Faraone, 1999; Huss, 1999). So konnte in einer Langzeitstudie über fünf Jahre bei Patienten mit ADHS unter Therapie mit MPH ein deutlich geringerer Suchtmittelgebrauch als bei unbehandelten ADHS-Patienten beobachtet werden (Loney, 1988). Jugendliche ADHS-Patienten, die mit Stimulanzien behandelt wurden, scheinen somit ein deutlich geringeres Risiko einer Suchtentwicklung (Alkohol, Kokain und andere Drogen) zu haben beziehungsweise betreiben einen geringeren Substanzgebrauch (Biedermann et al., 1999).

Aufgrund des vermeintlichen Suchtpotenzials von Methylphenidat wird diese Therapie jedoch besonders bei der Behandlung von ADHS und komorbider Suchterkrankung kontrovers diskutiert. Es stellt sich hier die Frage, ob eine amphetaminähnliche Substanz wie Methylphenidat selbst süchtig machen kann. Hierfür gibt es jedoch derzeit keine evidenzbasierten Hinweise. In verschiedenen Studien wurde dagegen nachgewiesen, dass bei Kindern mit ADHS die Behandlung mit Methylphenidat die Gefahr eines späteren Substanzmissbrauchs vermindert (Biedermann et al., 1999; Ernst, Zametkin, Matochik, Jons u. Cohen, 1998). Bei ADHS mit komorbidem Substanzmissbrauch gilt letztlich die pharmakologische Behandlung, besonders mit länger wirkenden (retardierten) Stimulanzien, trizyklischen Antidepressiva oder selektiven Serotonin-, Noradrenalin- und kombinierten Wiederaufnahmehemmern (z. B. Reboxetin, Venlafaxin) als Mittel der Wahl. Die Behandlung reduziert bei den Betroffenen den Substanzmissbrauch und das Craving. Eine mögliche Alternative scheint insbesondere auch der seit Kurzem zur Behandlung von ADHS im Kindesalter zugelassene noradrenerge Wiederaufnahmehemmer Atomoxetin zu sein. Wir selbst berichteten über vier junge erwachsene ADHS-Patienten mit komorbider Suchterkrankung, welche mit Atomoxetin behandelt wurden (Buddensiek, Emrich u. Ohlmeier, 2006; Buddensiek, Ziegenbein, Emrich u. Ohlmeier, 2007). Bei den beschriebenen Patienten lag neben einer ADHS ein multipler Substanzmissbrauch mit Konsum von Alkohol, Cannabis und/oder Kokain vor. Nach einer stationären Entgiftungsbehandlung wurden die Patienten mit Atomoxetin behandelt. Bereits unter der initialen Dosis von 18 mg/die kam es zu einer Verbesserung der ADHS-Symptome. Es erfolgte eine individuelle Steigerung der Dosierung auf 40–80 mg/die. Die anfänglich berichteten Nebenwirkungen (u. a. Schwindel, Übelkeit, vermehrtes Schwitzen) waren im Verlauf rückläufig. Insgesamt zeigte sich bei drei der vier Patienten zuletzt eine deutliche Reduktion der Kernsymptome der ADHS – ein Patient empfand die Verbesserungen durch das Medikament jedoch als zu gering und berichtete über eine nur eingeschränkte Verträglichkeit. Während des gesamten Behandlungszeitraumes mit Atomoxetin konsumierten die Patienten keine Drogen und/oder Alkohol, was auf einen positiven Effekt auf die Suchtproblematik hindeutete. Insgesamt erwies sich Atomoxetin somit als wirkungsvolle Therapieoption bei der Behandlung von ADHS und komorbider Suchterkrankung. Wichtig erscheint jedoch eine individuelle Dosisanpassung, um unerwünschte Nebenwirkungen zu vermeiden.

Prävalenz von ADHS bei Suchterkrankungen

Ziel einer größeren Studie (Ohlmeier, 2005; Ohlmeier et al., 2005) war es, retrospektiv zu prüfen, wie häufig bei Patienten mit einer Alkoholabhängigkeit oder einer multiplen Substanzabhängigkeit eine Aufmerksamkeitsdefizit-/Hyperaktivitätsstörung in der Kindheit vorlag und ob deren Symptome aktuell persistieren. Darüber hinaus wurde die Frage nach möglichen Auswirkungen der ADHS auf den Beginn, die Art und die Ausprägung der Suchterkrankung gestellt.

Es wurden insgesamt 152 Patienten (volljährige Männer und Frauen) in die Studie eingeschlossen, die sich in stationär-suchtmedizinischer Behandlung befanden. Zur diagnostischen Abgrenzung eines Alkoholabhängigkeitssyndroms und einer multiplen Substanzabhängigkeit (einschließlich Heroin, Methadon, Kokain, Amphetamine, LSD, Halluzinogene, Cannabinoide, Benzodiazepine, Analgetika) diente neben der klinisch-psychiatrischen Untersuchung der European Addiction Severity Index (EuropASI). Als Untersuchungsinstrumente für die retrospektive Beurteilung des Vorliegens einer ADHS in der Kindheit diente die autorisierte deutsche Übersetzung der Wender-Utah-Rating-Scale (WURS-K) (Retz-Junginger et al., 1999) und die DSM-IV-Symptomcheckliste für ADHS. Ergänzend erfolgte eine Einteilung der Betroffenen in diagnostischen Untergruppen nach DSM-IV (unaufmerksamer Typ, impulsiver Typ, gemischter Typ). Zur Überprüfung des Persistierens der ADHS-Symptome im Erwachsenenalter wurden die Conners Adult ADHD Rating Scales (CAARS, Long Version) (Conners, Erhardt u. Sparrow, 1999) angewandt.

Ergebnisse

Bei 91 (59,9 %) der 152 untersuchten Patienten konnte nach ICD-10 und DSM-IV die Diagnose einer Alkoholabhängigkeit, bei 61 (40,1 %) die einer multiplen Substanzabhängigkeit gestellt werden. In der Gruppe der Alkoholabhängigen erreichten 19 Patienten (20,9 %) in der WURS den cut-off von ≥ 30 und erfüllten damit die Kriterien für das Vorliegen einer ADHS in der Kindheit. In der ebenfalls retrospektiv angewandten DSM-IV-Symptomcheckliste ließ sich bei 21 (23,1 %) der alkoholabhängigen Patienten die ADHS-Diagnose bestätigen. Bei 5 (26,3 %) der WURS-positiven alkoholabhängigen Patienten fanden sich in den CAARS Hinweise auf das aktuelle Vorliegen von ADHS-Symptomen, und somit für das Persistieren der ADHS im Erwachsenenalter. In der Gruppe der Patienten mit multipler Substanzabhängigkeit erreichten 31 (50,8 %) in der WURS-K den cut-off von ≥ 30. Bei 33 Patienten (54,1 %) sprachen die Ergebnisse der retrospektiv eingesetzten DSM-IV-Symptomcheckliste ebenfalls für das Vorliegen einer ADHS in der Kindheit. In den CAARS fanden sich in dieser Gruppe bei 19 Patienten (65,5 %) Hinweise für ein aktuelles Fortbestehen von ADHS-Symptomen. Ergänzend wurde eine diagnostische Einteilung der ADHS-Subtypen nach den Kriterien der DSM-IV vorgenommen. Demnach erfüllten aus der Gruppe der Alkoholabhängigen 13 Patienten (14,3 %) die diagnostischen Kriterien für das Vorliegen des »unaufmerksamen Typs«, 2 Patienten (2,2 %) die des »hyperaktiven« und 6 Patienten (6,6 %) die des »gemischten Typs« der ADHS. Demgegenüber fanden sich in der Gruppe der Substanzabhängigen 16 Patienten (26,2 %), welche die diagnostischen Kriterien für den »unaufmerksamen«, 3 Patienten (4,9 %) für den »hyperaktiven« und 14 (23 %) für den »gemischten Typ« erfüllten. Hinsichtlich der Art des Substanzmittelabusus ließ sich feststellen, dass bei den ADHS-Betroffenen in etwas höherem Maße Kokain (74,2 % versus 73,3 %) und deutlich mehr Cannabis (100 % versus 83,3 %) konsumiert wurde. Auch der Heroinkonsum war bei der ADHS-Gruppe höher (83,9 % versus 70,0 %), der Amphetamingebrauch dagegen etwas geringer (32,3 % versus 40,0 %). In beiden untersuchten Gruppen ließ sich darüber hinaus nachweisen, dass bei einer Komorbidität mit ADHS der Substanzmittelgebrauch deutlich früher begann.

Diskussion und Ausblick

Die vorliegenden Studienergebnisse konnten zeigen, dass die Patienten einer suchtmedizinischen Abteilung überproportional häufig die diagnostischen Kriterien der DSM-IV für das Vorliegen einer ADHS erfüllen. Sowohl in der Gruppe der Alkoholabhängigen als auch in der Gruppe der Patienten mit einer multiplen Substanzabhängigkeit ließ sich retrospektiv in einem hohen Prozentsatz eine ADHS in der Kindheit diagnostizieren, die zum Teil noch im Erwachsenenalter persistiert.

Die untersuchten alkoholabhängigen Patienten erfüllten in 20,9 % (WURS) bzw. in 23,1 % (DSM-IV) die diagnostischen Kriterien für das Vorliegen einer ADHS in der Kindheit und in 26,3 % (CAARS) das Persistieren des Störungsbildes. Noch deutlichere Untersuchungsergebnisse hinsichtlich des Vorkommens der ADHS fanden sich in der Gruppe mit einer multiplen Substanzabhängigkeit; in 50,8 % (WURS) bzw. in 54,1 % (DSM-IV) war hier von dem Vorliegen einer ADHS in der Kindheit auszugehen, welche in 65,5 % (CAARS) persistierte. Diese Ergebnisse waren ebenfalls hochsignifikant. Demzufolge scheint – insbesondere in der Gruppe der Substanzabhängigen – die bestehende ADHS auch zu einem hohen Prozentsatz bis in das Erwachsenenalter zu persistieren.

Ausgehend von einer Prävalenz der ADHS im Kindesalter von 8–10 %, einem Persistieren der ADHS-Symptomatik in bis zu 80 % und einer Prävalenz der ADHS im Erwachsenenalter von 2–6 %, belegen unsere Daten ein deutlich erhöhtes Vorkommen der ADHS bei Suchtpatienten. Somit kann ADHS nach unseren Daten als ein erheblicher Risikofaktor für eine Suchtentwicklung angesehen werden. In beiden Gruppen fand sich darüber hinaus ein signifikant geringeres Alter bei Erstgebrauch der Droge, wenn eine ADHS vorlag. Die ADHS kann also auch als Risikofaktor für einen »frühen Einstieg« gewertet werden.

Warum es eine so hohe Koinzidenz von ADHS, Suchterkrankungen und komorbiden Störungen gibt, kann verschiedene Ursachen haben. Zum einen ist insbesondere bei den hyperaktiven und impulskontrollgestörten ADHS-Patienten beziehungsweise bei den

Patienten vom »gemischten Typ« von einer erhöhten »Experimentier- und Risikofreudigkeit« mit Drogen und Alkohol auszugehen – was unter anderem auch den in der Untersuchung deutlich gewordenen stärkeren Gebrauch der »Hochrisikodroge« Heroin erklären könnte –, zum anderen zeigen die klinischen Erfahrungen, dass betroffene Patienten im Sinne einer »Selbstmedikation« insbesondere bei Cannabis- und Kokainkonsum von einer – zumindest scheinbaren – Besserung der ADHS-spezifischen Symptome berichten. Dementsprechend dürften auch die vorliegenden Untersuchungsbefunde mit einem deutlich höheren Cannabis- und einem – zumindest tendenziell – höheren Kokainkonsum in der ADHS-Gruppe zu interpretieren sein. Diese Hypothese wird unter anderem auch durch die Studien von Volkow et al. (2003) gestützt, welche feststellten, dass bei ADHS vermehrt Kokainabusus vorkommt, und Patienten nach Konsum von einer deutlichen Symptomreduktion berichteten. So ergaben sich in unserer Untersuchung in der Gruppe der Substanzabhängigen signifikant höhere Werte für den »unaufmerksamen« und den »gemischten Typ«. Der isolierte »hyperaktive Typ« war in beiden Gruppen vergleichsweise unterrepräsentiert. Diese Ergebnisse scheinen im Hinblick auf die vorliegende Literatur durchaus plausibel. Die Überrepräsentanz in der Gruppe der Substanzabhängigen und das hohe Vorkommen des »gemischten Typs« – welcher die Kriterien der Unaufmerksamkeit und der Hyperaktivität subsumiert – lassen in dieser Gruppe eine erhöhte Risikobereitschaft vermuten. Patienten vom »unaufmerksamen Typ« benutzen die Substanz vermutlich primär zur Stimulation.

Schlussbemerkung

Wie im Vorausgegangenen deutlich wurde, kann die Aufmerksamkeitsdefizit-/Hyperaktivtätsstörung nicht als »neues Krankheitsbild«, sondern als ein psychopathologisches Syndrom vermutlich multifaktorieller Genese verstanden werden. Die diagnostische Abgrenzung von anderen psychiatrischen Erkrankungen kann schwierig sein, was die Notwendigkeit einer kritischen und sorgfältigen Diagnosestellung unterstreicht. Die ADHS ist, besonders in Verbindung mit Komorbidität, ein Risikofaktor für Substanzmissbrauch bereits im Kindes- und Jugendalter. Insofern scheint auch im Hinblick auf die Ergebnisse unserer Studie eine frühzeitige Diagnose und Behandlung – die im Sinne eines »multimodalen Therapieansatzes« pharmakologische und psychotherapeutische Behandlungskonzepte beinhalten sollte – besonders wichtig und kann die Wahrscheinlichkeit einer Suchtentwicklung reduzieren.

Literatur

Barkley, R. A. (1997). Advancing age, declining ADHD; The American journal of psychiatry, 154 (9), 1323–1325.
Biederman, J., Wilens, T. E., Mick, E., Faraone, S. V., Spencer, T. (1998). Does attention-deficit hyperactivity disorder impact the developmental course of drug and alcohol abuse and dependence? Biological psychiatry, 44, 269–273.
Biederman, J., Wilens, T., Mick, E., Milberger, S., Spencer, T. J., Faraone, S. V. (1995). Psychoactive substance use disorders in adults with attention deficit hyperactivity disorder (ADHD). Effects of ADHD and psychiatric comorbidity. The American journal of psychiatry, 152, 1652–1658.
Biederman, J., Wilens, T., Mick, E., Spencer, T., Faraone, S. V. (1999). Pharmacotherapy of attention- deficit/hyperactivity disorder reduces risk for substance use disorder. Pediatrics, 104, e20.
Buddensiek, N., Emrich, H. M., Ohlmeier, M. (2006). Atomoxetin als Behandlungsalternative bei ADHS und komorbider Suchterkrankung? Suchtmedizin in Forschung und Praxis, 7 (2).
Buddensiek, N., Ziegenbein, M., Emrich, H. M., Ohlmeier, M. (2007). Medikamentöse Behandlung bei ADHS und Sucht: Vier Fallberichte. Psychopharmakotherapie, 14. 2 (4), 76–82.
Carroll, K. M., Rounsaville, B. J. (1993). History and significance of childhood attention deficit disorder in treatment-seeking cocaine abusers. Comprehensive psychiatry, 34, 75–82.
Caspers-Merk, M. (2002). Aufmerksamkeitsdefizit- und Hyperaktivitätssyndrom: Keine »Modeerkrankung«; Positionspapier des Bundesgesundheitsamtes. Deutsches Ärzteblatt, 99 (24), A-1644.
Conners, C. K., Erhardt, D., Sparrow, E. (1999). Conners' Adult ADHD Rating Scales (CAARS). North Tonawanda, NY: Multi-Health Systems.

Conners, C. K., Levin, E. D., Sparrow, E., Hinton, S. C., Erhardt, D., Meck, W. H., Rose, J. E., March, J. (1996). Nicotine and attention in adult attention deficit hyperactivity disorder (ADHD). Psychopharmacology bulletin, 32, 67–73.

Diagnostic and statistical manual of mental disorders (1994). DSM-IV (4th edn.). Washington, D.C.: American Psychiatric Association.

Dougherty, D. D., Bonab, A. A., Spencer, T. J., Rauch, S. L., Madras, B. K., Fischman, A. J. (1999). Dopamine transporter density in patients with attention deficit hyperactivity disorder. Lancet, 354, 2132–2133.

Dresel, S. H. J., Kung, M. P., Huang, X. F., Plössl, K., Hou, C., Meegalla, S. K., Patselas, G., Mu, M., Saffer, J. R., Kung, H. F. (1999). Simultaneous SPECT studies of pre- and postsynaptic dopamine binding sites in baboons. Journal of nuclear medicine, 40, 660–666.

Ernst, M., Zametkin, A. J., Matochik, J. A., Jons, P. H., Cohen, R. M. (1998). DOPA decarboxylase activity in attention deficit hyperactivity disorder adults. A [fluorine-18] fluorodopa positron emission tomographic study. The journal of neuroscience, 18, 5901–5907.

Huss, M. (1999). Stimulant treatment in ADHD children lowers risk of drug abuse. In Abstracts of the 11th International Congress of European Child and Adolescent Psychiatry (8), Suppl. 2, Abstract 126.

Krause, K.-H., Krause, J., Trott, G.-E. (1998). Das hyperkinetische Syndrom (Aufmerksamkeitsdefizit- /Hyperaktivitätsstörung des Erwachsenenalters), Nervenarzt, 543–556.

Krause, K. H., Dresel, S. H., Krause, J., Kung, H. F., Tatsch, K., Ackenheil, M. (2002). Stimulant-like action of nicotine on striatal dopamine transporter in the brain of adults with attention deficit hyperactivity disorder. The international journal of neuropsychopharmacology, 5 (2), 111–113.

Levin, E. D., Conners, C. K., Sparrow, E., Hinton, S. C., Erhardt, D., Meck, W. H., Rose, J. E., March, J. (1996). Nicotine effects on adults with attention-deficit/hyperactivity disorder. Psychopharmacology, 123, 55–63.

Levin, E. D., Rezvani, A. H. (2000). Development of nicotinic drug therapy for cognitive disorders. European journal of pharmacology, 393, 141–146.

Levin, F. R., Evans, S. M., Kleber, H. D. (1998). Prevalence of adult attention-deficit hyperactivity disorder among cocaine abusers seeking treatment. Drug and alcohol dependence, 52, 15–25.

Levin, F. R., Evans, S. M., McDowell, D. M., Kleber, H. D. (1998). Methylphenidate treatment for cocaine abusers with adult attention-deficit/hyperactivity disorder: a pilot study. The journal of clinical psychiatry, 59 (6), 300–305.

Loney, J. (1988). Substance abuse in adolescents: diagnostic issues derived from studies of attention deficit disorder with hyperactivity. NIDA research monograph, 77, 19–26.

Lou, H. C., Henriksen, L., Bruhn, P., Borner, H., Bieber Nielsen, J. (1989). Striatal dysfunction in attention deficit and hyperkinetic disorder. Archives of neurology, 46, 48–52.

Ohlmeier, M. (2005). Substanzabhängige Störungen und Pharmakotherapie bei Erwachsenen mit ADHS. Der Nervenarzt, 76, Suppl. 1, 176.

Ohlmeier, M., Peters, K., Buddensiek, N., Seifert, J., teWildt, B. T., Emrich, H. M., Schneider, U. (2005). ADHS und Sucht. Psychoneuro., 31 (1), 554–562.

Pomerleau, O. F., Downey, K. K., Stelson, F. W., Pomerleau, C. S. (1995). Cigarette smoking in adult patients diagnosed with attention deficit hyperactivity disorder. Journal of substance abuse, 7: 373–378.

Pontieri, F. E., Tanda, G., Orzi, F., Di Chiara, G. (1996). Effects of nicotine on the nucleus accumbens and similarity to those of addictive drugs. Nature, 382 (6588), 255–257.

Retz-Junginger, P., Retz, W., Blocher, D., Weijers, H. G., Trott, G. E., Wender, P. H., Rossler, M. (2002). Wender Utah Rating Scale (WURS-k). Die deutsche Kurzform zur retrospektiven Erfassung des hyperkinetischen Syndroms bei Erwachsenen. Nervenarzt, 73 (9), 830–838.

Riggs, P. D., Leon, S. L., Mikulich, S. K., Pottle, L. C. (1998). An open trial of bupropion for ADHD in adolescents with substance use disorders and conduct disorder. Journal of the American Academy of Child and Adolescent Psychiatry, 37 (12), 1271–1278.

Riggs, P. D., Mikulich, S. K., Whitmore, E. A., Crowley, T. J. (1999). Relationship of ADHD, depression, and non-tobacco substance use disorders to nicotine dependence in substance-dependent delinquents, Drug and alcohol dependence, 54 (3), 195–205.

Schubiner, H., Saules, K. K., Arfken, C. L., Johanson, C. E., Schuster, C. R., Lockhart, N., Edwards, A., Donlin, J., Pihlgren, E. (2002). Double-blind placebo-controlled trial of methylphenidate in the treatment of adult ADHD patients with comorbid cocaine dependence. Experimental and clinical psychopharmacology, 10, 286–294.

Schubiner, H., Tzelepis, A., Milberger, S., Lockhart, N., Kruger, M., Kelley, B. J., Schoener, E. P. (2000). Prevalence of attention-deficit/hyperactivity disorder and conduct disorder among substance abusers. The Journal of clinical psychiatry, 61 (4), 244–251.

Volkow, N. D., Wang, G. J., Ma, Y., Fowler, J. S., Zhu, W., Maynard, L., Telang, F., Vaska, P., Ding, Y. S., Wong, C., Swanson, J. M. (2003). Expectation enhances the regional brain metabolic and the reinforcing effects of stimulants in cocaine abusers. The Journal of neuroscience, 23 (36), 11 461–11 468.

Wender, P. H. (1995). Attention-deficit disorder in adults. New York a. Oxford: Oxford University Press.

Wilens, T. E., Biederman, J., Mick, E., Faraone, S. V. (1997). Attention deficit hyperactivity disorder (ADHD) is associated with early onset substance disorders. The Journal of nervous and mental disease, 185, 475–448.

Eckhard Schiffer

Warum Huckleberry Finn nicht süchtig wurde

Zum Synergismus präventiver und salutogenetischer Momente

In der ersten Globalisierungsphase der Menschheitsgeschichte vor 500 Jahren im Zusammenhang mit der transozeanischen Segelschifffahrt – die durch den technisch-wissenschaftlichen Fortschritt ermöglicht worden war – zeigte sich ein Krankheitsbild, das zwar nicht völlig unbekannt war, aber in der Massivität und Häufigkeit seines Auftretens einschließlich tödlicher Krankheitsverläufe die Menschen durchaus erschreckte.

Gemeint ist der Skorbut. Dieser plagte die Menschen so lange, bis sie entdeckten, dass für lange Reisen nicht nur Pökelfleisch, Zwieback und Süßwasser erforderlich waren, sondern auch frisches Obst und Gemüse. Vielleicht hat dies mancher damals schon – angesichts der dem Menschen verfügbaren Konservierungstechniken – als sozialromantischen Rückfall verstanden. Bis klar wurde, was an dem Frischgemüse und Obst den Skorbut verhindert, nämlich das für den menschlichen Stoffwechsel unentbehrliche Vitamin C.

Im Folgenden wird es in einem übertragenden Sinn auch darum gehen, was wir unseren Kindern auf die Lebensreise mitgeben müssen, damit sie nicht an »mentalem Skorbut« erkranken – ohne dass dieses als Sozialromantik missverstanden wird.

Vor diesem Hintergrund lautet meine These: Wer – in unseren Breiten – gut spielt und diese Spielerfahrungen dialogisch zur Sprache bringen kann, hat die besten Chancen, über salutogenetische Ressourcen, wie beispielsweise eine lebendige Fantasie und ein starkes Selbstwertgefühl, den Suchtgefährdungen nicht so schnell zu erliegen.

Wie das geschieht und was mit salutogenetischen Ressourcen gemeint ist, ist Inhalt der folgenden Ausführungen. Entführen möchte ich den Leser hierzu in die schönsten Räume der Welt, die ich kenne, und das sind die Räume von Huckleberry Finn, Pippi Langstrumpf und Momo. Gemeint sind die *Intermediärräume*. Die Intermediärräume, wörtlich übersetzt: Zwischenräume, sind nicht sichtbar, aber erlebbar. Gemeint sind die Zwischenräume, die sich im Spielen wie im Dialog und natürlich auch im spielerischen Dialog oder dialogischen Spiel eröffnen. Es sind die Räume zwischen der Fantasie des Kindes und zum Beispiel dem Sandhaufen vor dem Kind wie auch die Räume zwischen zwei Menschen, die im Dialog vertieft sind. In den Spielintermediärräumen wie in den dialogischen Intermediärräumen kann man sich verlieren – und bereichert aus ihnen zurückkehren. Intermediärräume sind dabei immer auch Abenteuerräume (Schiffer, 2001; Schiffer u. Schiffer, 2004).

Passend dazu heißt es in dem Buch »Der kompetente Säugling«, in dem Martin Dornes Ergebnisse der beobachtenden Säuglingsforschung zusammenfasst: »Experimente lehren, daß nicht nur Trieb- und Körperlust, sondern auch Entdeckerlust und das Gefühl, in der Außenwelt sinnvolle Zusammenhänge bewirken und erkennen zu können, zentrale Motivatoren von Lebensbeginn an sind« (Dornes, 1993, S. 239).

Ein weiteres Zitat sagt literarisch-pointiert das Gleiche und stammt aus der Autobiografie von Astrid Lindgren (1977, S. 79):

»Als ich noch in die Vorschule ging, fragte die Lehrerin eines Tages, wozu Gott uns die Nase gegeben habe, und ein Knäblein antwortete treuherzig: ›um Rotz darin zu haben‹. Ach, Albin, wie konntest du nur so etwas Dummes sagen, hast du denn wirklich nicht gewußt, daß die Nase dazu da ist, damit wir uns gleich jungen Hunden durch unser Kinderleben schnuppern und schnüffeln und Seligkeiten entdecken?«

Und wie werden die Seligkeiten entdeckt? Spielend!

Gemeint ist von Astrid Lindgren ein Spielen im Sinne von *paidia* (griechisch: kindliches Spielen) oder *play* (altsächsisch: *plegan* = pflegen), und das bedeutet leibhaftige Welterfahrung mit allen Sinnen, einschließlich des Bewegungssinnes sowie der Gefühle (wir sprechen von *Affektu-Sensumotorik*).

Je mehr nun Kinder spielend mit allen Sinnen die Welt erproben und erfahren, je mehr affektu-sensumotorische Erfahrungen sie also dabei machen, desto besser werden auch die neuronalen Verknüpfungen als neurobiologische Grundlage von Kompetenzentfaltung durchorganisiert. Aber nicht nur das. Diese leibhaftige, affektu-sensumotorische Welterfahrung aus dem Spielen heraus kann sich als – verinnerlichte – Szene mit allen Sinnesqualitäten über ein inneres Bild darstellen (Soldt, 2006). Die Lebendigkeit unseres Denkens speist sich aus diesen Bildern, die unsere vormaligen Sinneserfahrungen in jeweiligen Kontexten aktuell vergegenwärtigen. Hierfür ein Beispiel:

Das Suchen und Pflücken von Brombeeren, der Duft eines sonnigen Spätsommertages, die Kratzer an der Haut, das Getröstetwerden, die Freude, ein halbes Eimerchen gepflückt, die andere Hälfte (einschließlich Wurm) gefuttert zu haben, der Duft beim Kochen, das Abschmecken, das bange Warten, ob die Marmelade nun auch fest wird, der Stolz beim Betrachten der gefüllten Gläser – all das meint ein sättigendes Ereignis für den Sinnenhunger. Die Seele wird satt, indem die inneren Bilder mit affektu-sensumotorischer Erfahrung reich beladen werden. In den Symbolen der Fantasie wird diese freudige sensumotorische Erfahrung aufgehoben und erhalten, um jedes Mal aus der Innenwahrnehmung heraus als Freude und Genuss bei dem Verzehr einer Schnitte mit Brombeermarmelade mitzuschwingen.

Leider entstehen Brombeermarmelade und andere Speisen kaum noch auf diese Art und Weise. Es fehlt dann diese affektusensumotorische Vorerfahrung, die sich sonst über das implizitprozedurale wie auch das episodische Gedächtnis in die Innenwahrnehmung einspeist. Die Gesamtwahrnehmung scheint darum als verarmt. Daher bedürfen wir kompensatorisch in unserer Außenwahrnehmung der Geschmacksverstärker in der Schokolade sowie des Fastfood mit seinen voluminösen Mengen und den intensiv in dem Fett gelösten Aromastoffen. Das Gleiche gilt für Horrorvideos und die Jahrmarktsmaschinen, die intensive Außenreize erzeugen... Je weniger affektu-sensumotorische Vorerfahrungen sich in unsere Innenwahrnehmung einspeisen, desto mehr sind wir – um etwas zu spüren – auf aktuelle Außenreize angewiesen. Die Nahrungsaufnahme dient dann nicht mehr allein der Sättigung, sondern vor allem dazu, dass wir uns spüren. Ebenso wie alle anderen Unternehmungen, die intensive Außenreize mit sich bringen, einschließlich der legalen und illegalen Genuss- und Suchtmittel.

Andersherum und salutogenetisch formuliert: Je mehr affektu-sensumotorische Vorerfahrungen spielerisch gemacht, je mehr unsere inneren Bilder damit beladen worden sind, desto lebendiger wird unsere Fantasie und umso reicher unser Innenleben, das dann keiner ständigen neuen äußeren Reize und Sensationen bedarf, »um etwas zu erleben«. Hierfür genügt dann ein einfaches Stück Holz, um daraus ein Auto, ein Schiff, ein Pferd, eine Puppe oder sonst etwas entstehen zu lassen. Fantasie lässt zaubern. Gleichzeitig vermittelt ein solches Spielen das Erleben von Identität, Eigenständigkeit (Autonomie) und innerer Beweglichkeit:

Ich bin unglaublich frei und eigenständig – vermöge einer lebendigen Fantasie, weil ich mir das, was ich für mein Vergnügen brauche, selber zaubern kann! Daher bin ich nicht auf eine virtuelle Welt oder auf einen Sponsor angewiesen, der mir meinen Fun finanziert. Fun ist auf ständig neue Reize in der jeweiligen Außenwahrnehmung angewiesen. Freude, auch als Lebensfreude, speist sich aus der unerschöpflichen Fantasie in die Innenwahrnehmung hinein.

Und Kinder, die sich so fabelhaft frei fühlen, können von dieser Freiheit auch besser ein Stück abgeben und sich in sinnvolle Regeln einfügen, ohne sich dabei in ihrer Lebensfreude eingeengt zu fühlen. Diesen Kindern fällt dann der Schritt von der Autonomie zur *verantworteten* Autonomie, das heißt vom Play zum Fair Play nicht schwer. Fair Play meint den anderen wahrnehmen, sich nach seinen Möglichkeiten entfalten lassen, ihn nicht zur Seite schubsen oder ausschalten müssen.

Hierüber kann sich ein starkes Element entfalten, das die gegenwärtig wuchernde Konkurrenzmentalität, die immer mehr auch schon die Kinder und Jugendlichen erfasst, mildern könnte. Im Fair Play ist mein Gegenüber zwar mein spielerischer Gegner, mein Konkurrent, trotzdem verliere ich dessen – das sei etwas altmodisch ausgedrückt – Antlitzhaftigkeit nicht aus den Augen. Er bleibt, trotz aller Rauferei, mein Spielkamerad. Erinnert sei an die Spiele von Pippi Langstrumpf oder von Tom Sawyer, Huckleberry Finn und ihren Freunden. In diesen Spielen ging es oftmals wild zu, es gab Gehässigkeiten, Gemeinheiten, aber keiner wurde »ausgeschaltet«. Der freundschaftlich-tragende Zusammenhalt wurde nicht zerstört. Solch ein Zusammenhalt ist Grundlage des Kohärenzgefühls einer Gruppe.

Kohärenz kommt aus dem Lateinischen und das bedeutet soviel wie Zusammenhang, Zusammenhalt oder auch inneren und äußeren Halt haben. In dem Modell zur Gesundheitsentstehung, dem *Salutogenese-Modell*, von Aaron Antonovsky (1997) kommt dem Kohärenzgefühl eine besondere Bedeutung zu. Dieses Kohärenzgefühl ist mit wenigen Worten nicht so einfach zu beschreiben. Als erste Annäherung hierzu ein Text, in dem es um Huckleberry Finn geht und in dem das Kohärenzgefühl narrativ vermittelt wird:

»Wir nahmen noch'n paar Fische von den Haken, die inzwischen angebissen hatten und warfen die Angelschnüre wieder aus. Dann machten wir alles zum Mittagessen (in unserer Höhle) fertig. [...]
Sehr bald wurde es dunkel, und es fing an zu donnern und zu blitzen. [...] Gleich hinterher fing es an zu regnen, und bald goß es wie mit Eimern. Der Wind heulte, wie ich's noch nie gehört hatte. Es war ein richtiges Sommergewitter. Es wurde so duster, daß draußen alles wie in Tinte getaucht aussah [...] Dann tauchte ein Blitz alles in helles, goldenes Licht und man konnte für einen Moment Baumkronen erkennen, die ganz weit weg waren.
›Jim, ist das nicht schön?‹ fragte ich. ›Ich möchte nirgendwo anders sein als hier.
Gib mir noch mal'n Stück Fisch und 'nen heißen Maiskuchen‹« (Mark Twain).

Die beiden fühlen sich offensichtlich wohl. Ihnen schmeckt es ausgezeichnet, obwohl ihr Mahl – Fisch und Maiskuchen – relativ bescheiden ist und draußen die Welt unterzugehen scheint. Kohärenzgefühl pur ...

Das Kohärenzgefühl kann sich in einer Gruppe, so zum Beispiel einer Familie, einstellen, aber ebenso auch das Lebensgrundgefühl eines Paares, wie zum Beispiel Huck Finn und sein Freud Jim, sowie eines jeden einzelnen Menschen ausmachen.

Das Kohärenz*gefühl* meint damit auch für den Einzelnen, also individuell, eine Grundstimmung oder Grundsicherheit, innerlich zusammengehalten zu werden, nicht zu zerbrechen und gleichzeitig auch äußeren Halt und äußere Unterstützung zu finden. Der Kohärenz*sinn* beschreibt eine mit diesem Gefühl einhergehende und an gedankliche Aktivitäten geknüpfte Weltsicht:

Meine Welt ist verständlich, stimmig und leidlich geordnet; auch Probleme und Belastungen, die ich erlebe, kann ich in einem größeren Zusammenhang begreifen (*Dimension der Verstehbarkeit*). Das Leben stellt mir Aufgaben, die ich lösen kann. Ich verfüge auch über innere und äußere Ressourcen, die ich, um mein Leben zu meistern, einsetzen kann (*Dimension der Handhabbarkeit*). Für meine Lebensführung ist Anstrengung sinnvoll. Es gibt Ziele und Projekte, für die es sich zu engagieren lohnt (*Sinndimension*).

Huck Finn kannte sich auf der Flucht vor seinem gewalttätigen Vater in den Wäldern und auf dem Mississippi aus (Verstehbarkeit). Er verstand seine Welt und konnte die Herausforderungen, die auf ihn zukamen, meistern (Handhabbarkeit). Und entscheidend in seinem Sinnerleben war für ihn die tiefe Freundschaft mit seinem Fluchtgefährten Jim.

Die Sinndimension stellt nach Antonovsky die Hauptkomponente des Kohärenzgefühles dar (s. Abb. 1).

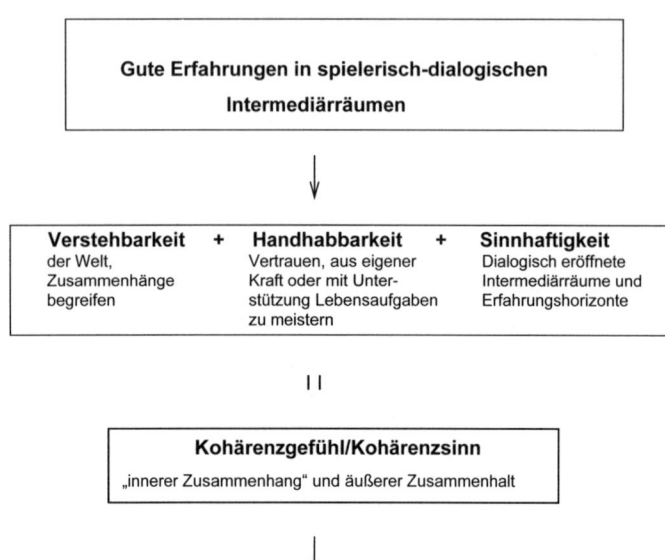

Abbildung 1

Wie ein Kohärenzgefühl in der Gruppe auch im Schulunterricht gefördert werden kann, zeigt ein Beispiel aus dem Kunstunterricht eines zweiten Schuljahres. Anlässlich der Van-Gogh-Ausstellung »Felder« in Bremen schufen die Kinder ein Gemeinschaftsbild in der Größe von 1 m x 1 m. Jedes Kind konnte *seine* Blume auf der Leinwand anbringen, ohne dass diese von anderen übermalt wurde. Die Kinder erlebten, dass ihre jeweils individuelle Blume von dem Eindruck, den das Gemeinschaftsbild erzeugte, noch mehr profitierte, als wenn ihre Blume allein oder nur mit wenigen anderen auf der großen Fläche zu sehen gewesen wäre.

Die Identität des Einzelnen geht in dieser Gemeinschaftsproduktion nicht verloren, sondern ist gut aufgehoben, sogar erhöht. Und jedes Kind wusste auch, *wer* welche Blume gemalt hat – die jeweils anderen wurden also mit ihren Produktionen gleichfalls wahrgenommen.

Das Kohärenzgefühl entfaltet sich in den Freiräumen des Spielens einschließlich des schöpferischen Gestaltens sowie des Dialoges.

Aber Philosophie und Psychologie der Gegenwart sind vorwiegend damit beschäftigt, menschliches Denken und Fühlen im Sinne mathematisch-physikalisch erfassbarer Abläufe darzustellen. Unsere Welt, in der wir leben, wird verwüstet, indem auf Dauer nur noch das zählt, was zählbar ist. Treffend dazu heißt es in dem »Kleinen Prinzen« von Antoine de Saint-Exupéry (1952/1995, S. 28):

»Ich kenne einen Planeten, auf dem ein puterroter Herr haust. Er hat nie den Duft einer Blume geatmet und er hat nie einen Stern angeschaut. Er hat nie jemanden geliebt. Er hat nie etwas anderes als Additionen gemacht und den ganzen Tag wiederholt er wie Du: Ich bin ein ernsthafter Mann! Ich bin ein ernsthafter Mann!«

Diese puterroten Herren – in der Geschichte um Momo (Ende, 1973) sind es die Grauen Herren mit ihrem ausschließlichen Interesse für Zahlen, Bilanzen, Zensuren und Leistungen – diese puterroten oder grauen Herren beherrschen uns alle immer mehr. Hierzu der Bericht von einem kleinen – etwas boshaften – Experiment:

Stellen Sie sich vor, liebe Leserin und lieber Leser, Sie seien bei einem Vortrag gegenwärtig und ich würde Sie jetzt auffordern, *einzeln* vorzutreten und ein Lied vorzusingen (zum Beispiel »Geh aus mein Herz …«), ein Selbstbildnis zu malen und uns allen zu zeigen, sowie zum krönenden Abschluss noch ein Rad zu schlagen. Vergegenwärtigen Sie sich bitte die Gefühle, die sich bei Ihnen bei der Vorstellung einstellen mögen, unter den Zuhörern im Saal zu sitzen und möglicherweise gleich allein ein Lied vorzusingen und dann noch ein Bild zu malen sowie ein Rad zu schlagen. Vermutlich werden Ihre Gefühle denen der Zuhörer im Saal ähneln, die etwas beklommen lachten, und die ich dann auf eben diese von mir vermutete Beklommenheit ansprach. Es ging dann ja auch gar nicht um das Vorsingen, sondern um die Gefühle bei der Vorstellung, eben dies zu tun. Und diese Gefühle ließen sich kurz zusammenfassen. Es handelte sich um Beschämungsgefühle, nämlich, um die Angst, sich bei dem Vorsingen gnadenlos zu blamieren.

Ängste, Verweigerung und Widerstand kennen wir auch aus der gestaltungstherapeutischen Arbeit mit unseren Patientinnen und Patienten. Vor einem hochgestellten Leistungsideal erscheint das jeweilige Tun – gleich, ob Malen, Modellieren, oder Ausdrucksgebung durch Klänge und Tanz – oft als Kinderkrams, Beschämung und Demütigung. Die gedanklich vorweggenommene Note für ein unzulängliches Produkt hindert unsere Patienten zunächst, sich auf das therapeutisch Wesentliche einzulassen, nämlich den Prozess – der allemal ein spielerischer ist.

Beeindruckend und bedrückend zugleich ist bei manchen unseren Patienten über die Beschämung hinaus die Verachtung, die sie in ihrem spielerisch-schöpferischem Handeln sich selbst beziehungsweise dem Therapeuten und den Mitpatienten gegenüber offenbaren. Und mit der Selbstverachtung als Steigerung der Beschämung beginnt das Leiden, die Pathologie, der unstillbare Hunger nach einem eigenen Wert und Sinn.

Solch eine Haltung hat ihre Vorgeschichte, die uns zu präventiven Überlegungen herausfordert. Denn sie ist eine Geschichte von der Zerstörung der Intermediärräume durch die Grauen Herren. Zugleich werden durch diese Grauen Herren Beschämungs- und Selbstverachtungsintrojekte etabliert. Gerade beim Spielen und schöpferischen Gestalten, beim Malen, Singen, Erzählen, Turnen und Tanzen können die Kinder durch Zensuren, Reglementierungen, Belehrungen und Selektion sowie durch Nichtbeachtung beim Erzählen in ihrem Selbstwert und Eigensinn beschämt und entmutigt werden. Aufgrund der Introjektbildung – denken Sie an unser kleines Experiment eben – ändert sich daran auch nichts mehr im Erwachsenenalter. Es sei denn, wir haben eigene Kinder, dann kann dies eine neue Chance für uns darstellen. Oder wir wollen Therapeut werden, dann sollten wir uns nämlich an Donald Winnicott (1979) erinnern, der gemahnt hat, dass ein Therapeut, der nicht spielen kann, mit dem Therapieren gar nicht erst beginnen sollte.

Was leider viel zu wenig beachtet wird, ist, dass Kinder mit ihren schöpferischen Produktionen, wie zum Beispiel einem Bilde, *identifiziert sind*. Zumindest symbolisieren die Produktionen einen Teil ihres Selbst. Wird das Bild oder das Lied bewertet und im

Zweifelsfall schlecht bewertet, wird nicht nur das Bild oder das Lied, sondern eben auch das Kind entwertet. Schlechte Zensuren für ein schöpferisches Produkt – gleich, ob Bild, Lied, Gedicht, körperliche Eigendarstellung im Sport – gehen mehr unter die Haut, zerstören das Selbstwertgefühl mehr als eine schlecht benotete Mathematik- oder Grammatikarbeit, eben weil das Kind mit seinem schöpferischen Produkt identifiziert ist. Die Ergebnisse der Mathematik- oder Grammatikarbeit sind keine eigenen Produktionen, sondern Re-Produktionen. Daher ist bei diesen eine Distanzierung viel eher möglich. Nicht aber, wenn *wir selbst* für unser Lied schlecht bewertet werden oder für eine sportliche Eigendarstellung.

Erlebt sich jedoch ein Kind mit seiner schöpferischen Gestaltung, erlebt es sich also mit seinem Selbst und in seinem Eigen-Sinn wohlwollend wahrgenommen und akzeptiert, so wird es sich nicht nur die Freude am schöpferischen Gestalten bewahren, sondern auch den Eigen-Sinn anderer leicht akzeptieren können. So wie die Kinder im Kunstunterricht nicht nur ihre eigenen Bilder vorstellen, sondern ebenfalls interessiert die Bilder ihrer Klassenkameraden und Klassenkameradinnen anschauen und besprechen. Abwertend gemeinte Kommentare gibt es nur vereinzelt.

Für die Bedeutung des schöpferischen Handelns in der Grundschule ein Beispiel aus dem Kunstunterricht:

In der sonst eher unruhigen zweiten Grundschulklasse ist es mucksmäuschenstill. Die Lehrerin spielt zusammen mit der Klasse: »Ich sehe mal was, was du nicht siehst!« Gemeint ist damit, dass die Kinder in der auf den Kunstunterricht folgenden Stunde alle ihre Bilder vorn an der Tafel aufgehängt haben und nun die Lehrerin in unsystematischer Folge jedes Bild in seinen Einzelheiten beschreibt. Die Kinder sind dabei aufgefordert, herauszufinden, welches Bild denn jeweils beschrieben wird. Das Thema war: Wir malen die Hexe aus dem Weihnachtsmärchen. Vierundzwanzig *verschiedene* Hexen sind dabei entstanden, die sich alle deutlich voneinander unterscheiden, sodass es den Kindern früher oder später gelingt, herauszufinden, welche Hexe jeweils beschrieben wird. Die Kinder sind von dem Spiel freudig fasziniert und möchten es am nächsten Tag gleich noch mal spielen. Und wieder ist es in dieser Klasse mucksmäuschenstill.

Hintergrund dessen ist zunächst, dass jedes Kind mit seinem schöpferischen Produkt – gleich, ob Bild, Bastelei, Lied oder Aufsatz – identifiziert ist. Die Bilder, die vorn in der Klasse von der Lehrerin beschrieben werden, *sind* die Kinder. Es werden also in dem Spiel »Ich seh mal was, was du nicht siehst« nicht nur die Bilder, sondern auch die *Kinder* in ihrer Identität und Unterscheidbarkeit beschrieben, akzeptiert und wahrgenommen. Letzteres, das Wahrgenommenwerden, erfahren sie sowohl durch die Lehrerin als auch durch ihre Mitschülerinnen und Mitschüler. Voraussetzung für diesen Schritt ist die Freiheit im Kunstunterricht, dass jedes schöpferische Produkt in der Intention gilt, in der es vom Schüler geschaffen wird. (Es gab also keine normierte Hexe, die gemalt werden musste. Die Vorgaben des Unterrichts bestanden lediglich in den Materialien, dem Thema und in der Mindest- und Maximalzeit, über die die Kinder verfügen sollten beziehungsweise konnten.)

Die Kinder schauen vom Anfang bis zum Ende des Spieles gebannt auf die Bilder. Diejenigen, deren Bild beziehungsweise Identität noch nicht beschrieben worden ist, sind natürlich interessiert zu wissen, ob sie jetzt »dran sind«. Die anderen, die es bereits im wortwörtlichen Sinne genossen haben, vor aller Augen und Ohren in ihrer Identität und Unterscheidbarkeit wahrgenommen zu werden, können nun zufrieden und entspannt die fortschreitende Identifizierung der Bilder verfolgen.

Wenn meine eigene Identität anerkannt wird, kann ich auch die Identität meines Gegenübers anerkennen – so auch die meiner Mitschülerinnen und Mitschüler sowie die meiner Lehrerin und meines Lehrers. Und diese wechselseitige Anerkennung ist Grundlage einer sich selbstverstärkenden positiven Beziehung: Die Freude, die die Lehrerin im Unterricht mit den aufmerksam zugewandten Kindern empfindet, wird von den Kindern aufgenommen. Diese identifizieren sich mit den »freudvollen Persönlichkeitsanteilen« ihrer Lehrerin. Deren Freude wird so auch zur Freude der Kinder. Und dadurch wird die kindliche Motivation im schöpferischen Gestalten weiter beflügelt. Dies wirkt dann wieder auf die Gestimmtheit und Wahrnehmungsbereitschaft der Lehrerin zurück, was wiederum auf die Schüler abfärbt – und so fort.

Hier liegt die salutogenetische Chance des Spielens und des freien schöpferischen Gestaltens: Werden diese geachtet und nicht entwertet, so wird auch das Kind geachtet und in seinem Selbstwertgefühl gestärkt und zugleich auch in seiner Identität und Unterscheidbarkeit. Werden hingegen der Eigen-Sinn im schöpferischen Gestalten und die Eigendarstellungsweise nicht geachtet, dann überwiegen die Beschämungen, die sich tief einfressen – erinnert sei an unser kleines Experiment. Und irgendwann wird aus den Beschämungen Selbstverachtung. Selbstverachtung hat aber ein Geheimnis: Sie ist rauschmittellöslich.

»›Warum trinkst Du?‹ fragte der Kleine Prinz den Säufer, ›um zu vergessen, dass ich mich schäme‹, gestand der Säufer und senkte den Kopf. ›Weshalb schämst Du Dich?‹ fragte der Kleine Prinz [...] ›Weil ich saufe!‹ endete der Säufer« (Antoine de Saint-Exupéry, 1952/1995, S. 46).

Um eben diesen Teufelskreis zu vermeiden, muss präventiv Beschämung vermieden und salutogenetisch ein starkes Selbstwertgefühl gefördert werden. Dann entsteht durch einen gelegentlichen Rauschmittelkonsum nicht eine so große Differenz im Selbsterleben im Sinne einer scheinbaren Befreiung aufgrund der Rauschmittellöslichkeit des selbstentwertenden Introjektes. Das Rauschmittel wird nicht benötigt, um sich im Hinblick auf das Selbstwertgefühl, beziehungsweise Selbstunwertgefühl, zu verändern.

Ein weiteres salutogenetisches Moment ist mit dem Spielen und dessen aktiver Verarbeitung im Dialog gegeben, indem sich über eine lebendige Fantasie ein innerer Reichtum und damit eine Unabhängigkeit von Außenreizen inklusive Suchtmitteln ergibt. Je mehr Kinder spielend mit allen Sinnen die Welt erproben und erfahren, je mehr affektu-sensumotorische Erfahrungen sie dabei machen, desto intensiver kann sich diese Welterfahrung aus dem Spielen heraus über innere Bilder darstellen. Die Lebendigkeit unseres Denkens speist sich aus diesen Bildern.

In einem Satz: Ein starkes Kohärenzgefühl, das sich aus den Intermediärräumen des Spielens und des Dialoges speist, ermöglicht die vielfach geforderte starke Persönlichkeit, für die die Verlokkungen der Suchthandlungen eher bedeutungslos sind. Die klinische Bedeutung dessen zeigt das folgende Fallbeispiel:

Wiebke war an einer Magersucht erkrankt. Wichtig war für sie, alles unter Kontrolle zu haben, sich nicht gehen zu lassen. »Mich werden Sie nicht zum Weinen kriegen«, verkündete sie gleich im ersten Gespräch ziemlich energisch. Was denn ihre Fantasien und Tagträume seien und worauf sie sich denn freuen könne, war eine Frage an sie. Wiebke zögerte mit der Antwort, bis sie dann schließlich sagte: »In meinem Beruf erfolgreich sein«.

Bereits als Kind hatte Wiebke Leistungsanforderungen und Konkurrenz kennengelernt: Unterricht im Spielen mehrerer Musikinstrumente, Ballett, Wettbewerbe. Ihre Spieltechnik ist dabei immer perfekter geworden. Gespielt als Homo ludens hat sie jedoch nie. Sie macht Karriere, vereinsamt aber immer mehr. Als Wiebke eines Tages an entscheidender Stelle der Erfolg versagt bleibt, weil sie nach Meinung ihrer Professoren *zu unlebendig spielte*, bricht ihre Welt zusammen. Sie wirft ihre Instrumente in die Ecke, steigt aus ihrer Musikerinlaufbahn aus, beginnt eine andere Karriere – und erkrankt an einer Anorexie.

Die Therapie gerät immer wieder ins Stocken. Dies nicht zuletzt deswegen, weil Wiebke alles unter Kontrolle haben muss und kaum etwas spontan sagen kann. Das Gespräch mit ihr hat eher den Charakter eines Frage- und Antwortspieles, wobei Wiebke ihre Antworten stets sehr sorgfältig einer inneren Zensur unterwirft, die die Entfaltung spontaner Gedanken und Fantasien verhindert.

Das Ganze ändert sich erst, als wir anfangen, gemeinsam zu spielen: Wiebke schwärzt einen großen, grobfaserigen Papierbogen mit weicher Holzkohle, wobei sie sich ihre Hände schön schmuddelig macht. Dann geht es darum, dass wir – anfangs gemeinsam, später Wiebke allein – mit einem Radierstift die uns jeweils erkennbaren Strukturen auf dem Papier nachzeichnen. Dabei kommen lustige Sachen heraus, über die wir gemeinsam lachen können.

Wiebke konnte sich immer mehr auf ihre Fantasien zu ihren Bildern einlassen, ohne sie ständig vorher kontrollieren und zensieren zu müssen. Rückblickend lässt sich zu diesen Bildern sagen, dass sie eine erste Spur zu Wiebkes Hauptkonflikt darstellten: nämlich ihre Angst, nur geliebt zu werden, wenn sie Leistung zeigt und die eigenen Interessen, Sehnsüchte und Bedürfnisse zurückstellt. Hieraus resultierte auch die Tendenz, sich zu »verdünnisieren«.

Wiebke geht es heute gut. Sie führt zwar immer noch ein anstrengendes berufliches Leben, aber sie kann heute auch spielen – allerdings nicht mit ihren Musikinstrumenten.

In einer breit angelegten Untersuchung zum Therapieverlauf von weiblichen und männlichen Magersuchtpatienten heißt es: »Testpsychologisch konnten […] folgende Beziehungen festgestellt werden: Je kränker die Patienten […] einzustufen sind, […] umso leistungsorientierter sind sie und umso mehr haben sie eine Abneigung gegen Spielereien [...]. Jetzt gesundete frühere Anorexie-Patienten zeigen eine intensive Vorliebe für Spiel und Technik im Vergleich zu den noch stärker Kranken« (Deter, Petzold u. Hehl, 1989, S. 69 u. 85).

Da gegenwärtig immer weniger Eltern »vom Zauber der Intermediärräume« wissen, vielmehr meinen, dass über elektronische Medien und extrinsisch vermittelte Leistungsanforderungen ihre Kinder starke Persönlichkeiten werden, haben Schiffer, Schiffer, Poppe und Koch (2005) zusammen mit dem Beltz-Verlag in Form eines Flyers Empfehlungen für Eltern von Kindergarten- und Grundschulkindern entwickelt: »Nehmen Sie sich Zeit ... Wie Sie die Gesundheit und Lernfreude Ihres Kindes fördern können.« (Diese können beim Beltz-Verlag unentgeltlich angefordert und auf Elternabenden im Kindergarten und in der Grundschule verteilt werden.) Nachfolgend – gekürzt – die Empfehlungen.

1. Nehmen Sie sich Zeit, mit Ihren Kindern zu sprechen. Denn Kinder lernen Sprache vor allem im Dialog – von Angesicht zu Angesicht.

2. Zeigen Sie im Gespräch Interesse für das, was Ihr Kind erlebt hat, was es bewegt. Es kann sich in einer solchen Atmosphäre leichter öffnen und seine Gefühle besser verarbeiten. Es gibt dann nicht mehr so viel, was Ihrem Kind »schwer im Magen liegt«, ihm »Kopfzerbrechen bereitet« und »an die Nieren geht«. Gleichzeitig erwirbt Ihr Kind Lebendigkeit im sprachlichen Ausdruck und in der Fantasie. Ihr Kind kann seinem Sprachgefühl vertrauen, es kann seine Anliegen sprachlich darstellen. Und es braucht dazu weniger seine Fäuste.

3. Kinder, denen gut zugehört wird, können auch selber gut zuhören. Wenn sich also ein Gespräch zwischen Ihnen und Ihrem Kind ergibt, schalten Sie Fernseher, Computer und Radio aus. Sie (und Ihr Kind) können besser zuhören beziehungsweise beim Zuhören *eigene innere Bilder* entwickeln. Auch wenn Sie meinen, gar nicht auf den Fernseher zu achten, wird Ihre Wahrnehmung allein schon durch die unterschwellig wahrgenommenen, ständig wechselnden Licht- und Schattenverhältnisse des Raumes gründlich gestört.

Kinder, denen gut zugehört wird, sind gelassener, schlafen besser, fühlen sich weniger unter Stress und transportieren das, was sie tagsüber gelernt haben, im Schlaf besser vom Kurzzeitgedächtnis ins Langzeitgedächtnis.

4. Lesen Sie Ihrem Kind etwas vor und geben Sie ihm Bücher zum Selberlesen. Schaffen Sie eine gemütliche Stimmung beim Vorlesen, wie zum Beispiel bei der Gute-Nacht-Geschichte. Diese gemütliche Stimmung entsteht später auch dann, wenn das Kind alleine ein interessantes Buch aufklappt und es liest. Lesen ist das entscheidende Training für das Gehirn – nicht wahlloser Medienkonsum.

5. Stellen Sie Ihrem Kind keinen eigenen Fernseher zur Verfügung. Je weniger Ihr Kind mit Fernsehen und Computerspielen seine Zeit verbringt, desto besser.

6. Kinder brauchen Bewegung im Spiel. Lassen Sie in Ihrer Familie Wandern, Fahrrad fahren, Schwimmen, Ballspiele auch mit Ihrer eigenen Beteiligung zur Selbstverständlichkeit werden. Wenn Ihr Kind in einen Sportverein geht, besprechen Sie mit seinen Betreuern dort, dass das sportliche Miteinander, die sportliche Aktivität und nicht der Sieg im Vordergrund steht.

7. Wenn Ihr Kind am Malen Freude hat, fördern Sie dies mit Material und Aufmerksamkeit. Greifen Sie nicht korrigierend in die Gestaltungen ein, lassen Sie den Eigen-Sinn gelten. Vermeiden Sie unbedingt Negativzensuren. Es bedarf aber auch keines inflationären Lobes. Die Bilder nicht gleich wegpacken, sondern gut sichtbar aufhängen. Zum Beispiel am Pinboard in der Küche oder im Flur, wo alle sie sehen können.

8. Singen Sie zusammen mit Ihren Kindern – zum Beispiel zur Gute-Nacht-Geschichte. Keine entwertenden Bemerkungen, wenn Sie meinen, dass Ihr Kind »schräg« singt. Besonders wenn wir singen, sind wir durch Kritik sehr leicht verletzbar. Beginnen Sie mit dem (Vor-)Singen so früh wie möglich. Am besten schon während der Schwangerschaft.

9. Singen und eigenes Musizieren senken Angst und fördern Aufmerksamkeit. Beides schafft damit die besten Voraussetzungen für Lernfreude und Lernfähigkeit.

Literatur

Antonovsky, A. (1997). Salutogenese. Zur Entmystifizierung der Gesundheit. Tübingen: Dgvt-Verlag.

Deter, H.-C.; Petzold, E.; Hehl, F.-J. (1989). Differenzierung der Langzeitwirkung einer stationären psychosomatischen Therapie von Anorexia nervosa-Patienten. Zeitschrift für Psychosomatische Medizin und Psychoanalyse, 35, 68–91.

Dornes, M. (1993). Der kompetente Säugling. Die präverbale Entwicklung des Menschen. Frankfurt a. M.: Fischer-Taschenbuch-Verlag.

Ende, M. (1973). Momo. Stuttgart: Thienemann.

Lindgren, Astrid (1977). Das entschwundene Land. Hamburg.

Saint-Exupéry, A. de (1952/1995). Der Kleine Prinz. Düsseldorf: Rauch.

Schiffer, E. (1997). Der kleine Prinz in Las Vegas. Spielerische Intelligenz gegen Krankheit und Resignation. Weinheim u. Berlin: Beltz, Quadriga.

Schiffer, E. (2001). Wie Gesundheit entsteht. Salutogenese: Schatzsuche statt Fehlerfahndung. Weinheim u. Basel: Beltz.

Schiffer, E., Schiffer, H. (2004). LernGesundheit. Lebensfreude und Lernfreude in der Schule und anderswo. Weinheim u. Basel: Beltz.

Schiffer, H.; Schiffer, E.; Poppe, C.-P.; Koch, C. (2005). Nehmen Sie sich Zeit ... Wie Sie die Gesundheit und Lernfreude Ihres Kindes fördern können. Empfehlungen für Eltern von Kindergarten- und Grundschulkindern. Weinheim: Beltz.

Soldt, P. (2006). Bildliches Denken. Zum Verhältnis von Anschauung, Bewusstsein und Unbewusstem. Psyche – Z. Psychoanal., 60, 543–572.

Twain, M. (1980), Huckleberry Finns Abenteuer. Freiburg: Herder.

Winnicott, D. W. (1979). Vom Spiel zur Kreativität. Stuttgart: Klett-Cotta.

Die Autorinnen und Autoren

PD Dr. Markus Backmund, Internist und Psychotherapeut, Leiter Suchtmedizinische Abteilung Krankenhaus München-Schwabing.

Dirk Baier, Diplom-Soziologe, Wissenschaftlicher Mitarbeiter am Kriminologischen Forschungsinstitut Niedersachsen in Hannover.

Wolfgang Bergmann, Diplom-Pädagoge, Familien- und Kinderpsychologe, eigene Praxis in Hannover.

Heinz Kaufmann, Haupt- und Realschullehrer, Koordinator und Moderator für Suchtprävention bei der Berliner Senatsverwaltung für Bildung, Jugend und Sport, Gestaltpädagoge und Supervisor.

Dr. Christoph Möller, Facharzt für Kinder- und Jugendpsychiatrie und -psychotherapie, Familientherapie, Gruppentherapeut, Oberarzt der Kinder- und Jugendpsychiatrie und Leiter der Therapiestation Teen Spirit Island im Kinderkrankenhaus auf der Bult, Hannover.

Prof. Dr. Christine Morgenroth, Institut für Soziologie und Sozialpsychologie der Universität Hannover; Praxis für Psychotherapie, Beratung und Supervision in Hannover.

Dr. Martin D. Ohlmeier, Facharzt für Neurologie, Facharzt für Psychiatrie und Psychotherapie, Oberarzt der Abteilung Klinische Psychiatrie und Psychotherapie an der Medizinischen Hochschule Hannover.

Dr. Nawid Peseschkian, Facharzt für Kinder- und Jugendpsychiatrie und Psychotherapie, Facharzt für Psychiatrie und Psychotherapie in Wiesbaden.

Prof. Dr. Nossrat Peseschkian, Facharzt für Neurologie, Psychiatrie und Psychotherapeutische Medizin, Direktor der Internationalen Akademie für Positive und Transkulturelle Psychotherapie – Prof. Peseschkian Stiftung in Wiesbaden.

Prof. Dr. Christian Pfeiffer, Direktor des Kriminologisches Forschungsinstitut Niedersachsen in Hannover.

Prof. Dr. Wolfgang Poser, Arzt für Psychiatrie, Pharmakologie und Toxikologie, klinische Pharmakologie, Professor emeritus an der Klinik für Psychiatrie und Psychotherapie der Universität Göttingen.

Die Autorinnen und Autoren

Arno Remmers, Mitarbeiter Internationale Akademie für Positive und Transkulturelle Psychotherapie – Prof. Peseschkian Stiftung in Wiesbaden.

Helmut Röthke, Mitarbeiter Internationale Akademie für Positive und Transkulturelle Psychotherapie – Prof. Peseschkian Stiftung in Wiesbaden.

Dr. Eckhard Schiffer, Chefarzt der Abteilung für Psychosomatische Medizin und Psychotherapie, Christliches Krankenhaus Quakenbrück.

Prof. Dr. Michael Schulte-Markwort, Ärztlicher Direktor der Klinik und Poliklinik für Kinder- und Jugendpsychosomatik im Universitätsklinikum Hamburg-Eppendorf und dem Altonaer Kinderkrankenhaus.

Sonja Schulz, Studentin der Diplom-Soziologie an der Universität Bielefeld.

Prof. Dr. Léon Wurmser, Lehr- und Kontrollanalytiker, klinischer Professor für Psychiatrie und Psychoanalyse an der University of West Virginia, Psychiater und Psychoanalytiker in eigener Praxis in Towson/Maryland, USA.

Wenn Sie weiterlesen möchten ...

Christoph Möller
JUGEND SUCHT
Ehemals Drogenabhängige berichten
Mit einem Vorwort von Rainer Thomasius

Drogenabhängigkeit bei Jugendlichen ist ein Thema, das emotionale Reaktionen hervorruft wie Ablehnung, Angst, aber auch Unverständnis. Anliegen dieses Buches ist es, die betroffenen Jugendlichen selbst zu Wort kommen zu lassen, damit sich die Leser besser in ihre Welt hineindenken und -fühlen können. In zehn Interviews blicken Jugendliche nach ihrer Therapie zurück auf das Leben mit Drogen. Die Erzählenden haben in ihrer Vorgeschichte Gewalt, Traumatisierungen, sexuelle Übergriffe, Ablehnung, Verständnislosigkeit, Beziehungsabbrüche erfahren. Der Weg in die Drogenabhängigkeit ist vielfach eine Flucht aus der Lebensrealität gewesen, ein Versuch, mit Drogen die Schmerzen zu lindern oder vorübergehend zu vergessen. Diese Lebensgeschichten machen vieles nachvollziehbar und verständlich. Eltern, Lehrer, professionelle Helfer und andere, die mit drogensüchtigen Jugendlichen zu tun haben, können hierdurch Zugang zu ihnen und Verständnis entwickeln.

Christoph Möller (Hg.)
Drogenmissbrauch im Jugendalter
Ursachen und Auswirkungen

Der Drogenmissbrauch bei Kindern und Jugendlichen ist ein wachsendes Problem. In immer jüngerem Alter werden jugendtypische Drogen wie Cannabis, Ecstasy und andere Amphetamine in selbstschädigendem Maß konsumiert. Die Betroffenen bringen bereits ungünstige Entwicklungsbedingungen mit wie beispielsweise frühe Traumatisierungen, die eine Suchtentwicklung begünstigen. Häufig treten Persönlichkeitsentwicklungsstörungen als Komorbidität bei suchtabhängigen Jugendlichen auf. Spezifische Behandlungsangebote für drogenkonsumierende Kinder und Jugendliche können Abhilfe schaffen.

»Zusammenfassend bleibt festzuhalten, dass die vorliegende Aufsatzsammlung trotz ihres Taschenbuchformats eine Fülle von Informationen und Querverweisen zum Thema bereitstellt und dabei sehr kurzweilig zu lesen ist.«
Nele Schmidt, Suchttherapie

»Insgesamt sind die Buchbeiträge sehr gut fundiert und praxisnah dargestellt, so dass das Buch eine Bereicherung darstellt und für Interessierte sehr zu empfehlen ist.«
Ulrich Knölker, Praxis der Kinderpsychologie und Kinderpsychiatrie

»Das Buch ist allen zu empfehlen, die mit Kindern zu tun haben.«
Nathalie Neumann, impu!se

Psychoanalytische Beiträge zur Sucht

V&R

Klaus W. Bilitza (Hg.)
Psychotherapie der Sucht
Psychoanalytische Beiträge zur Praxis
2007. Ca. 250 Seiten, gebunden
ISBN 978-3-525-49122-5

Die Beiträge ausgewiesener Experten vermitteln Psychotherapeuten, Psychoanalytikern und Suchttherapeuten in Ausbildung Einblicke in die Praxis der ambulanten und stationären Suchtpsychotherapie. Es geht hier um die Behandlung von Patienten mit stoffgebundenen Suchterkrankungen (z. B. Alkohol- oder Drogenabhängigkeit). Neben den diagnostischen Ansätzen kommen vor allem die aus der neueren psychoanalytischen Krankheitslehre der Entwicklungspathologien abgeleiteten modifizierten analytischen Methoden der Suchtbehandlung zur Sprache. Besondere Berücksichtigung finden die psychoanalytisch-interaktionelle Methode, die Gruppenpsychotherapie und die psychodynamische Traumabehandlung. Die Auswirkungen dieser analytischen Verfahren auf die therapeutische Haltung und den Umgang mit dem Rückfall werden ebenfalls thematisiert.

Klaus W. Bilitza (Hg.)
Psychodynamik der Sucht
Psychoanalytische Beiträge zur Theorie
2007. Ca. 280 Seiten mit ca. 4 Abb., gebunden
ISBN 978-3-525-49121-8

Psychotherapeuten und Psychoanalytiker werden immer häufiger mit Suchterkrankungen im Zusammenhang mit Depressionen oder Angststörungen konfrontiert. Auch die stationäre Behandlung von Suchtpatienten befindet sich im Umbruch und sucht nach neuen Entwicklungen und Lösungen. Die psychoanalytische Krankheitslehre ermöglicht den Psychotherapeuten und Klinikern ein differenziertes Verständnis der psychischen Prozesse und Strukturen bei Suchterkrankungen. Der Band berücksichtigt die Trieb- und Ich-Psychologie, die Selbst- und Objektbeziehungstheorie und behandelt die grundlegenden analytischen Krankheitsmodelle der Entwicklungspathologie, Konfliktpathologie und Traumatologie.

Vandenhoeck & Ruprecht

Zum Weiterlesen empfohlen V&R

Claudia Beckert-Zieglschmid /
Elmar Brähler
**Der Leipziger
Lebensstilfragebogen für
Jugendliche (LLfJ)**
Ein Instrument zur Arbeit mit
Jugendlichen. Das Handbuch
2007. 143 Seiten mit 2 Abbildungen
und zahlreichen Tabellen, kartoniert
ISBN 978-3-525-49107-2

Romuald Brunner /
Franz Resch (Hg.)
**Borderline-Störungen
und selbstverletzendes
Verhalten bei
Jugendlichen**
Ätiologie, Diagnostik und Therapie
2007. Ca. 240 Seiten, kartoniert
ISBN 978-3-525-49115-7

Ulrike Schäfer /
Wolf-Dieter Gerber
**AD(H)S – Die
Aufmerksamkeitsdefizit-
Hyperaktivitätsstörung**
Ein Ratgeber für Eltern, Erzieher und
Lehrer
2007. 125 Seiten mit 16 Abb.,
kartoniert
ISBN 978-3-525-46252-2

Haim Omer / Arist v. Schlippe
Autorität ohne Gewalt
Coaching für Eltern von Kindern mit
Verhaltensproblemen. »Elterliche
Präsenz« als systemisches Konzept
5. Auflage 2006. 214 Seiten, kartoniert
ISBN 978-3-525-01470-7

Haim Omer / Arist v. Schlippe
Autorität durch Beziehung
Die Praxis des gewaltlosen Widerstands
in der Erziehung
3. Auflage 2006. 262 Seiten mit
5 Abb., kartoniert
ISBN 978-3-525-49077-8

Arist von Schlippe /
Michael Grabbe (Hg.)
**Werkstattbuch
Elterncoaching**
Elterliche Präsenz und gewaltloser
Widerstand in der Praxis
2007. 292 Seiten mit 4 Abb. und
6 Tab., kartoniert
ISBN 978-3-525-49109-6

Inge Seiffge-Krenke (Hg.)
**Aggressionsentwicklung
zwischen Normalität und
Pathologie**
2005. 348 Seiten mit 18 Abb. und
22 Tab., kartoniert
ISBN 978-3-525-46233-1

Vandenhoeck & Ruprecht